O PODER DO DIÁLOGO

A ARTE DA COMUNICAÇÃO HUMANA

O PODER DO DIÁLOGO – A ARTE DA COMUNICAÇÃO HUMANA

AUTOR: José Antonio Ramalho

DIRETOR DA ALMEDINA BRASIL: Rodrigo Mentz
EDITOR: Marco Pace
EDITOR DE DESENVOLVIMENTO: Rafael Lima
PRODUTORA EDITORIAL: Erika Alonso
ASSISTENTES EDITORIAIS: Letícia Gabriella Batista e Tacila Souza
ESTAGIÁRIA DE PRODUÇÃO: Natasha Oliveira

REVISÃO: Tatiane Carreiro
PROJETO GRÁFICO E CAPA: Roberta Bassanetto

ISBN: 9786587019765
Dezembro, 2023

Dados Internacionais de Catalogação na Publicação (CIP)
(Câmara Brasileira do Livro, SP, Brasil)

Ramalho, Jose Antonio
O pode do diálogo / José Antonio Ramalho
-- São Paulo: Actual, 2023.

ISBN 987-65-87019-76-5

1. Comunicação 2. Comunicação interpessoal
3. Diálogo 4. Discursos I. Título

23-177211 CDD-302.2

Índices para catálogo sistemático:

1. Comunicação: 302.2
Eliane de Freitas Leite - Bibliotecária - CRB 8/8415

Este livro segue as regras do novo Acordo Ortográfico da Língua Portuguesa (1990).

EDITORA: Almedina Brasil
Rua José Maria Lisboa, 860, Conj.131 e 132, Jardim Paulista
01423-001 São Paulo | Brasil
www.almedina.com.br

JOSÉ ANTONIO RAMALHO

O PODER DO DIÁLOGO

A ARTE DA COMUNICAÇÃO HUMANA

ACTUAL

SUMÁRIO

Foto: Freepik

Apresentação

O livro "O Poder do Diálogo: A Arte da Comunicação Humana" apresenta uma abordagem abrangente e prática sobre a comunicação e o diálogo, com o objetivo de ajudar as pessoas a se comunicarem de forma mais eficaz em diferentes contextos, sejam eles interpessoais ou organizacionais. Em quatorze capítulos são discutidas as bases e os elementos da comunicação, as características e os componentes do diálogo, e é feito um raio-X da anatomia do diálogo incluindo a arte de fazer perguntas, a arte da reflexão e a arte de responder. Tudo isso temperado com técnicas de escuta ativa, imagem pessoal, linguagem não verbal e temas atuais, como o uso de linguagem inclusiva, linguagem não violenta, *soft skills* e diálogos intergeracionais. Veja a seguir mais detalhes de cada capítulo.

- **Capítulo 1:** São apresentados os diferentes tipos de comunicação, como a comunicação unidirecional, bidirecional e em grupo. São discutidos elementos da comunicação, como a comunicação verbal e não verbal, bem como a comunicação interpessoal e organizacional. Além disso, são apresentados diferentes meios de comunicação, incluindo a comunicação de massa e a comunicação digital.
- **Capítulo 2:** Aborda os elementos e tipos de diálogo, incluindo o diálogo interno, interpessoal e em grupo. São discutidas as hierarquias e o propósito do diálogo.
- **Capítulo 3:** Destaca os obstáculos ao diálogo, como patologias físicas e mentais, vieses de comunicação, barreiras culturais e linguísticas e ruídos e interferências externas, e como superar essas dificuldades. Também são discutidas estratégias para diálogos em contextos difíceis.
- **Capítulo 4:** Realça a importância da imagem pessoal e como ela pode afetar a comunicação. São abordados o contexto da imagem pessoal e a primeira impressão.
- **Capítulo 5:** Não existe uma boa resposta sem uma boa pergunta. A arte de fazer perguntas é explorada incluindo

a finalidade, contexto e categorias de perguntas. São apresentados diferentes tipos de perguntas e estratégias para fazer usos eficazes em diferentes contextos. Além disso, abordamos como identificar o tipo de personalidade e temperamento do interlocutor nos ajuda a dialogar melhor.

- **Capítulo 6:** A arte de refletir e ouvir é um capítulo que aborda a importância da reflexão e do pensamento crítico na comunicação. A escada da inferência, um processo que nos ajuda a compreender melhor e nos preparar para a resposta é mostrada com ferramenta adicional.
- **Capítulo 7:** Neste capítulo, é discutida a escuta ativa, seus princípios e benefícios. São apresentadas técnicas para praticar a escuta ativa em diferentes contextos, como em conversas digitais e salas de aula virtuais.
- **Capítulo 8:** A arte de responder às perguntas, incluindo as diferentes reações emocionais que podem ser causadas por elas são discutidas, incluindo estratégias para superar o medo de responder e melhorar continuamente nossas habilidades de respondentes.
- **Capítulo 9:** Linguagem não verbal. Nem só de palavras é feita a comunicação. O livro também explora a linguagem não verbal e como ela pode afetar a comunicação, discutindo os diferentes sentidos, a linguagem corporal, bem como estratégias para interpretar e usar a linguagem não verbal de forma eficaz.
- **Capítulo 10:** Aborda o tema "diálogos inclusivos". Neste capítulo, destaco que as palavras possuem significados mutáveis e que é necessário tornar o diálogo inclusivo, ou seja, incluir todas as partes envolvidas na conversa e apresento elementos e dicas práticas para criar um diálogo no qual a diversidade esteja presente e seja respeitada.
- **Capítulo 11:** Ttraz o tema "Comunicação Não Violenta (CNV)". Nele, discutimos as diferenças entre comunicação

inclusiva e CNV, e são apresentados os princípios da CNV, que são: observação, sentimento, necessidade e pedido. O capítulo ainda traz exemplos de diálogos com e sem CNV, e recomendações de uso da CNV no trabalho. Também é destacada a importância da linguagem não verbal na CNV e apresentados elementos para utilizar e evitar nesse tipo de comunicação. Por fim, o capítulo discute os fatores que dificultam o uso da CNV e como utilizá-la no ambiente familiar e profissional.

- **Capítulo 12:** Mostra o que são *soft skills*, como as empresas valorizam cada vez mais profissionais com essas habilidades e como o diálogo é componente essencial em muitas delas.
- **Capitulo 13:** Diálogo entre gerações mostra a importância de considerar os aspectos geracionais no diálogo e que envolve compreender as características e perspectivas únicas de cada geração, moldadas por eventos históricos e culturais. Reconhecer e apreciar essas diferenças facilita a comunicação e o entendimento mútuo. O capítulo também apresenta tabelas com as principais características e períodos das gerações e exemplos e proposições de abordagem para a melhora do diálogo.
- **Capítulo 14:** A comunicação corporativa e o diálogo. Compartilha a importância do diálogo no contexto da comunicação corporativa incluindo a opinião de especialistas sobre o tema.

Em resumo, este livro busca introduzir o tema e instigar a curiosidade sobre os assuntos de cada capítulo que por si só já exigiriam a leitura de um livro específico para cobrir em profundidade sua extensão.

O livro apresenta uma abordagem teórica e prática, oferecendo atividades ao final de cada capítulo para que o leitor possa colocar em prática os conceitos aprendidos. Isso torna a leitura mais interativa e dinâmica, permitindo que o leitor experimente as técnicas de comunicação apresentadas e as aplique em sua vida pessoal e profissional.

As atividades propostas variam desde reflexão pessoal, testes de múltiplas escolhas e sugestões de ações práticas, o que contribui para o desenvolvimento da habilidade de comunicação em diferentes contextos e situações.

Uma boa leitura!

Fique à vontade para compartilhar comigo sua experiência através do e-mail:
ramalhoescritor@gmail.com

Foto: Pexels

Introdução

A arte do diálogo é sem dúvida um desafio que envolve uma complexa combinação de habilidades. Para que um diálogo seja bem-sucedido, é preciso que os participantes sejam capazes de colocar suas ideias e pontos de vista de forma clara e objetiva, ao mesmo tempo em que são sensíveis às perspectivas dos outros e capazes de se ajustar a elas.

Foto: Pexels

Precisamos agir como diferentes personagens a cada instante do diálogo. Isso exige, em alguns momentos, uma reflexão profunda, como a praticada por monges budistas, que são capazes de se concentrar intensamente em suas mentes e analisar suas emoções antes de tomar qualquer decisão ou proferir qualquer palavra.

Por outro lado, um bom diálogo requer, muitas vezes, objetividade, uma qualidade essencial encontrada em palestrantes e oradores profissionais, necessária para que os participantes possam se concentrar no que é mais importante e não se distraiam desnecessariamente.

Outra habilidade importante é a sensibilidade no uso das palavras. Assim como uma gueixa é treinada na arte de oferecer uma xícara de chá com delicadeza e coreografia, devemos selecionar as palavras certas para cada situação. Os participantes de um diálogo precisam saber como usar as palavras com sutileza e precisão. Isso envolve escolher as palavras com cuidado, de forma a transmitir a mensagem desejada sem causar ofensa ou mal-entendidos, alcançando o efeito pretendido.

Foto: Pexels

Finalmente, um bom diálogo requer sabedoria e discernimento para saber quando avançar ou retroceder em uma conversa.

Foto: Pexels

Essa é uma habilidade que pode ser comparada à dos mestres Jedi, que são capazes de perceber o momento certo para agir ou se retirar. Em um diálogo, saber quando falar e quando ficar em silêncio, quando pressionar e quando ceder, é uma habilidade valiosa que permite que os participantes se envolvam em um diálogo construtivo e evitem confrontos desnecessários.

Precisamos também, durante um diálogo, agir como um psicólogo que tenta identificar os traços da personalidade e temperamento do interlocutor para usar isso em favor da elaboração de diálogos que encontrem mais receptividade para cada perfil.

Em resumo, a arte do diálogo é uma habilidade complexa que envolve várias habilidades e qualidades, incluindo reflexão profunda, objetividade, delicadeza no uso das palavras e sabedoria para saber quando agir ou se retirar. Como em todas as habilidades, a prática e o desenvolvimento de cada uma delas pode levar ao sucesso, permitindo que as pessoas se comuniquem de forma mais eficaz e construtiva.

Quando decidi escrever este livro, sabia que estava me propondo a uma tarefa difícil e desafiadora. Afinal, falar sobre este tema é como tentar desvendar um mistério que envolve muitos aspectos subjetivos e subterrâneos da comunicação humana e principalmente da mente.

Para começar, é preciso compreender que a arte do diálogo não se limita a falar bem ou a ter um vasto vocabulário. Ela envolve habilidades e competências que estão além do que se aprende nos livros ou nas salas de aula. É preciso ter a capacidade de ouvir o outro com atenção, de se colocar no lugar do outro e de respeitar as diferenças. É preciso ter humildade para reconhecer que não sabemos tudo e disposição para aprender sempre mais.

Foi com essa determinação e disposição que mergulhei na pesquisa para escrever o livro. Busquei as teorias mais recentes sobre a comunicação humana, entrevistei especialistas e analisei casos reais de sucesso e fracasso na comunicação entre as pessoas e entre as empresas.

Foto: Unsplash

Também contei com minha experiência pessoal. Afinal, foram muitos os momentos em que fracassei na comunicação com as pessoas, em que não soube ouvir ou fui mal interpretado. Esses erros também me ensinaram lições valiosas que irei compartilhar com os leitores. Acredite, aprender com os nossos próprios erros é engrandecedor, mas aprender com os erros dos outros é menos doloroso.

Acredito que, ao compartilhar essa jornada de aprendizado, posso inspirar outras pessoas a se dedicarem a essa arte. Sei que não é uma jornada fácil, mas é recompensadora. Dominar a arte do diálogo não só nos ajuda a construir relacionamentos mais saudáveis e duradouros, como também nos torna mais capazes de resolver conflitos, de influenciar pessoas e de realizar nossos objetivos.

O pensador e filósofo chinês Confúcio dizia: "Eles me contaram e eu esqueci; eu vi e entendi; eu fiz e aprendi". E eu acredito firmemente nesse pensamento.

Por isso, meu objetivo com este livro é mostrar o início dessa jornada, dar dicas práticas e exercícios para todos refletirem, praticarem e se aprimorarem.

Espero que, ao final da leitura, os leitores se sintam mais confiantes e preparados para dialogar com as pessoas em todas as áreas de suas vidas.

Foto: Vecteezy

CAPÍTULO 1

Comunicação e Diálogo

> O maior problema na comunicação é a ilusão de que ela ocorreu.
>
> *George Bernard Shaw*
> (1856-1950, dramaturgo irlandês)

Neste capítulo vamos mostrar alguns conceitos básicos da comunicação para que você possa seguir o livro com as bases do processo de comunicar claramente entendidas. Você certamente já as conhece, mas elas são usadas em nosso modo automático de conversar e por isso, muitas vezes nem as percebemos.

COMUNICAÇÃO

Comunicação é o processo de troca de informações, ideias, sentimentos ou significados entre duas ou mais pessoas. Esse processo pode ser realizado através de diferentes formas e meios, como a fala, a escrita, a linguagem corporal, as imagens, os vídeos, entre outros. A comunicação é uma parte essencial da interação humana e está presente em todas as áreas da vida, seja pessoal, profissional, social ou cultural.

QUAIS SÃO AS CATEGORIAS DE COMUNICAÇÃO?

A comunicação é uma área ampla que pode ser categorizada de várias maneiras, dependendo do contexto e do objetivo. Vejamos algumas categorias.

Direcionalidade

A direcionalidade indica como a informação flui entre os participantes. Ela pode ser unidirecional ou bidirecional.

Comunicação unidirecional

A comunicação unidirecional é aquela em que a informação flui em apenas uma direção, ou seja, de uma pessoa ou fonte para outra, sem retorno ou *feedback* instantâneo. Nesse tipo de comunicação, o emissor da mensagem é quem detém o controle da informação e define seu conteúdo e formato, enquanto o receptor é passivo e recebe a mensagem sem ter a oportunidade de dar *feedback* ou interagir com o emissor no momento em que recebe a mensagem. Veja a seguir alguns tipos de comunicação unidirecional.

Figura 1: Um discurso é uma comunicação unidirecional.

Foto: Pexels

1. **Palestras:** apresentações orais em que o palestrante fala para uma plateia, sem interação direta ou perguntas. Exemplo: palestras em eventos corporativos ou acadêmicos.
2. **Apresentações:** exposições visuais que não permitem interação direta com o público, como apresentações de *slides* ou vídeos pré-gravados. Exemplo: apresentação de resultados em uma reunião de final de ano da empresa em que o diretor mostra o desempenho da empresa em caráter informativo.
3. **Transmissões de TV/rádio/podcast:** programas em que a informação é transmitida para um grande público, sem possibilidade de interação ou *feedback* imediato. Exemplo: noticiários e programas de entretenimento.
4. **Propaganda e publicidade:** mensagens comerciais veiculadas por meio de anúncios em diferentes meios, como TV, rádio, jornais, revistas e internet.
5. **Jornais e revistas:** publicações periódicas que apresentam notícias, informações e entretenimento, sem possibilidade de interação imediata do leitor.
6. ***Outdoor*:** anúncios em grandes painéis fixados em espaços públicos, como rodovias e avenidas, que não permitem interação direta do público.
7. **Livros e e-books:** publicações que apresentam conteúdo para leitura, sem possibilidade de interação imediata do leitor com o autor ou outros leitores. Exemplo: romances, biografias e livros técnicos.
8. **Catálogos:** publicações impressas ou digitais que apresentam produtos e serviços, sem possibilidade de interação imediata com o vendedor ou atendente.

9. **Infográficos:** representações visuais de informações, como gráficos e tabelas, que não permitem interação direta com o público.
10. **Sinais de trânsito:** placas e sinalizações nas vias públicas que transmitem informações aos motoristas e pedestres, sem possibilidade de interação ou *feedback*.

O QR Code

O uso de QR code em propagandas e comunicados unidirecionais pode permitir uma interação com o receptor expandindo o nível de envolvimento com a mensagem de forma mais ativa.

Os códigos QR são um tipo de código de barras bidimensional que pode ser escaneado por um smartphone ou dispositivo similar para acessar informações adicionais. Ao incluir um código QR em um anúncio impresso ou em um cartaz, por exemplo, o receptor pode escaneá-lo com seu smartphone e ser levado a um site ou página de destino aonde pode obter mais informações ou participar de uma ação, como uma pesquisa.

Portanto, mesmo que a mensagem seja inicialmente unidirecional, o uso de códigos QR pode permitir uma interação bidirecional não imediata com o receptor.

Neste livro, assim como em minha outra obra "*Storytelling:* Cativando com a Narrativa", faço intenso uso de QR Codes para interagir com o leitor, possibilitando que ele acesse mais informações ou vá para minhas redes sociais a fim de que possamos estabelecer um diálogo. Por exemplo, o QR code mostrado ao lado leva você ao meu site.

Acesse!

Comunicação bidirecional

Já a comunicação bidirecional é aquela em que há interação imediata entre emissor e receptor, permitindo a troca de informações, *feedback* e diálogo. Nesse tipo de comunicação, ambas as partes têm a oportunidade de se expressar, ouvir o outro, e a comunicação flui em ambas as direções.

Exemplos de comunicação bidirecional incluem:

Figura 2: Um debate é um exemplo de comunicação bidirecional.

1. **Conversa presencial:** diálogo entre duas ou mais pessoas, em que há interação direta, verbal e não verbal. Exemplo: conversa entre amigos em um encontro ou um debate.
2. **Videoconferência:** comunicação em tempo real entre pessoas que estão em locais diferentes, por meio de vídeo e áudio. Exemplo: reunião de trabalho on-line.
3. **Chamada de voz:** conversa em tempo real por meio de telefone ou aplicativos de voz, permitindo a interação direta.
4. **Chat on-line:** conversa por meio de texto em tempo real, permitindo a interação direta. Exemplo: bate-papo em aplicativos de mensagens.
5. **E-mail:** mensagem escrita que permite a interação direta entre remetente e destinatário, com possibilidade de resposta e assíncrona.
6. **Comentários em redes sociais:** interação por meio de comentários em postagens nas redes sociais,

permitindo a troca de opiniões e ideias. Exemplo: comentários em uma postagem no Facebook ou Instagram.

7. **Fóruns on-line:** plataforma em que usuários podem publicar e responder a mensagens sobre um determinado assunto, permitindo a interação direta. Exemplo: fórum de discussão sobre um tema específico.
8. **Comunidades on-line:** grupos em redes sociais ou outras plataformas em que os membros compartilham interesses e ideias, permitindo a interação direta. Exemplo: grupo de discussão sobre um assunto específico no Facebook.
9. **Sessão de perguntas e respostas:** momento em que uma pessoa ou grupo responde a perguntas de outras pessoas, permitindo a interação direta e o *feedback* imediato. Exemplo: sessão de perguntas e respostas após uma palestra.

Comunicação multidirecional

Enquanto na comunicação unidirecional a informação é transmitida de forma linear do emissor para o receptor e na comunicação bidirecional a informação flui em duas direções, entre o emissor e o receptor, a comunicação multidirecional envolve a participação ativa de várias pessoas, todas envolvidas na troca de informações. É uma forma de comunicação em grupo em que várias pessoas estão envolvidas e contribuem com informações e

Foto: Pexels

feedback. Exemplos disso incluem reuniões de equipe, fóruns de discussão, grupos de bate-papo, redes sociais e outras formas de comunicação em grupo.

Além da direcionalidade da comunicação, podemos categorizar em função dos meios e formas que são usadas.

- **Comunicação verbal:**

A comunicação verbal é realizada através da fala ou da escrita. É um dos tipos de comunicação mais comuns e utilizados no dia a dia. Um exemplo de comunicação verbal é uma conversa entre duas pessoas, seja pessoalmente ou por meio de uma chamada de voz.

Na área corporativa, a comunicação verbal é utilizada em reuniões, apresentações e conversas com clientes. Um exemplo é a comunicação entre um vendedor e um cliente em uma loja, onde o vendedor precisa ser claro e objetivo para apresentar os produtos e persuadir o cliente a realizar uma compra.

- **Comunicação não verbal:**

A comunicação não verbal é realizada por meio da linguagem corporal, gestos, expressões faciais, postura e outros recursos. É um tipo de comunicação muito importante para transmitir emoções, sentimentos e intenções. Um exemplo de comunicação não verbal é o sorriso de uma pessoa e a sua postura corporal ao receber uma boa notícia. Ela não precisa dizer uma só palavra. Você sabe exatamente o que ela está sentindo.

A comunicação não verbal pode ser usada separadamente ou em conjunto com a linguagem verbal. Um exemplo é a postura corporal de um candidato em uma entrevista de emprego, que pode transmitir confiança e segurança ou insegurança e ansiedade.

- **Comunicação interpessoal:**

A comunicação interpessoal é a comunicação que ocorre entre duas ou mais pessoas. É fundamental para estabelecer e manter relacionamentos, bem como para resolver conflitos e tomar decisões em grupo. Um exemplo de comunicação interpessoal é uma conversa entre amigos. Na área corporativa, a comunicação interpessoal é utilizada em reuniões, negociações e conversas com colegas de trabalho.

- **Comunicação em grupo:**

Comunicação em grupo refere-se ao processo de transferir informações, ideias, pensamentos ou sentimentos entre os membros de um grupo, utilizando diferentes formas e meios de comunicação. Pode ocorrer em diversos contextos, como em equipes de trabalho, comitês, conselhos, clubes, organizações sociais, grupos de estudo, grupos de amigos, entre outros.

- **Comunicação organizacional:**

A comunicação organizacional é o processo de troca de informações, ideias, opiniões e mensagens dentro de uma organização. Abrange uma ampla gama de atividades, incluindo a comunicação interna, que ocorre entre os membros da organização, e a comunicação externa, que envolve a interação com o público externo, como clientes, fornecedores, parceiros e mídia. A comunicação organizacional pode ser realizada por meio de diferentes canais, como reuniões, e-mails, relatórios, documentos escritos, redes sociais, eventos, entre outros.

- **Comunicação de massa:**

"De todas as nossas invenções para comunicação em massa, as imagens ainda falam a linguagem mais universalmente compreendida."

Walter Elais Disney (Walt Disney)
(1901-1966, animador e diretor)

É a comunicação que ocorre através de meios de comunicação de massa, como a televisão, o rádio e a internet. Esse tipo de comunicação é muito importante para disseminar informações e ideias para um grande público, e pode ter um grande impacto na sociedade como um todo. Na área corporativa, a comunicação de massa é utilizada em campanhas publicitárias, anúncios em mídias sociais e em ações de marketing. Um exemplo é a campanha publicitária de uma marca que utiliza a televisão e as mídias sociais para divulgar seus produtos e aumentar suas vendas.

Foto: Pexels

Essas categorias podem sobrepor-se e interagem, serem combinadas de várias maneiras, e é importante lembrar que cada uma delas apresenta suas próprias oportunidades e desafios de comunicação. Além da comunicação que envolve mais de uma pessoa, não podemos deixar de lembrar de um tipo de comunicação que envolve apenas uma pessoa.

- **Autocomunicação:**

Autocomunicação é o processo de comunicação que ocorre dentro de uma pessoa consigo mesma, ou seja, é a comunicação interna de uma pessoa com seus próprios pensamentos, sentimentos, reflexões e auto avaliações.

Algumas formas de autocomunicação podem ter nomes diferentes em função do foco que é dado a ela. Eis as principais nomenclaturas:

!

1. **Diálogo interno:** quando uma pessoa conversa consigo mesma, em sua mente, fazendo perguntas, dando respostas, ponderando questões, tomando decisões e refletindo sobre suas emoções e experiências.
2. **Autoavaliação:** quando uma pessoa faz uma avaliação interna de suas ações, comportamentos, habilidades e características pessoais, buscando compreender a si mesma e sua situação.
3. **Autorreflexão:** quando uma pessoa reflete sobre seu próprio comportamento, atitudes, crenças e valores, buscando autoconhecimento e auto aperfeiçoamento.
4. **Autoinstrução:** quando uma pessoa se dá instruções a si mesma para realizar uma tarefa, resolver um problema ou enfrentar uma situação, como um processo de autorregulação.
5. **Autocrítica:** quando uma pessoa critica a si mesma internamente, avaliando suas falhas, erros ou inadequações.

A autocomunicação e suas variantes são importantes para o desenvolvimento pessoal e profissional, bem como para aprimorar habilidades de comunicação.

Além das categorias gerais de comunicação, podemos incluir o meio utilizado para a comunicação.

- **Comunicação escrita:**

A comunicação escrita é realizada por meio de e-mails, cartas, relatórios, entre outros. É um tipo de comunicação muito importante em contextos formais, como no ambiente corporativo, e pode ser fundamental para documentar decisões e acordos.

- **Comunicação audiovisual:**

A comunicação audiovisual é realizada por meio de imagens, gráficos, infográficos, áudios, vídeos, entre outros. É um tipo de comunicação muito utilizado em meios de comunicação de massa, como a televisão e a internet. Um exemplo de comunicação visual é a infografia de um jornal que apresenta dados de forma clara e objetiva. Na área corporativa, a comunicação audiovisual é utilizada em apresentações, relatórios e materiais de marketing.

Como uma comunicação usando WhatsApp é classificada?

A comunicação usando o WhatsApp pode ser classificada como comunicação interpessoal, uma vez que envolve a interação entre duas ou mais pessoas em uma conversa direta e pessoal ou comercial. O WhatsApp é um meio de comunicação que permite a troca instantânea de mensagens de texto, voz e imagens, e é frequentemente usado para se comunicar com amigos, familiares e colegas de trabalho. No entanto, também pode ser usado para fins de comunicação em massa, como o envio de mensagens promocionais ou informativas para um grande grupo de pessoas ao mesmo tempo. Nesse caso, a comunicação seria classificada como comunicação em massa.

A INTENÇÃO DA COMUNICAÇÃO: DEBATE, DIÁLOGO, DISCURSO, DESABAFO

Considerando o tipo de comunicação interpessoal que nos envolve a maior parte do tempo podemos considerar quatro categorias em função de sua direcionalidade e intenção:

1. **Debate:** O debate é uma forma de conversação em que as pessoas expressam suas opiniões de forma estruturada e organizada, geralmente com o objetivo de persuadir o outro lado a adotar seu ponto de vista. O debate é caracterizado por uma troca de argumentos e ideias, muitas vezes com regras e formatos estabelecidos. É geralmente competitivo, uma vez que as partes envolvidas tendem a se posicionar em lados opostos e tentam convencer um ao outro de que sua perspectiva é a correta. O debate é bidirecional, com as partes se alternando para apresentar seus argumentos e contra-argumentos.

2. **Diálogo:** O diálogo é uma forma de conversação em que as pessoas trocam ideias e informações de forma colaborativa, buscando entender e aprender com as perspectivas dos outros. No diálogo, deveria haver ênfase na escuta ativa, na empatia e no respeito mútuo. As partes envolvidas compartilham suas opiniões e experiências de maneira aberta e receptiva, com o objetivo de construir um entendimento comum. O diálogo é geralmente bidirecional, com uma troca equitativa de informações e ideias. Muitas vezes, um diálogo se torna um monólogo quando uma das partes não dá espaço a outra para se manifestar.

3. **Discurso:** O discurso é uma forma de conversação em que uma pessoa fala de forma unidirecional, transmitindo suas opiniões, ideias ou informações sem a necessidade de ouvir o outro lado. O discurso é caracterizado pela ausência de interação e participação do outro lado. Pode ser competitivo ou colaborativo, dependendo do tom e do propósito do discurso. Em situações formais, como palestras ou discursos políticos, o discurso pode ser unidirecional e competitivo, com o objetivo de persuadir ou influenciar o público. Em outros contextos, como um monólogo reflexivo ou uma apresentação informativa, o discurso pode ser mais colaborativo, visando compartilhar informações de forma educativa.

4. **Diatribe (desabafo):** A diatribe, também conhecida como desabafo, é uma forma de conversa em que uma pessoa expressa suas emoções, opiniões ou frustrações de forma intensa e emotiva, muitas vezes sem a intenção de buscar uma troca equitativa de ideias. A diatribe é geralmente unidirecional e competitiva, com uma ênfase na expressão pessoal, sem muita abertura à escuta ativa ou ao entendimento do outro lado. É importante observar que a diatribe pode ser uma forma válida de expressão emocional, mas não é uma conversa equilibrada ou colaborativa.

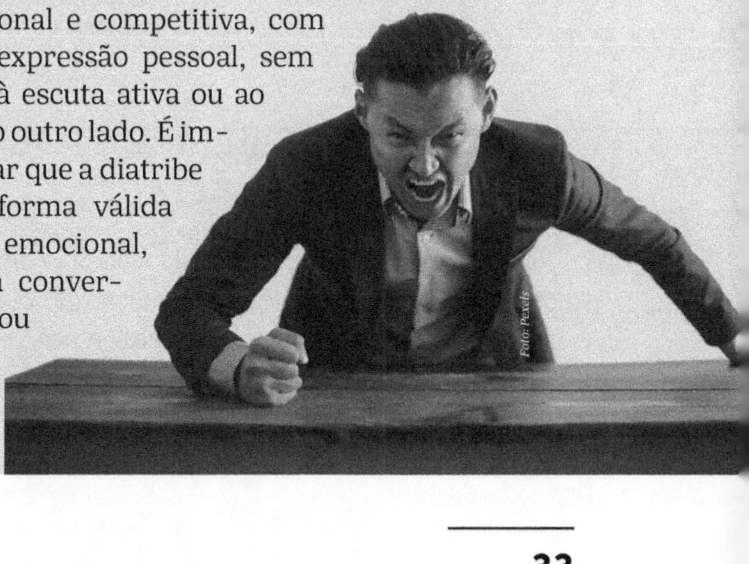

Em resumo, o discurso e a diatribe (desabafo) são geralmente unidirecionais e competitivos, enquanto o diálogo é bidirecional e colaborativo. O debate é bidirecional e competitivo, mas às vezes colaborativo, dependendo do contexto e do propósito do mesmo.

Tipo de Conversa	Direcionalidade	Explicação Breve	Intenção
Debate	Bidirecional	Troca de argumentos e ideias com o objetivo de persuadir o outro lado a adotar um ponto de vista.	Competitiva
Diálogo	Bidirecional	Troca colaborativa de ideias e informações com o objetivo de construir um entendimento comum.	Colaborativa
Discurso	Unidirecional	Uma pessoa falando de forma unidirecional, transmitindo opiniões, ideias ou informações.	Pode ser competitiva ou colaborativa, dependendo do contexto e propósito.
Diatribe (desabafo)	Unidirecional	Uma pessoa expressando emoções, opiniões ou frustrações de forma intensa e emotiva.	Competitiva

QUAIS SÃO OS ELEMENTOS DA COMUNICAÇÃO?

Os elementos da comunicação são os componentes básicos presentes em qualquer processo de comunicação entre um emissor (quem envia a mensagem) e um receptor (quem recebe a mensagem). A comunicação é algo tão enraizado em nós, que dificilmente pensamos em seus componentes quando iniciamos uma troca de informações ou conversa. Contudo ter consciência deles e seus papéis no processo de comunicar é vital para o sucesso do diálogo. Esses elementos são:

1. **Emissor:** é a pessoa ou entidade que envia a mensagem. É quem inicia a comunicação e escolhe a forma como a mensagem será transmitida.
2. **Receptor:** é a pessoa ou entidade que recebe a mensagem. É quem recebe a mensagem e interpreta o conteúdo enviado pelo emissor.
3. **Mensagem:** a mensagem é a informação ou conteúdo que o emissor quer transmitir, e pode ser expressa de diversas formas, como verbal (através da fala), escrita (como em uma carta ou e-mail), visual (como em uma imagem ou vídeo) ou até mesmo através de gestos e expressões faciais.
4. **Canal:** o canal é o meio pelo qual a mensagem é transmitida. Pode ser uma linha telefônica, um e-mail, uma carta ou até mesmo uma rede social. É importante que o emissor escolha o canal adequado para transmitir a mensagem, levando em consideração o contexto e as características do receptor.
5. **Código:** é o conjunto de símbolos e regras que o emissor usa para codificar a mensagem. É através do código que a mensagem é transformada em um formato que pode ser compreendido pelo receptor. Por exemplo, o código usado para transmitir uma mensagem por escrito é a língua escrita, e para transmitir uma mensagem verbalmente é a língua falada. Veja mais adiante a diferença entre língua e linguagem.
6. **Contexto:** também chamado de referente, é o ambiente ou conjunto de circunstâncias que envolve a comunicação. É importante levar em consideração o contexto para que a mensagem seja transmitida de forma adequada e

para que o receptor possa interpretá-la corretamente. O contexto inclui a situação (local/ambiente) em que a mensagem é transmitida, a cultura dos envolvidos e a relação entre eles. Podemos citar o contexto cultural, organizacional e situacional como os mais comuns.

7. ***Feedback*:** é a resposta ou reação do receptor à mensagem enviada pelo emissor. Ele pode ser verbal ou não verbal e ajuda a avaliar se a mensagem foi compreendida com sucesso. É importante que o emissor esteja aberto a receber o *feedback* do receptor para que possa ajustar a comunicação caso necessário.

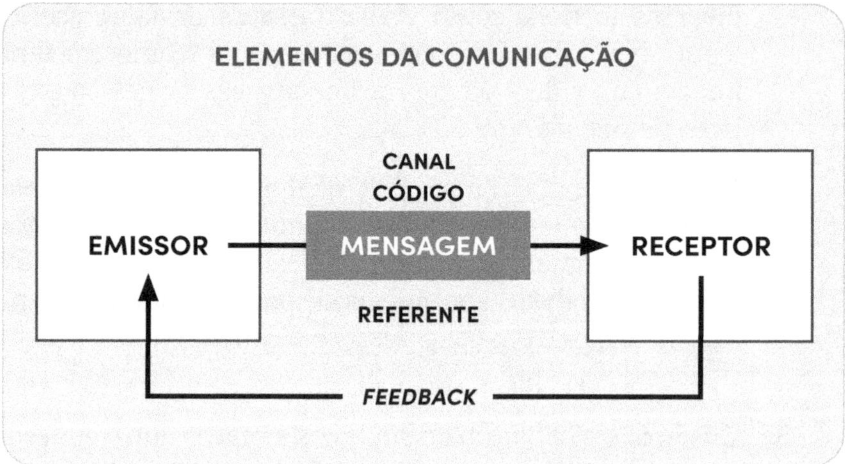

Figura 3: Elementos da comunicação.

Língua e linguagem: entendendo as diferenças

A língua e a linguagem são dois conceitos diferentes, embora intimamente relacionados.

Língua refere-se a um sistema de comunicação verbal utilizado por uma comunidade ou grupo de pessoas, que é composto por palavras organizadas por regras gramaticais específicas.

A língua é um código convencionalmente estabelecido que permite a comunicação entre os falantes de uma determinada comunidade linguística. Cada língua possui seu próprio conjunto de palavras, estruturas gramaticais, pronúncias e regras de uso, sendo influenciada por fatores culturais, históricos, geográficos e sociais. Exemplos de línguas são o português, inglês, espanhol, francês.

A língua pode ser falada, como o inglês, português, chinês ou francês, ou pode ser transmitida por sinais, como a Linguagem Brasileira de Sinais (Libras). Cada língua possui características distintas e uma estrutura própria que a diferencia de outras.

O código Morse é um sistema de codificação baseado em pontos e traços, geralmente transmitida por sinais elétricos, sonoros ou visuais. Ele não deve ser confundido com língua e linguagem, mas faz parte dos dois contextos. Um outro exemplo: uma pessoa que fala inglês pode usar a língua escrita usando o alfabeto e numerais para enviar uma carta, ou usar o código Morse para mandar a mesma mensagem através de um telégrafo ou aplicativo.

A •-	N -•	0 -----
B -•••	O ---	1 •----
C -•-•	P •--•	2 ••---
D -••	Q --•-	3 •••--
E •	R •-•	4 ••••-
F ••-•	S •••	5 •••••
G --•	T -	6 -••••
H ••••	U ••-	7 --•••
I ••	V •••-	8 ---••
J •---	W •--	9 ----•
K -•-	X -••-	. •-•-•-
L •-••	Y -•--	, --••--
M --	Z --••	? ••--••

Figura 4: O código Morse é um código que substitui letras e números por pontos e traços.

A Libras é uma língua gestual visual-espacial usada por pessoas com deficiência auditiva para se comunicar através de gestos, expressões faciais e movimentos corporais. Ela possui suas regras gramaticais e é equiparada a uma língua formal como o português.

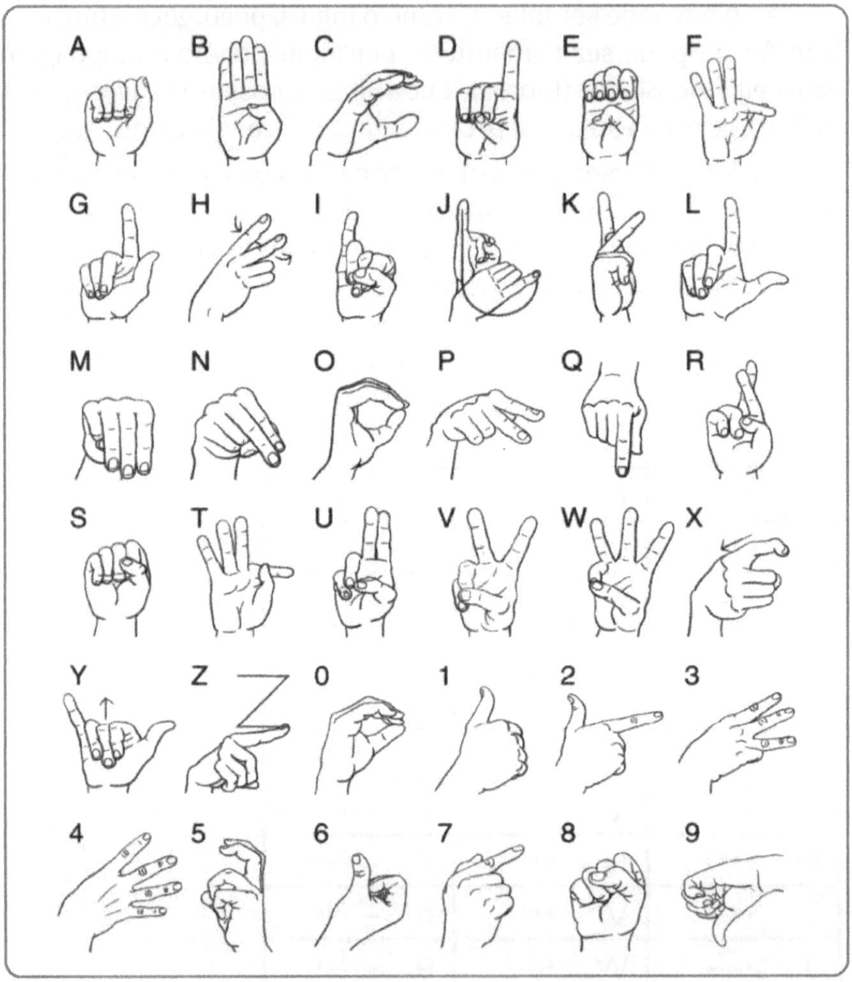

Figura 5: Representação de letras e números da Libras.

A linguagem é um sistema de comunicação que envolve a expressão de ideias, pensamentos, emoções e informações, e pode ser manifestada de várias formas, como verbal, escrita ou não verbal dependendo dos signos ou sinais que utilizamos. A linguagem é um conceito mais amplo do que a língua, pois engloba todas as formas de comunicação humana, enquanto a língua é um sistema particular de expressão dessa linguagem, que é compartilhado por um grupo de pessoas em uma comunidade específica. Por exemplo, as palavras são signos verbais, porque representam ideias ou objetos. As cores são signos não verbais, porque representam sentimentos ou emoções em um determinado contexto. Quanto mais palavras e contextos diferentes a pessoa conhecer, melhor será sua capacidade de interagir e se comunicar com eficiência. Lembre-se da importância de ter experiências de vida variadas para ampliar o vocabulário e ter uma compreensão mais ampla do mundo, consequentemente, aumentar seu poder de comunicação.

Em resumo, linguagem é um termo amplo que se refere à habilidade inata dos seres humanos de se comunicar. É a capacidade de usar palavras, gestos, sinais e outros símbolos para expressar pensamentos, sentimentos, ideias e informações. Enquanto a língua é uma forma específica de expressão dessa linguagem, que é compartilhada por uma comunidade de falantes. A língua é uma manifestação concreta da linguagem em um sistema de comunicação específico.

Se uma pessoa fala em português, apenas aqueles que entendem esse idioma irão compreender o que é dito, excluindo-se portanto, aqueles que só entendem japonês, por exemplo. Se um brasileiro e um japonês fizerem o sinal de um coração com as duas mãos, vamos entender que eles estão dizendo *Eu amo você*. Isso é linguagem. Agora, se um japonês chegar e disser 愛してます (Aishitemasu), você não saberá o que ele quer dizer, pois você não entende japonês.

IDENTIFICANDO OS ELEMENTOS DA COMUNICAÇÃO

Os elementos da comunicação são fundamentais para que ocorra uma comunicação efetiva. Veja agora alguns exemplos onde eles serão identificados. A seguir, um exemplo de diálogo fictício em um contexto corporativo que ilustra cada elemento da comunicação de duas pessoas em uma troca de e-mails:

- **Emissor Roberto:** Olá, Ana! Eu gostaria de agendar uma reunião com você para discutir o relatório financeiro do último trimestre.
- **Receptora Ana:** Olá, Roberto. Claro, podemos agendar para amanhã às 10h da manhã?
- **Mensagem:** Roberto quer discutir o relatório financeiro do último trimestre com Ana.
- **Canal:** E-mail.
- **Código:** Língua portuguesa escrita.
- **Contexto:** Roberto é o gerente financeiro da empresa e Ana é a diretora de vendas. A reunião é necessária para que ambos possam discutir o desempenho financeiro da empresa e tomar decisões importantes.
- ***Feedback*:** Ana responde concordando com a reunião, propondo data e horário para ela.

Nesse exemplo, podemos ver que cada elemento da comunicação está presente no diálogo entre Roberto e Ana. Roberto, como emissor, iniciou a conversa por e-mail e escolheu a forma como a mensagem seria transmitida. Ana, como receptor, recebeu a mensagem e respondeu a ela. A mensagem era o pedido de

Roberto para discutir o relatório financeiro do último trimestre, e o canal foi o e-mail. O código utilizado foi a língua portuguesa escrita, e o contexto era o ambiente corporativo, onde ambos têm papéis importantes na tomada de decisões da empresa. Por fim, o *feedback* foi a resposta de Ana, que propôs a data e o horário da reunião e garantiu que a mensagem foi compreendida com sucesso.

Aqui está outro exemplo de diálogo fictício em um contexto corporativo que ilustra cada elemento da comunicação através de uma conversa em vídeo ao vivo:

- **Emissor:** Olá, equipe! Como vocês estão? Eu gostaria de discutir alguns projetos importantes com vocês hoje.
- **Receptor A:** Olá, chefe! Estamos bem, obrigado. Claro, estamos ansiosos para discutir os projetos.
- **Receptor B:** Já levantei alguns dados que o senhor pediu previamente para esta reunião.
- **Mensagem:** O chefe deseja discutir projetos importantes com a equipe.
- **Canal:** Plataforma de vídeo ao vivo.
- **Código:** Língua portuguesa falada.
- **Contexto:** O chefe é responsável por liderar uma equipe de desenvolvimento de software em uma empresa de tecnologia. A reunião em vídeo ao vivo é necessária para discutir projetos e tomar decisões importantes.
- ***Feedback*:** Os membros da equipe respondem de forma positiva, confirmando que estão ansiosos e preparados para discutir os projetos.

Nesse exemplo, podemos ver que cada elemento da comunicação está presente na conversa em vídeo ao vivo entre o chefe e a equipe. O chefe, como emissor, iniciou a conversa por meio da plataforma de vídeo ao vivo e escolheu a forma como a mensagem seria transmitida. A equipe, como receptor, recebeu a mensagem e respondeu a ela. A mensagem era o desejo do chefe de discutir projetos importantes, e o canal foi a plataforma de vídeo ao vivo. O código utilizado foi a língua portuguesa falada, e o contexto era o ambiente corporativo, onde a equipe é responsável por desenvolver softwares e tomar decisões importantes. Por fim, o *feedback* foi a resposta positiva dos membros da equipe, que ajudou a confirmar o interesse na discussão dos projetos e garantiu que a mensagem foi compreendida com sucesso.

ATIVIDADES PROPOSTAS

Parte 1

1. Qual é a definição correta de linguagem?

a) Um código específico de expressão da comunicação humana.

b) A capacidade humana de se comunicar e expressar ideias, pensamentos e emoções.

c) Um conjunto de regras gramaticais, vocabulário e pronúncia de uma língua.

2. O que é língua?

a) Um sistema de comunicação utilizado pelos seres humanos.

b) Um conjunto de regras gramaticais, vocabulário e convenções sociais utilizadas para se comunicar.

c) A capacidade humana de se expressar por meio de palavras e frases.

3. Como a linguagem se manifesta?

a) Por meio de sons, palavras, frases, gestos, expressões faciais e sinais.

b) Através da estrutura gramatical e vocabulário de uma língua específica.

c) Por meio de convenções sociais e normas culturais de comunicação.

4. Qual é a relação entre linguagem e língua?

a) A língua é uma forma específica de expressão da linguagem.

b) Linguagem e língua são termos intercambiáveis e têm o mesmo significado.

c) A língua é um tipo de linguagem utilizado apenas em contextos formais de comunicação.

Parte 2

1. Qual é o elemento da comunicação que se refere ao conteúdo ou informação que está sendo comunicado?

a) Emissor b) Receptor c) Mensagem d) Canal

2. Qual é o elemento da comunicação que se refere à pessoa ou entidade que envia a mensagem?

a) Emissor b) Receptor c) Mensagem d) Canal

3. Qual é o elemento da comunicação que se refere à pessoa ou entidade que recebe a mensagem e a interpreta?

a) Emissor b) Receptor c) Mensagem d) Canal

Parte 3

1. Qual tipo de conversa é caracterizado por uma troca de argumentos e ideias com o objetivo de persuadir o outro lado a adotar um ponto de vista?

a) Debate b) Diálogo c) Discurso d) Diatribe (desabafo)

2. Qual tipo de conversa envolve uma troca colaborativa de ideias e informações com o objetivo de construir um entendimento comum?

a) Debate b) Diálogo c) Discurso d) Diatribe (desabafo)

3. Qual tipo de conversa é unidirecional, com apenas uma pessoa falando e transmitindo opiniões, ideias ou informações?

a) Debate **b)** Diálogo **c)** Discurso **d)** Diatribe (desabafo)

4. Qual tipo de conversa envolve uma pessoa expressando emoções, opiniões ou frustrações de forma intensa e emotiva?

a) Debate **b)** Diálogo **c)** Discurso **d)** Diatribe (desabafo)

5. Qual é a direcionalidade da conversa em um debate?

a) Bidirecional
b) Unidirecional
c) Multidirecional
d) Não há direcionalidade

Parte 4

1. Qual é um exemplo de comunicação verbal?

a) Linguagem corporal
b) Mensagem de texto
c) Expressão facial
d) Conversa entre duas pessoas

2. O que é comunicação não verbal?

a) Uso de palavras faladas ou escritas.
b) Troca de informações entre membros de um grupo.
c) Linguagem corporal, gestos e expressões faciais.
d) Comunicação através de meios de comunicação de massa.

3. Qual é um exemplo de comunicação interpessoal?

a) Autocrítica
b) Reflexão
c) Conversa entre amigos
d) Comunicação de massa

4. O que é comunicação organizacional?

a) Comunicação através de meios de comunicação de massa.
b) Troca de informações entre membros de uma organização.
c) Linguagem corporal, gestos e expressões faciais.
d) Conversa entre colegas de trabalho.

5. O que é comunicação de massa?

a) Comunicação interna em uma organização.
b) Conversa entre amigos.
c) Troca de informações entre membros de um grupo.
d) Comunicação através de meios de comunicação como televisão e internet.

Respostas:

Parte 1 - 1.b; 2.b; 3.a; 4.a
Parte 2 - 1.c; 2.a; 3.b
Parte 3 - 1.a; 2.b; 3.c; 4.d; 5.a
Parte 4 - 1.b/d; 2.c; 3.c; 4.b; 5.d

Foto: Freepik

CAPÍTULO 2

Elementos e Tipos do Diálogo

> **Dois monólogos não fazem um diálogo.**
>
> *Jeffrey L. Daly*
> (Designer-Chefe do Museu Metropolitano de Arte)

O DIÁLOGO COMO BASE DA COMUNICAÇÃO

O diálogo é a base da comunicação, pois é através dele que as pessoas se conectam, se compreendem e alcançam objetivos em conjunto. Quando as pessoas dialogam, elas podem expressar suas ideias e opiniões e ouvir as dos outros, possibilitando o estabelecimento de conexões pessoais e sociais. Pessoas que dominam a arte do diálogo têm uma vantagem significativa na vida pessoal e profissional, porque são capazes de se comunicar efetivamente com os outros e alcançar seus objetivos com uma abordagem colaborativa e respeitosa. O diálogo é uma forma poderosa de construir relacionamentos, ganhar influência e persuadir os outros a apoiar nossas ideias e atingir objetivos.

Foto: Imagem gerada por Bing AI

Quem tem boca vai a Roma

Um ditado popular que reflete essa ideia é “quem tem boca vai a Roma”. Esse ditado tem origem na antiguidade romana, quando Roma era o centro político e cultural mais importante do mundo Ocidental e de onde saiam a maioria dos caminhos para atingir as províncias romanas. A expressão significa que qualquer pessoa com habilidades de comunicação e poder de persuasão pode alcançar o sucesso e chegar a lugares importantes, assim como ir a Roma.

CURIOSIDADE

Essa expressão pode ter sido originada de outra que se dizia: “Quem tem boca vaia Roma”, convidando a população a vaiar o governo de Roma como uma forma de protesto.

Eu usei muito essas habilidades quando pedalei de Paris a Istambul. Mesmo com o uso de mapas, as conversas, as perguntas e respostas me ajudaram a escolher, quase sempre, os melhores caminhos para chegar. Na vida pessoal, o diálogo é uma ferramenta importante para resolver conflitos e construir relacionamentos saudáveis. Pessoas que dominam a arte do diálogo são capazes de expressar suas opiniões de forma clara e empática, e também são capazes de ouvir os outros de forma ativa e respeitosa. Isso os ajuda a construir laços mais fortes com familiares, amigos e colegas de trabalho, bem como a encontrar soluções para problemas e conflitos interpessoais.

No mundo profissional, o diálogo é fundamental para a construção de equipes eficazes e bem-sucedidas. Pessoas que sabem como se comunicar bem com os outros são capazes de inspirar confiança, liderar equipes com sucesso e alcançar metas e objetivos de forma mais eficaz. Elas também são capazes de influenciar as decisões de outras pessoas e persuadir colegas e parceiros de negócios a apoiar suas ideias e projetos.

ELEMENTOS DO DIÁLOGO

O diálogo é composto por diversos elementos que são fundamentais para sua efetividade. Os elementos do diálogo e da comunicação têm muitas semelhanças, pois o diálogo é uma forma específica de comunicação entre pessoas, no entanto existem algumas diferenças e peculiaridades.

1. **Participantes:** Os participantes de um diálogo são as pessoas (emissor/receptor) que estão envolvidas na troca de informações. Por exemplo, em um diálogo entre um professor e um aluno, o professor e o aluno são os participantes.

2. **Linguagem:** A linguagem ou código refere-se à forma como as informações são expressas e compreendidas. Isso pode incluir o vocabulário utilizado, a escolha de palavras, a gramática e a entonação. Por exemplo, um diálogo entre um médico e um paciente pode envolver terminologia médica específica que precisa ser explicada para que o paciente compreenda.

3. ***Feedback:*** O *feedback* é a resposta ou reação a uma mensagem ou informação fornecida. Em um diálogo, o feedback pode incluir comentários, perguntas ou declarações adicionais em resposta ao que foi

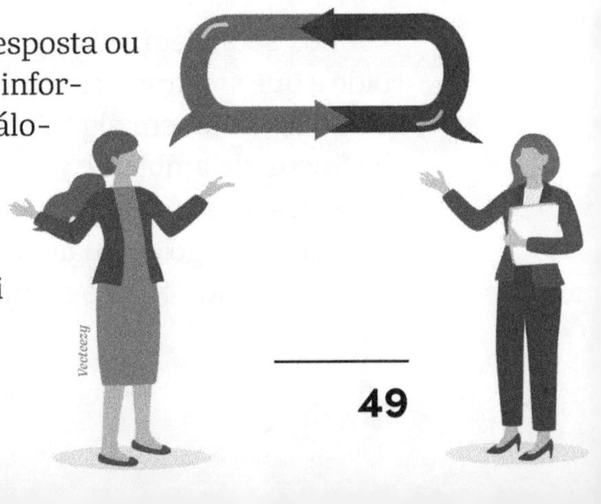

dito. Por exemplo, em um diálogo entre um gerente e um funcionário, o gerente pode fornecer *feedback* sobre o desempenho do funcionário e, em seguida, ouvir a resposta do funcionário.

4. **Contexto:** O contexto refere-se ao ambiente ou situação em que ocorre o diálogo. Por exemplo, um diálogo entre amigos em um ambiente descontraído pode ser muito diferente de um diálogo entre colegas de trabalho em um ambiente formal.

5. **Objetivo:** O objetivo do diálogo é o resultado desejado pelos participantes. Isso pode incluir persuadir, informar, negociar ou convencer. Por exemplo, em um diálogo de vendas, o objetivo pode ser convencer o cliente a comprar um produto ou serviço.

6. **Canal de comunicação:** O canal de comunicação refere-se à forma como as informações são transmitidas. Isso pode incluir o uso de meios de comunicação como telefone, e-mail ou mensagem de texto.

7. **Tópico:** O tópico ou contexto é o assunto ou questão discutida no diálogo. Isso pode incluir tópicos como política, esportes, finanças ou qualquer outro assunto relevante para as partes envolvidas. Por exemplo, um diálogo entre amigos pode ser sobre um programa de TV que eles assistiram juntos, enquanto um diálogo de negócios pode ser sobre uma nova estratégia de marketing.

Aos sete elementos, podemos considerar um extra que é o ruído e que se caracteriza por interferências internas ou externas que atrapalham em algum nível o diálogo. Os tipos mais comuns são físicos, do ambiente e fisiológico-psicológicos de um dos participantes. Os sete elementos descritos são essenciais na estrutura de um diálogo, enquanto o ruído é uma consequência ou fator que pode existir ou não no diálogo.

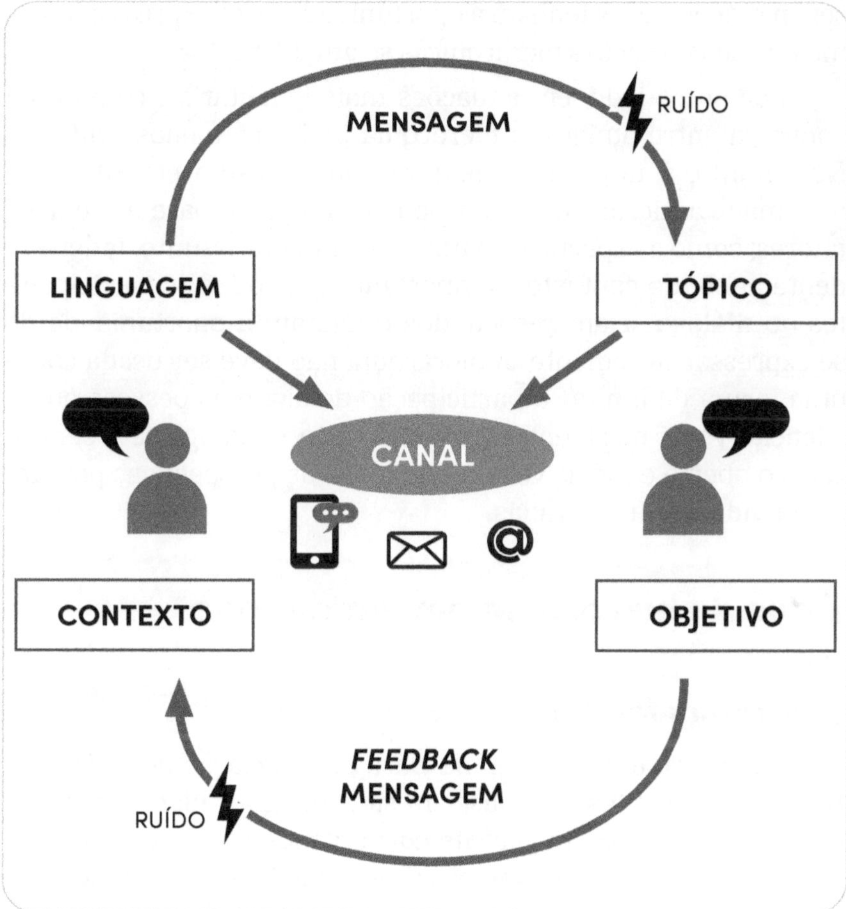

A HIERARQUIA NO DIÁLOGO

A hierarquia no diálogo se refere à forma como as pessoas se posicionam ou são percebidas pelos outros participantes durante a conversa. Essa dinâmica pode ser influenciada por diversos fatores, como o status social, a posição hierárquica dentro da organização ou a expertise em determinado assunto. Em algumas situações, pode haver uma clara hierarquia entre os participantes, como em uma reunião de trabalho com um chefe e seus subordinados. Nesses casos, é importante que todos os participantes sejam respeitados e tenham a oportunidade de se expressar, mesmo que suas posições hierárquicas sejam diferentes.

Por outro lado, em situações mais igualitárias, como uma conversa entre amigos, a hierarquia pode ser menos evidente. No entanto, é importante lembrar que, mesmo em situações informais, a hierarquia ainda pode existir com base em outros fatores, como a expertise em um determinado assunto. Independentemente do contexto, é importante que todos os participantes do diálogo sejam respeitados e tenham a oportunidade de se expressar livremente. A hierarquia não deve ser usada como uma forma de limitar a participação de algumas pessoas ou de silenciar vozes dissidentes. Pelo contrário, o diálogo deve ser um espaço aberto e inclusivo, em que todas as perspectivas possam ser ouvidas e consideradas.

Tipos de hierarquia em um diálogo

Hierarquia formal

Ocorre quando existe uma clara diferenciação de poder entre os participantes com base em suas posições hierárquicas na organização, como um gerente conversando com seus subordinados. Nesses casos, pode haver uma tendência para que as pessoas mais subalternas sejam menos propensas a se expressar livremente ou a discordar de seus superiores.

Hierarquia de conhecimento

Ocorre quando há diferenças de conhecimento e expertise entre os participantes do diálogo. Em uma conversa entre um especialista em uma determinada área e uma pessoa menos experiente, por exemplo, pode haver uma tendência para que a pessoa menos experiente seja mais receptiva às ideias do especialista, especialmente se ele for percebido como uma autoridade no assunto.

Hierarquia social

Ocorre quando as diferenças de status social são percebidas pelos participantes do diálogo, como em uma conversa entre pessoas de diferentes classes sociais. Nesses casos, pode haver uma tendência para que as pessoas de maior status social sejam mais propensas a monopolizar a conversa e a ter mais influência sobre as decisões tomadas. É importante lembrar que a hierarquia não deve ser usada para silenciar vozes discordantes ou limitar a participação de algumas pessoas no diálogo.

Objetivos positivos do diálogo

O propósito principal de um diálogo é estabelecer uma comunicação significativa entre duas ou mais pessoas. Um diálogo pode ter diferentes objetivos, dependendo do contexto e das intenções dos participantes. Aqui estão alguns possíveis objetivos de um diálogo:

1. **Compreensão mútua:** Um diálogo pode ser usado para construir compreensão mútua entre os participantes. Isso pode envolver a troca de informações, ideias e perspectivas.
2. **Resolução de conflitos:** O diálogo pode ser utilizado para resolver conflitos ou divergências entre os participantes. Nesse caso, o objetivo é alcançar um consenso ou um acordo que satisfaça todas as partes envolvidas.
3. **Tomada de decisão:** O diálogo também pode ser utilizado para a tomada de decisões em grupo. Os

participantes podem discutir diferentes opções e escolher a melhor solução para o problema em questão.

4. **Exploração de ideias:** Um diálogo pode ser utilizado para explorar novas ideias ou conceitos. Os participantes podem trocar ideias, fazer perguntas e fornecer *feedback* para estimular a criatividade e a inovação.

5. **Fortalecimento de relacionamentos:** O diálogo também pode ser utilizado para fortalecer os relacionamentos entre os participantes. Isso pode envolver a construção de confiança, a expressão de sentimentos e a criação de um ambiente de respeito e cooperação mútua.

OBJETIVOS NEGATIVOS DO DIÁLOGO

Embora o diálogo seja geralmente visto como uma ferramenta positiva para a comunicação, há também propósitos negativos que podem estar subjacentes a um diálogo. Aqui estão alguns exemplos:

1. **Manipulação:** Em alguns casos, o diálogo pode ser usado para manipular ou enganar os participantes. Por exemplo, um vendedor pode utilizar técnicas persuasivas para convencer um cliente a comprar um produto desnecessário ou com falsas qualidades.

2. **Agressão:** O diálogo também pode ser usado para agredir ou intimidar os participantes. Isso pode envolver insultos, ameaças ou outras formas de comportamento abusivo.

3. **Controle:** O diálogo pode ser utilizado para exercer controle sobre os participantes. Por exemplo, um líder autoritário pode usar o diálogo para impor sua vontade ou opiniões sobre os outros.

4. **Conflito:** Em alguns casos, o diálogo pode ser usado para intensificar o conflito entre os participantes, em vez de resolvê-lo. Isso pode envolver argumentos e debates acalorados que não levam a uma solução satisfatória para todas as partes envolvidas.

5. **Desinformação:** O diálogo também pode ser usado para espalhar informações falsas ou enganosas. Isso pode ser feito para manipular a opinião pública ou promover uma agenda pessoal ou política, ou seja, espalhar *fake news*!

6. **Sabotagem:** O diálogo pode ser utilizado para sabotar ou minar as ideias ou opiniões de outros participantes. Isso pode envolver críticas destrutivas ou constantes interrupções para desviar a atenção do assunto e minar o resultado.

7. **Desrespeito:** O diálogo pode ser utilizado para desrespeitar ou menosprezar outros participantes. Isso pode envolver o uso de linguagem ofensiva ou insultos pessoais.

8. **Evasão:** O diálogo pode ser utilizado para evitar o confronto ou a resolução de problemas. Isso pode envolver desviar o assunto ou mudar de tópico para evitar discutir questões importantes.

9. **Autopromoção:** O diálogo pode ser utilizado para promover a si mesmo ou suas ideias em detrimento dos outros participantes. Isso pode envolver monopolizar a conversa ou fazer declarações grandiosas para se destacar.

10. **Alienamento:** O diálogo pode ser utilizado para alienar ou excluir outros participantes. Isso pode envolver a criação de um clima hostil ou a promoção de uma visão de mundo que não inclui determinados grupos ou perspectivas.

É importante lembrar que esses exemplos representam propósitos negativos que podem estar presentes em um diálogo, mas isso não significa que todo diálogo tenha intenções negativas. É importante estar alerta e identificar o objetivo do diálogo de nosso interlocutor para podermos tomar ações necessárias.

FINALIZANDO

O objetivo principal de um diálogo deve ser a construção de compreensão mútua, resolução de conflitos, tomada de decisão em grupo, exploração de ideias e fortalecimento de relacionamentos. No entanto, o diálogo pode ter tanto aspectos positivos quanto negativos. Alguns dos aspectos positivos incluem a troca de ideias e informações, a aprendizagem, a criação de novas perspectivas e a resolução de problemas. Já os aspectos negativos podem incluir manipulação, agressão, conflito e desinformação, entre outros. No próximo capítulo, iremos abordar diversos fatores que contribuem de forma negativa para que você desenvolva sua percepção para identificá-los e lidar apropriadamente com eles.

ATIVIDADES PROPOSTAS

Parte 1: Elementos do diálogo

1. Qual é um dos elementos essenciais do diálogo que se refere à forma como as informações são expressas e compreendidas?

a) Participantes
b) Contexto
c) Linguagem
d) *Feedback*

2. O que é considerado como *feedback* em um diálogo?

a) Os participantes envolvidos.
b) O canal de comunicação utilizado.
c) A resposta ou reação à mensagem.
d) O assunto ou questão discutida.

3 O que é considerado como contexto em um diálogo?

a) A resposta ou reação à mensagem.
b) O ambiente ou situação em que ocorre o diálogo.
c) O resultado desejado pelos participantes.
d) A forma como as informações são transmitidas.

4. Qual é o objetivo do diálogo?

a) Transmitir informações.
b) Convencer o cliente a comprar um produto ou serviço.
c) Utilizar meios de comunicação como telefone, e-mail ou mensagem de texto.
d) Discutir um assunto relevante para as partes envolvidas.

Parte 2: Tipos de diálogo

1. Qual é o objetivo do diálogo interno?

a) Resolver conflitos.
b) Compartilhar perspectivas diferentes.
c) Refletir sobre nossos próprios pensamentos e sentimentos.
d) Tomar decisões em grupo.

2. O diálogo interpessoal ocorre entre quantas pessoas?

a) Uma pessoa
b) Milhares de pessoas
c) Duas ou mais pessoas
d) Nenhuma das opções

3. Qual é uma das vantagens do diálogo em grupo?

a) Geração de ideias e compartilhamento de perspectivas diferentes.
b) Reflexão e autoavaliação.
c) Resolução de conflitos internos.
d) Conversa casual.

4. O que é importante considerar para escolher o tipo de abordagem para um diálogo adequado?

a) O objetivo da conversa, o número de pessoas envolvidas e o nível de intimidade e confiança entre elas.
b) A geração de ideias e o compartilhamento de perspectivas diferentes.
c) A resolução de conflitos internos e a tomada de decisões em grupo.
d) A reflexão sobre pensamentos e sentimentos.

Parte 3: Intenção do diálogo

1 . Qual é um possível objetivo de um diálogo?

a) Manipulação
b) Compreensão mútua
c) Agressão
d) Todas as anteriores

2. Qual é uma das possíveis formas de utilização negativa do diálogo?

a) Tomada de decisão.
b) Agressão.
c) Fortalecimento de relacionamentos.
d) Compreensão mútua.

3. O que pode ser um propósito negativo de um diálogo?

a) Resolução de conflitos.
b) Fortalecimento de relacionamentos.
c) Manipulação.
d) Exploração de ideias.

Respostas:
Parte 1 - 1.c; 2.c; 3.b; 4.d
Parte 2 - 1.c; 2.c; 3.a; 4.a
Parte 3 - 1.d; 2.b; 3.c

Foto: Freepik

CAPÍTULO 3

Ruídos – Obstáculos ao Diálogo

> **As suposições são os cupins dos relacionamentos.**
>
> *Henry Franklin Winkler*
> (*1945, ator, diretor, produtor e autor americano)

A comunicação humana é uma das atividades mais complexas que realizamos no nosso cotidiano. Construir um diálogo produtivo e efetivo pode parecer uma missão quase impossível, especialmente diante dos muitos obstáculos que se apresentam. A verdade é que diversos fatores ou ruídos podem minar um diálogo e torná-lo improdutivo ou até mesmo impossível.

Alguns desses ruídos incluem a falta de tempo, conhecimento, respeito, empatia, de clareza nas ideias, de interesse pelo assunto em questão, o preconceito, o excesso de emoção, a falta de habilidade para ouvir e para se expressar e a presença de ruídos externos ou internos, entre outros.

Adiante, segue uma lista com 51 fatores que podem minar um diálogo. Você certamente já se deparou com um ou mais desses fatores durante uma conversa e eles causaram algum impacto negativo. Esses fatores podem ser originados por qualquer um dos sete elementos do diálogo. Faça uma avaliação rápida e marque um X na terceira coluna se você já enfrentou o fator descrito em um diálogo.

Número	Fator que pode minar um diálogo	SIM
1	Falta de empatia	
2	Preconceitos	
3	Falta de respeito	
4	Dificuldade de comunicação	
5	Diferentes linguagens	
6	Divergência de opiniões	
7	Conflitos pessoais	
8	Falta de clareza	
9	Julgamento precipitado	
10	Falta de escuta ativa	
11	Interrupções constantes	
12	Falta de *feedback*	
13	Desinteresse no assunto	
14	Nervosismo	
15	Estresse	
16	Falta de tempo	
17	Má interpretação de palavras	
18	Má interpretação de intenções	
19	Intolerância	
20	Desrespeito à diversidade	
21	Desvalorização do outro	
22	Falta de transparência	
23	Egoísmo	
24	Arrogância	
25	Autoritarismo	
26	Falta de objetividade	
27	Inflexibilidade	

Número	Fator que pode minar um diálogo	SIM
28	Falta de humildade	
29	Desorganização	
30	Desconhecimento do assunto	
31	Ambiguidade	
32	Falta de ética	
33	Falta de comprometimento	
34	Falta de responsabilidade	
35	Insensibilidade	
36	Desconsideração	
37	Falta de empenho	
38	Distrato	
39	Falta de pontualidade	
40	Desrespeito aos acordos	
41	Falta de interesse comum	
42	Desigualdade de poder	
43	Falta de empenho em entender o outro	
44	Insegurança	
45	Excesso de autoconfiança	
46	Uso inadequado de humor	
47	Desconforto físico	
48	Problemas externos	
49	Falta de ambiente adequado	
50	Excesso de barulho sonoro	
51	Personalidade difícil do interlocutor	

Some agora e veja a quantidade expressiva de fatores que já atrapalharam um diálogo no qual você participou. Impressionante não? Tudo parece conspirar contra um saudável e produtivo diálogo.

Essas barreiras de comunicação são obstáculos oriundos de principalmente de diferenças culturais, sociais, patologias físicas ou mentais, vieses de comunicação, ambiente e contexto do diálogo. Poderíamos agrupá-las em diversas categorias. Aqui proponho cinco:

1. **Patologias:** Problemas de saúde física ou mental, como ansiedade, depressão, transtornos de personalidade, esquizofrenia e fobias podem afetar a capacidade de comunicação de uma pessoa. Por exemplo, um indivíduo com ansiedade pode ter dificuldade em se expressar claramente em uma situação estressante.

2. **Vieses da comunicação:** Os vieses da comunicação são tendências ou hábitos mentais que podem interferir na forma como interpretamos a comunicação dos outros. Alguns exemplos de vieses da comunicação são a tendência a interpretar as mensagens de acordo com nossas próprias expectativas e preconceitos, ou a tendência a interpretar as mensagens de forma muito literal.

3. **Comunicação não verbal:** A comunicação não verbal, como expressões faciais, gestos e postura corporal, também pode interferir no diálogo. Por exemplo, uma pessoa que cruza os braços durante uma conversa pode passar uma mensagem de resistência ou defesa.

4. **Barreiras culturais e linguísticas:** Diferenças culturais e linguísticas podem criar barreiras para a comunicação. Por exemplo, uma pessoa que fala uma língua diferente pode ter dificuldade em se expressar ou entender as mensagens de outra pessoa. Uma pessoa com conhecimentos profundos sobre um tema falando com alguém sem estudos e escolaridade terá dificuldades de desenvolver o diálogo temático.

5. **Ruído e interferências:** Ruídos externos, como tráfego ou outras pessoas falando ao fundo, podem tornar a comunicação mais difícil. Da mesma forma, a tecnologia também pode criar interferências, como problemas com conexões de internet ou telefones e o uso simultâneo de múltiplas telas.

A identificação das cinco categorias de barreiras de comunicação é crucial para que possamos nos adequar a essas limitações e usar ferramentas para superá-las antes do início ou no decorrer de um diálogo. Se não reconhecermos essas barreiras, podemos acabar enfrentando problemas de comunicação que prejudicam a qualidade e a eficácia da nossa interação com outras pessoas. Ciente delas, podemos desenvolver estratégias específicas para superá-las, reconhecer nossas próprias limitações e a trabalhar na melhoria da nossa capacidade de comunicação. Podemos buscar treinamentos ou orientação para aprimorar nossa habilidade de comunicação não verbal, ou trabalhar na redução de vieses de comunicação que possam estar prejudicando nossa capacidade de entender a perspectiva dos outros.

Para superar esses obstáculos ao diálogo, é importante:

1. **Reconhecer e tratar patologias:** Pessoas que sofrem de problemas de saúde mental devem buscar tratamento adequado para melhorar sua capacidade de comunicação.

2. **Conhecer e evitar vieses da comunicação:** É importante estar ciente dos vieses da comunicação e trabalhar para evitá-los. Por exemplo, temos uma ideia formada sobre um assunto e não abrimos possibilidade para considerar outras opções.

3. **Observar e interpretar a comunicação não verbal:** Prestar atenção aos sinais não verbais pode nos ajudar a entender melhor a mensagem do outro. Por exemplo, podemos prestar atenção a postura corporal, expressões faciais e gestos para entender melhor o que a outra pessoa está tentando comunicar.

4. **Estar ciente das barreiras culturais e linguísticas:** É importante estar ciente das diferenças culturais e linguísticas e trabalhar para superá-las. Por exemplo, podemos tentar aprender mais sobre a cultura e contexto do outro e fazer um esforço para nos comunicar de maneira clara e simples.

5. **Evitar interferências e distrações:** Devemos tentar mini-

mizar as interferências externas, como o ruído e problemas tecnológicos, para garantir uma comunicação clara e efetiva.

LEMBRE-SE!

Muitas vezes é fácil identificar os defeitos de comunicação do interlocutor, mas quase sempre não paramos para avaliar os nossos defeitos, e principalmente reconhecê-los.

OS QUATRO CAVALEIROS DO APOCALIPSE NA COMUNICAÇÃO

Os quatro cavaleiros do Apocalipse são personagens simbólicos mencionados no livro do Apocalipse na Bíblia. Eles representam eventos catastróficos associados ao fim dos tempos e são descritos como cavalgando cavalos de diferentes cores. Cada cavaleiro é associado a uma temática específica, como peste, guerra, fome e morte. Eles são interpretados como símbolos de eventos e acontecimentos relacionados ao juízo final e ao fim do mundo, de acordo com a tradição cristã.

Foto: Gerado por Bing AI

Independente de ter ou não uma orientação religiosa, os quatro cavaleiros do Apocalipse são uma metáfora que pode ser usada para descrever quatro comportamentos tóxicos que prejudicam a qualidade da comunicação.

Esses comportamentos são: Crítica, Desprezo, Defesa e Esquiva e são baseados nas pesquisas do psicólogo John Gottman sobre relacionamentos amorosos, mas que se aplicam muito bem aos demais tipos de relações interpessoais. Os conceitos dos quatro cavaleiros e as pesquisas de Gottman foram amplamente divulgados em seu livro "The Seven Principles for Making Marriage Work" (Os Sete Princípios para Fazer o Casamento Funcionar, em tradução livre), publicado em 1999. Vejamos quais são eles.

Crítica:

A Crítica é quando fazemos julgamentos negativos ou pronunciamentos absolutos sobre o outro, de forma excessiva e destrutiva. Por exemplo: "Você nunca pensa em ninguém além de si mesmo!" ou "Você é sempre tão teimoso!". A crítica constante pode levar a um ambiente tóxico de negatividade e ressentimento.

Desprezo:

O desprezo é um nível mais grave de crítica, que envolve tratar o parceiro com desrespeito, nojo, superioridade ou ridicularização. Isso pode incluir sarcasmo, zombaria, menosprezo ou insulto a outra pessoa. O desprezo é extremamente prejudicial para a comunicação, pois mina a autoestima do parceiro e cria um clima de hostilidade.

Defesa:

A defesa surge quando nos sentimos criticados ou atacados e buscamos nos proteger, muitas vezes culpando a outra pessoa ou evitando assumir responsabilidade. Por exemplo: "Eu não fiz nada de errado" ou "Se você não tivesse feito isso, eu não teria feito aquilo". A defesa pode criar uma dinâmica de jogo de culpa e reforçar a falta de responsabilidade pelos próprios comportamentos.

▸▸

▶▶

Esquiva:

A esquiva acontece quando nos afastamos emocional e fisicamente do interlocutor durante uma conversa difícil. A esquiva pode deixar a outra pessoa se sentindo abandonada e rejeitada, o que pode levar a uma desconexão emocional.

Eu conheci uma pessoa que, quando questionada firmemente sobre algo que a incomodava, literalmente saía do ambiente em passos apressados e gesticulando de forma descontrolada.

O que fazer quando assumimos o papel de um dos cavaleiros

O comportamento dos cavaleiros do Apocalipse pode aparecer em qualquer uma das pessoas envolvidas no diálogo, ou seja, em nós ou nos outros. Veja alguns exemplos desses comportamentos e como podemos agir para eliminar ou mudar essapostura. Será que você já assumiu algum destes comportamentos?

1. Crítica:

- **Exemplo 1:** "Você nunca faz nada certo! Sempre acaba estragando tudo!"
- **Exemplo 2:** "Você é tão preguiçoso, nunca se esforça para fazer nada!"
- **Exemplo 3:** "Você sempre age de forma egoísta e não se importa com ninguém além de si mesmo!"

Proposta de enfrentamento: Faça uma crítica específica, focando no comportamento ou ação em questão. Use uma abordagem de "eu" ou "nós" em vez de "você" para expressar suas preocupações e sentimentos, e seja construtivo ao oferecer sugestões para melhorar a situação. No exemplo 3, você poderia dizer "quando tomamos uma atitude, precisamos pensar nas pessoas que são afetadas. Não devemos pensar somente em nosso benefício".

2. Desprezo:

- **Exemplo 1:** "Você não vale o ar que respira!"
- **Exemplo 2:** "Olha só para você, uma bagunça total como sempre!"
- **Exemplo 3:** "Você é tão patético, não acredito que estou com você!"

Proposta de enfrentamento: Evite o desprezo, pois é um comportamento altamente destrutivo. Reconheça e respeite os sentimentos e opiniões do outro, mesmo que você discorde. Comunique-se com empatia, respeito e consideração genuína.

3. Defesa:

- **Exemplo 1:** "Não foi culpa minha, foi sua por não me explicar direito!"
- **Exemplo 2:** "Você sempre me culpa por tudo, mas nunca reconhece seus próprios erros!"
- **Exemplo 3:** "Eu não fiz nada de errado, você está exagerando!"

Proposta de enfrentamento: Evite a defesa e assuma a responsabilidade por suas ações. Em vez de se defender ou culpar o outro, ouça atentamente o que está sendo dito, reflita sobre suas ações e pense em maneiras construtivas de resolver o problema juntos. Ao invés de usar eu ou você use nós nas frases.

4. Esquiva (*stonewalling*):

- **Exemplo 1:** Ignorar completamente o outro durante a conversa, não respondendo ou reagindo.
- **Exemplo 2:** Ficar em silêncio durante a conversa, sem expressar opiniões, pensamentos ou sentimentos.
- **Exemplo 3:** Retirar-se emocionalmente da conversa, desconectar-se e evitar o contato visual.

- **Exemplo 4:** Abandonar fisicamente o interlocutor, saindo do ambiente ou interrompendo a conversa digital.

Proposta de enfrentamento: Muitas vezes criamos uma parede de pedra (*stone wall*), pois a conversa está realmente desinteressante, outras vezes por não nos identificarmos com o interlocutor ou o assunto. Reconheça quando está se esquivando e tente criar um espaço seguro e aberto para a comunicação. Faça um esforço para se engajar ativamente na conversa, ouvindo e expressando seus sentimentos e pensamentos de maneira respeitosa.

O que fazer quando a outra pessoa assume um dos cavaleiros?

Nem sempre temos controle direto sobre o comportamento do nosso interlocutor, na verdade nem sobre o nosso comportamento. No entanto, podemos adotar algumas estratégias para lidar com os quatro cavaleiros destrutivos quando eles são exibidos pelo outro. Aqui estão algumas sugestões:

1. Crítica:

- Mantenha a calma e evite reagir defensivamente ou contra-atacar. Respire fundo antes de responder. Espere 2 segundos antes de responder. Você não acredita como isso ajuda a frear a explosão da reação.
- Faça perguntas abertas para obter mais clareza sobre as preocupações do outro e demonstre empatia.
- Aceite a crítica como uma preocupação legítima e tente encontrar soluções construtivas juntos. Acredite, muitas vezes você fez algo errado e isso afetou a outra pessoa.

2. Desprezo:

- Estabeleça limites claros e não aceite o desprezo como um comportamento aceitável.

- Comunique-se assertivamente expressando como você se sente quando é tratado com desprezo sem, contudo, adotar uma postura agressiva.
- Busque entender as razões subjacentes por trás do desprezo e tente abordá-las de maneira compassiva e respeitosa.

3. Defesa:

- Evite cair na armadilha da defesa, mesmo que o outro esteja sendo ofensivo.
- Ouça atentamente as preocupações do outro e demonstre que você está disposto a compreender sua perspectiva.
- Seja proativo em assumir a responsabilidade por suas ações e trabalhar em conjunto para resolver o problema.

4. Esquiva (*stonewalling*):

- Faça uma pausa e dê ao outro espaço se ele estiver se esquivando da conversa.
- Expresse sua preocupação de forma clara e tente entender os motivos por trás da esquiva.
- Sugira retomar a conversa em um momento mais adequado, quando ambos estiverem mais calmos e dispostos a se engajar na comunicação.

Considerações

É importante lembrar que a comunicação eficaz requer esforços de ambas as partes. Se o comportamento destrutivo persistir, pode ser útil buscar a ajuda de um terapeuta ou mediador de conflitos para ajudar a melhorar a dinâmica de comunicação no relacionamento. A prática da empatia, escuta ativa e respeito mútuo pode ser fundamental para lidar com os quatro cavaleiros e promover relacionamentos mais saudáveis e construtivos.

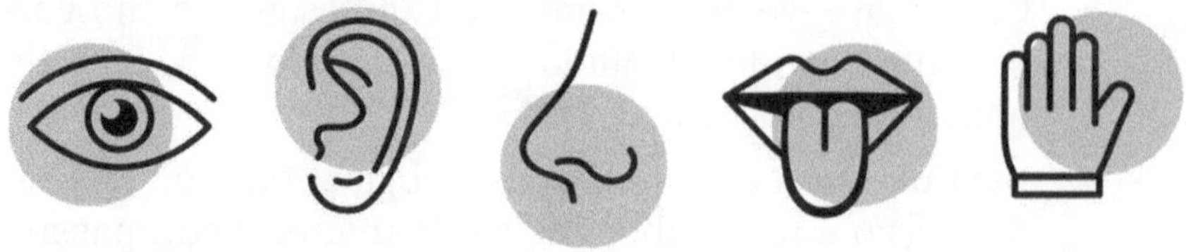

OS CINCO SENTIDOS E SEU IMPACTO NO DIÁLOGO

Os cinco sentidos - visão, audição, olfato, paladar e tato - desempenham um papel crucial no diálogo humano. Eles fornecem informações sensoriais que influenciam a forma como nos comunicamos e interpretamos as mensagens dos outros. Os cinco sentidos são muito influenciados por um dos elementos da comunicação, o contexto em que ocorre o diálogo. Aqui está a influência de cada sentido no diálogo:

1. **Visão:** A visão desempenha um papel significativo na comunicação não verbal. A expressão facial, os gestos e a linguagem corporal podem transmitir emoções, intenções e atitudes durante uma conversa. Ao observar a postura e as expressões faciais de alguém, podemos obter pistas sobre seus sentimentos e níveis de engajamento. Além disso, a linguagem escrita, como em um bate-papo on-line, também se beneficia da visão.

2. **Audição:** A audição é essencial para a comunicação verbal não escrita. Perceber e interpretar as palavras e os sons emitidos pelos outros é fundamental para entender e responder adequadamente durante uma conversa. Além disso, a entonação, o ritmo da fala, o volume e os timbres de voz podem transmitir emoções, ênfase e intenções específicas.

3. **Olfato:** Embora seja menos perceptível em comparação com os sentidos da visão e da audição, o olfato pode influenciar o diálogo. Certos odores podem evocar memórias, afetar o humor e até mesmo desencadear reações físicas e emocionais. Isso pode influenciar sutilmente a forma como nos relacionamos com os outros durante uma conversa. Um perfume usado de forma exagerada ou, no lado oposto, alguém com o desodorante vencido, podem causar desconforto e antecipar o fim da conversa.

4. **Paladar:** O paladar, assim como o olfato, pode ter uma influência sutil no diálogo. Durante interações sociais que envolvem comida ou bebida, o sabor pode afetar o prazer da experiência, o humor e a forma como nos conectamos com os outros. Comidas e bebidas agradáveis podem criar um ambiente mais amigável e facilitar a comunicação.

5. **Tato:** O sentido do tato está relacionado ao toque físico, que desempenha um papel importante na comunicação não verbal. Um abraço, um aperto de mão ou um toque suave podem transmitir afeto, empatia e conforto.

Veja algumas situações nas quais os sentidos podem interferir de forma positiva ou negativa em um diálogo.

Olfato

Imagine uma reunião de negócios em um ambiente descontraído, onde a equipe está discutindo um novo projeto. Durante a reunião, um dos colegas decide trazer café fresco para todos. O aroma agradável do café fresco se espalha pela sala, despertando uma sensação de conforto e estimulação entre os participantes. O aroma do café pode até mesmo evocar memórias positivas e criar uma atmosfera propícia ao trabalho em equipe, estimulando conversas construtivas e produtivas. Por outro lado, dois executivos, almoçando em um restaurante movimentado, discutindo um acordo comercial, sentem um cheiro desagradável vindo da cozinha, uma mistura de odores fritos e queimados que se espalham pelo ambiente. Esse odor desagradável começa a incomodar e eles têm dificuldade em se concentrar na conversa, pois o cheiro causa desconforto e distração.

Tato

Imagine uma situação em que dois colegas de trabalho estão discutindo um projeto em um escritório. Durante a conversa, um dos colegas é conhecido por ser excessivamente tátil e invadir o espaço pessoal dos outros. Enquanto o outro colega está tentando se concentrar na discussão, o colega tátil constantemente toca seu braço ou ombro de forma indesejada e intrusiva. Isso faz com que o colega se sinta desconfortável e distraído, interferindo na qualidade do diálogo. O toque indesejado pode causar uma sensação de invasão pessoal, violando os limites do colega. Isso pode gerar um sentimento de desconforto, ansiedade e até mesmo diminuir a confiança na interação.

Audição

Em um ambiente barulhento de escritório aberto, os colegas estão tentando ter uma discussão séria sobre um projeto importante. No entanto, o ruído constante de telefones tocando, conversas paralelas e ruídos de equipamentos distraem e dificultam a audição mútua. A dificuldade em ouvir claramente uns aos outros causa confusão, interrupções constantes e pode levar a mal-entendidos na comunicação. Durante uma apresentação em uma conferência, o palestrante utiliza um microfone com problemas técnicos. O áudio fica distorcido, com chiados e falhas intermitentes, dificultando a compreensão das palavras do palestrante. Isso afeta negativamente a experiência do público, tornando o diálogo ineficaz e frustrante, já que a informação não está sendo transmitida de forma clara e precisa.

A memória sensorial

As memórias auditiva, visual e olfativa desempenham papéis importantes ao trazer elementos para um diálogo, enriquecendo a experiência de comunicação.

A memória auditiva pode ajudar a lembrar de conversas passadas ou instruções importantes. Pode trazer memórias despertadas por um som ouvido durante a conversa e que podem ser trazidas para o diálogo. O mesmo acontece com o olfato, quando um determinado cheiro traz lembranças da infância ou de um local que foi visitado no passado. Já a memória do paladar pode trazer as experiências gastronômicas anteriores em função de um sabor experimentado no momento do diálogo durante uma refeição.

É claro que as memórias introduzidas podem ser positivas se acrescentam interesse e qualidade à conversa, ou podem se tornar um martírio para o interlocutor se elas alongam a conversa de forma desinteressante.

Portanto, os cinco sentidos têm um impacto significativo no diálogo humano, desde a forma como percebemos e interpretamos as mensagens dos outros até como expressamos nossas próprias ideias e emoções. É importante estar ciente desses sentidos e considerá-los ao se comunicar de maneira eficaz e empática.

Nas próximas páginas, veremos exemplos de patologias e outras categorias que afetam o diálogo. Um tema delicado para ser abordado, mas que concentra boa parte das causas de um diálogo difícil e improdutivo.

PATOLOGIAS

De maneira geral, podemos dividir as patologias que afetam a comunicação em dois grupos: as patologias mentais e as patologias físicas. As patologias mentais afetam a saúde mental e podem afetar a maneira como as pessoas se comunicam e interagem com outras pessoas. Alguns exemplos de patologias mentais são a ansiedade, a depressão, a bipolaridade, a esquizofrenia, entre outras. Essas patologias podem afetar a capacidade de uma pessoa de se expressar de forma clara e coerente, bem como de entender o que os outros estão dizendo.

Já as patologias físicas podem afetar o corpo e a fala. Alguns exemplos de patologias físicas que podem afetar a comunicação são a gagueira, a surdez, a paralisia facial, entre outras. Essas patologias podem afetar a capacidade de uma pessoa de falar ou ouvir adequadamente, o que pode dificultar a comunicação com outras pessoas. É importante destacar que a comunicação pode ser afetada por uma série de patologias e que cada caso é único e deve ser avaliado por um profissional da área de saúde. É essencial que as pessoas que apresentam algum tipo de patologia busquem ajuda especializada para que possam ser adequadamente diagnosticadas e tratadas.

Patologias mentais

As patologias dos interlocutores podem afetar negativamente a comunicação e o diálogo de várias formas, dependendo do tipo e da gravidade da perturbação. Por exemplo, a afasia, um problema enfrentado pelo ator Bruce Willys e que terminou com a sua carreira, é uma patologia adquirida da linguagem que dificulta a compreensão e a produção de enunciados verbais. Os distúrbios pragmáticos são problemas na capacidade de usar a linguagem de forma adequada ao contexto e aos interlocutores, podendo comprometer os atos de fala e a coerência do discurso. As falhas na comunicação primitiva e nos estados emocionais precoces podem gerar atuações no campo relacional que dificultam o estabelecimento de vínculos e a expressão de demandas primárias.

As patologias mentais e os distúrbios de personalidade são categorias amplas que abrangem vários tipos de problemas que afetam o funcionamento psicológico e social das pessoas. Algumas das patologias mentais mais comuns são: depressão, ansiedade, transtorno bipolar, esquizofrenia, transtornos neurocognitivos, transtornos do neurodesenvolvimento, etc. Os distúrbios de personalidade são padrões generalizados e persistentes de pensar, perceber, reagir e se relacionar que causam sofrimento significativo ou comprometimento funcional. Alguns exemplos são: transtorno de personalidade antissocial, borderline, narcisista, obsessivo-compulsivo.

Essas patologias e distúrbios podem interferir na comunicação e no diálogo de diversas formas, como: alterar o comportamento, a percepção, a memória, a atenção, o relacionamento e a expressão emocional das pessoas, dificultar a compreensão das normas sociais, das intenções dos interlocutores e das consequências dos atos de fala. Podem provocar conflitos, agressividade, manipulação, isolamento ou dependência nas interações sociais. Para identificar e tratar essas condições, é importante consultar um profissional de saúde mental e seguir as orientações adequadas. Você pode encontrar mais informações sobre a classificação e o diagnóstico das doenças mentais nos links de referência ao final do livro.

Patologias mentais estão presentes em muitos diálogos e tornam o resultado quase sempre ineficaz ou exige um trabalho muito maior para que possa ser levado a um bom termo. Enquanto alguns sintomas dessas patologias são facilmente identificáveis, outros podem não ser percebidos e com isso não serem contornados. Muitas vezes requerem a intervenção de um especialista em sua detecção e eventual tratamento. A lista mostrada a seguir tem apenas caráter informativo.

Patologias que podem dificultar o diálogo são:

1. **Transtorno de personalidade narcisista:** indivíduos com este transtorno tendem a ter uma visão inflada de si mesmos e a desprezar os outros, o que pode dificultar a empatia e a compreensão mútua.

2. **Depressão:** pessoas que sofrem de depressão podem ter dificuldades para se comunicar, pois podem se sentir desmotivadas e sem energia para se envolver no diálogo.

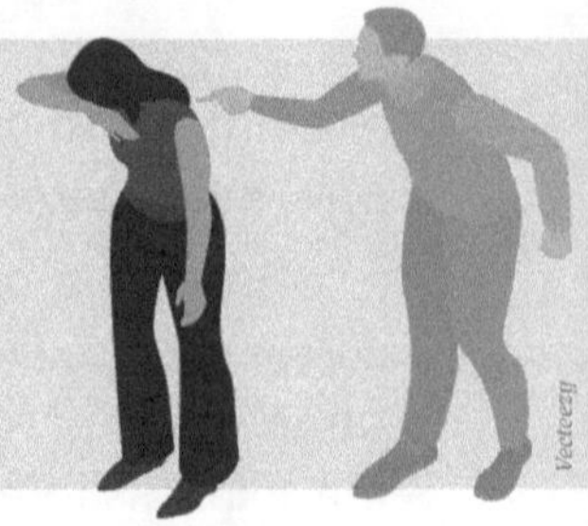

3. **Transtorno de ansiedade social:** indivíduos com este transtorno podem ter medo de serem julgados ou rejeitados pelos outros, o que pode dificultar a sua participação no diálogo.

4. **Doença de Alzheimer:** a doença de Alzheimer é uma doença neurodegenerativa que afeta a capacidade cognitiva, incluindo a memória, linguagem e raciocínio, o que pode levar a dificuldades na comunicação e interação social.

5. **Transtorno do espectro autista:** pessoas com autismo podem ter dificuldades em compreender e expressar as emoções e as intenções dos outros, o que pode prejudicar a empatia e a compreensão mútua.

6. **Transtorno de déficit de atenção e hiperatividade (TDAH):** pessoas com TDAH podem ter dificuldades em se concentrar e manter a atenção em uma conversa, o que pode prejudicar a escuta ativa.

7. **Esquizofrenia:** indivíduos com esquizofrenia podem ter dificuldades em distinguir a realidade da imaginação, o que pode dificultar a compreensão mútua.

8. **Transtorno obsessivo-compulsivo (TOC):** pessoas com TOC podem ter pensamentos repetitivos e preocupações excessivas, o que pode prejudicar a sua capacidade de se

concentrar no diálogo. Se puder, assista algum episódio da série *Monk* que mostra o cotidiano de um detetive que possui diversas limitações sociais causadas pelo TOC.

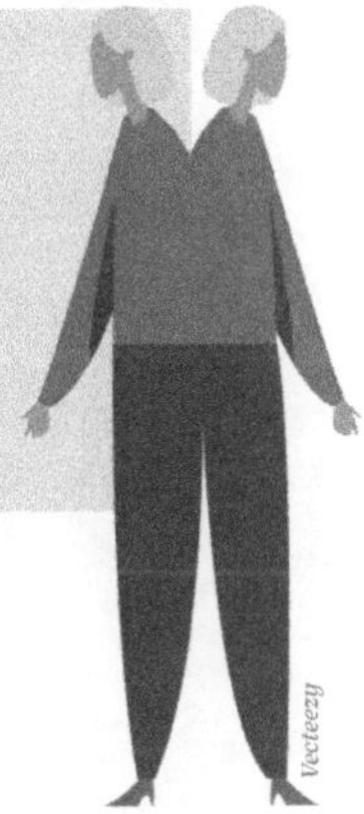

9. **Transtorno de personalidade borderline:** o transtorno de personalidade borderline é caracterizado por instabilidade emocional, impulsividade e dificuldades na regulação emocional, o que pode interferir na capacidade de se comunicar de forma clara e objetiva.

10. **Demência:** pessoas com demência podem ter dificuldades em compreender e expressar ideias, o que pode dificultar o diálogo.

11. **Transtorno de estresse pós-traumático (TEPT):** o TEPT pode levar a sintomas de ansiedade e flashbacks que podem interferir na capacidade de se comunicar de forma clara e objetiva, além de gerar mal-entendidos e dificuldades em manter a interação social.

12. **Transtorno bipolar:** o transtorno bipolar pode provocar alterações no humor e comportamento que são capazes de interferir na qualidade do diálogo, levando a mudanças súbitas de tópico, falta de clareza e dificuldades em manter o foco na conversa.

13. **Dislexia:** é um transtorno de aprendizagem caracterizado pela dificuldade de decodificar o estímulo escrito ou gráfico que atrapalha o entendimento de textos escritos ou fonemas. Alguns sintomas

são a desatenção e dispersão, confundir palavras semelhantes, necessidade de ler um texto várias vezes.

Foto: Freepik

14. **Verborragia** ou **logorreia:** é um distúrbio de fala caracterizado pelo uso excessivo de palavras e pela dificuldade em controlar a quantidade e a qualidade das informações que são transmitidas. Essa condição pode ser um sintoma de algumas patologias psiquiátricas, como transtorno bipolar, esquizofrenia, transtorno de ansiedade ou transtorno obsessivo-compulsivo, por exemplo. A pessoa que sofre de verborragia geralmente apresenta uma fala acelerada e incessante, com poucas pausas ou silêncios entre as palavras ou frases. Além disso, pode ter dificuldade em manter a atenção no interlocutor, mudar frequentemente de assunto e ter dificuldade em se concentrar em um único tema. A verborragia pode causar dificuldades de comunicação e até mesmo prejuízos no convívio social e profissional da pessoa, já que pode ser difícil para os outros acompanharem e entenderem o que está sendo dito. A pessoa que fala excessivamente pode não saber que está fazendo isso.

15. **Síndrome de Dunning-Kruger:** é uma condição psicológica na qual uma pessoa com baixo conhecimento ou habilidade acredita, erroneamente, que possui um alto desempenho e capacidade. Isso ocorre porque as pessoas que sofrem desta condição não possuem a habilidade metacognitiva para avaliar suas próprias capacidades e limitações de forma precisa. Pessoas que sofrem da síndrome de Dunning-Kruger muitas vezes têm dificuldade em aceitar *feedback* ou críticas construtivas, acreditando que já sabem tudo o que precisam saber sobre o assunto. Além disso, podem ter uma tendência a superestimar suas próprias habilidades e

subestimar a habilidade dos outros. Isso pode levar a problemas de comunicação, conflitos interpessoais e falhas em projetos ou tarefas que exigem habilidades específicas. É importante ressaltar que a síndrome de Dunning-Kruger não é uma patologia ou doença mental, mas sim um padrão de comportamento que pode ser observado em pessoas de todos os níveis sociais e educacionais. É possível superar essa síndrome através da aprendizagem e da prática, bem como do desenvolvimento da autoconsciência e da humildade intelectual.

16. **Fobias:** são um exemplo de patologia que pode afetar a comunicação, especialmente em situações sociais. Uma fobia é um medo ou repugnância irracional e persistente de um objeto, situação ou atividade específica, que pode levar a uma fuga extrema do estímulo temido. Por exemplo, uma pessoa com fobia social pode evitar situações sociais e de interação com outras pessoas, o que pode afetar sua habilidade de se comunicar efetivamente. É importante lembrar que as fobias são uma forma de transtorno de ansiedade e devem ser tratadas com ajuda profissional, como psicoterapia e, em alguns casos, medicação.

Fobias em destaque

As fobias podem ser extremamente limitantes para as pessoas que as têm. Quando um assunto relacionado à fobia de um indivíduo surge durante uma conversa, pode resultar em reações agressivas, evasivas ou até mesmo em um bloqueio completo da comunicação.

Um exemplo de fobia que pode afetar o diálogo é a homofobia. Uma pessoa com homofobia pode ter dificuldades em discutir tópicos relacionados à comunidade LGBTQIAp+, resultando em uma postura agressiva ou de resistência à discussão. Isso pode impedir que a pessoa seja capaz de ouvir pontos de vista diferentes ou de aprender sobre novas perspectivas, limitando assim sua capacidade de se comunicar de forma eficaz.

Outra fobia comum que pode afetar o diálogo é a xenofobia, o medo ou aversão a estrangeiros ou coisas estrangeiras. Isso pode se manifestar em atitudes hostis em relação a pessoas de diferentes culturas ou nacionalidades, limitando a capacidade da pessoa de se relacionar com indivíduos de diferentes origens. Já a acrofobia, que é o medo de altura, também pode impactar um diálogo. Por exemplo, uma pessoa com essa fobia, estando em um restaurante no último andar de um prédio, pode ter dificuldade em se concentrar na conversa e, em vez disso, estar constantemente distraída e preocupada com a altura, tornando-se alienada, defensiva ou evasiva na conversa.

Veja algumas fobias que podemos encontrar durante um diálogo:

1. **Antropofobia:** medo irracional e persistente de pessoas ou da sociedade em geral.

2. **Fobia social:** medo excessivo e persistente de situações sociais ou de desempenho, como falar em público, conhecer novas pessoas ou participar de atividades em grupo.
3. **Afefobia:** medo irracional e persistente de tocar ou ser tocado por outras pessoas.
4. **Androfobia:** medo irracional e persistente de homens ou da masculinidade.

5. **Ginefobia:** medo irracional e persistente de mulheres ou da feminilidade.

6. **Homofobia:** medo irracional e persistente de homossexuais ou da homossexualidade.

7. **Xenofobia:** medo irracional e persistente de pessoas ou culturas estrangeiras.

8. **Misantropia:** aversão generalizada e persistente à humanidade em geral.

9. **Islamofobia:** medo ou aversão irracional a pessoas muçulmanas ou à religião islâmica.

10. **Antissemitismo:** medo ou aversão irracional a pessoas judias ou à religião judaica.

11 **Demofobia:** medo irracional e persistente de multidões ou de estar em locais públicos.

12. **Claustrofobia social:** medo irracional e persistente de estar preso ou encurralado em situações sociais ou em multidões.

13. **Sociopatia:** aversão persistente e geral à sociedade em geral.

14. **Gerontofobia:** medo irracional e persistente de idosos.

15. **Gordofobia:** medo ou aversão irracional a pessoas gordas ou obesas.

16. **Cronofobia:** medo irracional e persistente de envelhecer ou do tempo em geral.

17. **Efebofobia:** medo irracional e persistente de adolescentes.

18. **Catagelofobia:** medo irracional e persistente de ser ridicularizado por outras pessoas.
19. **Cacofobia:** medo irracional e persistente de pessoas feias ou desagradáveis.
20. **Amatofobia:** medo irracional e persistente de poeira e sujeira.

Com a ajuda de especialistas, fobias podem ser tratadas com terapia e outras intervenções, permitindo que as pessoas superem esses medos e melhorem sua qualidade de vida e suas relações interpessoais.

Patologias físicas

Patologias físicas são perceptíveis mais facilmente, pois quase sempre se manifestam visualmente ou auditivamente durante um diálogo. Entre algumas delas, podemos citar:

1. **Doença de Parkinson:** A doença de Parkinson pode levar a tremores e rigidez muscular, o que pode interferir na capacidade de se comunicar de forma clara e objetiva.
2. **Acidente vascular cerebral (AVC):** O AVC pode afetar a capacidade de fala e compreensão da linguagem, o que pode levar a dificuldades na comunicação e na compreensão do outro interlocutor.
3. **Esclerose múltipla:** A esclerose múltipla pode afetar o sistema nervoso central e levar a sintomas como dificuldade na fala, falta de coordenação e problemas de visão, o que pode interferir na qualidade do diálogo.

Vecteezy

4. **Lesão medular:** A lesão medular pode afetar a capacidade de fala e movimentação dos membros, o que pode interferir na capacidade de se comunicar de forma clara e objetiva.
5. **Doença de Huntington:** A doença de Huntington é uma doença genética que afeta o sistema nervoso central e pode levar a sintomas como movimentos involuntários, dificuldade na fala e problemas cognitivos, o que pode interferir na qualidade do diálogo.
6. **Distúrbios da voz:** Distúrbios da voz podem afetar a capacidade de se comunicar de forma clara e objetiva, levando a mal-entendidos e dificuldades em manter a interação social. Alguns dos distúrbios mais comuns são:
   - **Rouquidão:** A rouquidão é caracterizada por uma voz áspera, que parece estar raspando raspante, que pode ser causada por inflamação ou irritação das cordas vocais.
   - **Afonia:** A afonia é a perda total ou parcial da voz, geralmente causada por inflamação ou lesão das cordas vocais.
   - **Disfonia:** A disfonia é um distúrbio que afeta a qualidade da voz, levando a alterações na entonação, volume e ritmo.
   - **Gagueira:** Caracterizada por interrupções involuntárias do fluxo da fala, como repetições de palavras, sílabas ou sons, bloqueios na fala ou prolongamentos de sons.

É muito importante lembrar que, como leigos, não devemos fazer diagnósticos baseados em pesquisas na internet ou comentários de pessoas sem conhecimento profissional, pois isso pode levar a informações incorretas e gerar ainda mais problemas.

Ao suspeitar de uma patologia que afeta a comunicação de alguém, é importante analisar a situação e o grau de relacionamento que temos com a outra pessoa antes de fazer alguma sugestão sobre essa possível patologia percebida. Lembre-se de que é comum que as pessoas reajam de maneira negativa e até agressiva quando abordadas sobre eventuais patologias, especialmente se elas ainda não foram diagnosticadas ou estão em processo de tratamento. Por isso, é importante abordar o assunto com muito tato, sem assumir o papel de um médico ou tentar impor soluções. Oferecer apoio e encorajamento pode ajudar a pessoa a se sentir mais à vontade para buscar ajuda profissional, se for necessário.

Quando detectamos que a outra pessoa pode estar sofrendo de patologias que afetam a comunicação, é importante agir com respeito e consideração para lidar com a situação da melhor maneira possível. Algumas possíveis atitudes que podem ser tomadas incluem:

1. **Ser paciente:** algumas patologias podem afetar a capacidade da pessoa de se comunicar com clareza. Seja paciente e dê à pessoa o tempo necessário para se expressar.

2. **Ser claro e objetivo:** use uma linguagem clara e simples para garantir que a pessoa compreenda o que está sendo dito. Fale com calma e pausadamente, se necessário.

3. **Oferecer ajuda:** se sentir que pode ajudar a pessoa, ofereça sua ajuda. Isso pode incluir acompanhá-la a uma consulta médica ou indicar profissionais. Evitar julgamentos: é importante não julgar a pessoa com base em suas patologias. Trate-a com respeito e considere-a como um ser humano completo, com muito a oferecer. Nem sempre isso é fácil, principalmente

▸▸

quando a pessoa nos afeta de forma grave, mas temos de nos esforçar para não piorar a situação.

4. **Respeitar a privacidade:** se a pessoa não se sentir confortável para falar sobre sua condição, respeite sua privacidade e não pressione por informações que ela não quer ouvir ou compartilhar.

Essas atitudes podem ajudar a criar um ambiente de respeito e compreensão, ajudando a pessoa a se sentir mais à vontade e encorajando-a a se comunicar com mais facilidade. Lembre-se sempre de que cada indivíduo é único e que as patologias afetam as pessoas de maneiras diferentes, portanto, é importante personalizar a abordagem de acordo com cada situação e pessoa.

Eu já passei por duas situações em que duas pessoas que possuíam claramente uma patologia reagiram de forma completamente oposta quando abordei o tema. Uma refletiu sobre o que eu apresentei a ela e algum tempo depois assumiu que aquilo realmente a incomodava e causava desconforto social, indo buscar ajuda especializada. A outra pessoa nunca mais falou comigo, mesmo eu tendo sido extremamente sutil na abordagem. Mas, cada DNA tem sua história. De boas intenções o inferno está cheio, não é assim o ditado?

Mais uma vez quero lembrar que a intenção de abordar o tema patologias aqui no livro é apenas mostrar como elas podem afetar o diálogo. Fiz apenas uma breve descrição de algumas delas para despertar a sua percepção sobre o tema. Sempre que detectar uma possível patologia em você ou alguém, consulte um profissional especialista e deixe o Dr. Google ou Chatgpt de lado.

VIESES DE COMUNICAÇÃO

Os vieses da comunicação são distorções ou tendências que afetam a forma como as pessoas interpretam, processam e transmitem informações. Eles podem ser influenciados por fatores como: o meio de comunicação usado, as características pessoais dos interlocutores, os estereótipos e preconceitos sociais, o excesso ou a falta de informação, o contexto e o objetivo da comunicação. Os vieses da comunicação podem prejudicar a qualidade, a clareza, a coerência e a eficácia da comunicação, gerando mal-entendidos, conflitos, erros e perdas de oportunidades. Para evitar ou minimizar os vieses da comunicação, é importante: usar meios adequados ao tipo e ao nível de informação que se quer transmitir; conhecer o público-alvo e adaptar a linguagem e o tom à sua realidade; buscar fontes confiáveis e diversificadas de informação; questionar as próprias crenças e suposições; ouvir ativamente e dar *feedbacks* construtivos; revisar e corrigir possíveis falhas na comunicação.

Por exemplo, suponha que duas pessoas estejam discutindo um tópico polêmico, como política. Se ambas têm crenças políticas diferentes, elas podem ter dificuldades em se comunicar de forma eficaz, pois cada uma tem um viés diferente em relação ao assunto. Isso pode resultar em mal-entendidos, conflitos ou até mesmo na total falta de comunicação entre as partes. Outro exemplo de viés de comunicação pode ser visto em questões de gênero ou raça. Pessoas que têm preconceitos em relação a certos grupos podem inconscientemente transmitir esses preconceitos em suas comunicações, afetando a forma como a informação é recebida pelas outras partes envolvidas.

O viés de comunicação pode ter efeitos negativos em diversos contextos, incluindo relações pessoais, profissionais e políticas. Por isso, é importante estar atento a esses vieses e buscar formas de minimizá-los, por meio de diálogos abertos, respeitosos e inclusivos. Existem dezenas de vieses de comunicação. A seguir, listamos alguns exemplos mais comuns. Os nomes dos vieses variam dependendo da fonte utilizada. Por exemplo, o efeito de halo também é referenciado como efeito auréola assim como o viés de grupo é também chamado de efeito de manada.

1. **Efeito de halo**: É a tendência de se formar uma opinião global sobre uma pessoa, empresa ou produto com base em uma única característica ou impressão, positiva ou negativa. Por exemplo, se uma pessoa tem uma primeira impressão ruim de alguém, pode ser difícil para ela ver suas qualidades positivas. Se alguém tem uma impressão positiva sobre uma pessoa baseada em sua aparência física, pode ser mais propenso a considerá-la inteligente, amigável e competente, mesmo que esses traços não tenham sido demonstrados ou comprovados. Esse efeito pode ser problemático porque pode levar a conclusões imprecisas ou estereotipadas, além de influenciar o comportamento e as decisões das pessoas com base em percepções enviesadas.

2. **Viés de confirmação**: É a tendência de buscar, interpretar e lembrar informações de uma maneira que confirme as próprias crenças ou hipóteses, ignorando ou minimizando o que as contradizem. Por exemplo, se alguém acredita que uma determinada dieta é eficaz para perda de peso, é provável que busque informações que confirmem essa crença, como histórias de sucesso de outras pessoas que seguiram essa dieta, enquanto ignora informações que apontem para sua ineficácia. Esse viés pode ser problemático porque leva as pessoas a ignorarem informações importantes e a formarem opiniões baseadas em informações incompletas ou enviesadas. Isso pode levar a erros de julgamento e ações que não são baseadas na realidade, além de dificultar a resolução de problemas e tomada de decisões eficazes.

3. **Viés de disponibilidade:** É a tendência de julgar a frequência ou probabilidade de eventos com base na facilidade com que exemplos similares vêm à mente. Por exemplo, alguém que assiste a muitas notícias de crimes pode acreditar que a criminalidade está aumentando, quando na verdade ela pode estar diminuindo. Se alguém tem medo de voar de avião, pode superestimar o risco de um acidente de avião porque se lembra mais facilmente das notícias de acidentes aéreos do que das estatísticas que mostram que é muito mais seguro viajar de avião do que de carro.

4. **Efeito de ancoragem:** É a tendência de se fixar em uma informação inicial e usá-la como referência para tomar decisões subsequentes. Por exemplo, um comprador vê um preço alto em um produto e pode pensar que todos os outros preços são justos, mesmo que sejam mais altos do que o preço real de mercado. Imagine que um vendedor queira vender um produto por R$ 500. Se ele começar negociando com um preço inicial de R$ 1.000, o cliente pode sentir que está obtendo um desconto quando o preço final é reduzido para R$ 500, mesmo que o preço original de R$ 1.000 seja irrealisticamente alto.

5. **Efeito do *status quo*:** É a tendência de preferir o que já é conhecido ou familiar, mesmo que existam alternativas melhores ou mais eficazes disponíveis. Isso pode ocorrer porque as pessoas são avessas ao risco ou ao desconhecido e preferem manter o que já estão familiarizados. Um exemplo desse viés pode ser visto em um ambiente empresarial. Imagine que uma empresa esteja usando um software antigo para gerenciar suas operações diárias, mesmo que haja um novo e mais avançado software disponível no mercado. Os funcionários da empresa podem estar acostumados com o software antigo e acham mais fácil e eficiente usá-lo, mesmo que o novo software tenha recursos adicionais que possam melhorar a eficiência e a produtividade da empresa.

6. **Viés de negatividade:** É a tendência de dar mais peso a informações negativas do que a informações positivas. Por exemplo, uma pessoa pode lembrar mais facilmente de críticas ruins do que elogios. Por exemplo, um produto foi avaliado de forma positiva por 50 pessoas e negativa por 3. A pessoa considera que o produto é ruim, pois dá mais valor para o aspecto negativo das três avaliações.

7. **Viés de grupo de referência:** É a tendência de adotar as opiniões ou comportamentos de um grupo ao qual a pessoa se identifica ou deseja pertencer. Isso ocorre porque as pessoas buscam aceitação social e podem sentir pressão para se conformar às normas do grupo. Imagine que um indivíduo esteja interessado em um determinado hobby ou atividade e decida participar de um grupo ou comunidade on-line dedicado a esse interesse. Com o tempo, essa pessoa pode começar a adotar as opiniões e os comportamentos do grupo, mesmo que não concorde totalmente ou queira se comportar de maneira diferente.

8. **Efeito do excesso de confiança:** É a tendência de superestimar a precisão de nossas próprias crenças e julgamentos. Por exemplo, uma pessoa pode acreditar erroneamente que é muito boa em identificar mentiras, quando na verdade tem pouco sucesso nisso. Outro exemplo é um líder empresarial que se sente tão confiante em suas próprias habilidades e experiência que não está disposto a considerar outras perspectivas ou ideias de sua equipe. Isso pode levar a decisões unilaterais e prejudicar o desempenho da empresa em longo prazo.

9. **Viés de crença:** É similar ao viés de confirmação. É a tendência a acreditar em algo com base em nossas crenças pessoais, mesmo que não haja evidências para apoiá-lo. Por exemplo, alguém que acredita que a vacinação é perigosa, apesar das evidências científicas em contrário. Desde a pandemia do Covid-19 vemos frequentemente pessoas que se recusam a tomar a vacina com base em suas crenças pessoais que são opostas à realidade apresentada pela ciência. Esse viés pode ser problemático porque pode levar as pessoas a rejeitarem informações ou fatos que contradizem suas crenças, o que pode afetar negativamente a tomada de decisões e a resolução de problemas.

10. **Viés de recência:** É a tendência de lembrar e dar mais importância às informações ou eventos mais recentes em comparação com aqueles que ocorreram no passado. Isso pode acontecer porque as informações mais recentes estão mais frescas em nossa memória e, portanto, parecem mais relevantes. Esse viés pode afetar a tomada de decisão e a interpretação de informações de várias formas, desde a avaliação de um candidato político até a análise de um portfólio de investimentos. Por exemplo, se um investidor avalia um portfólio de ações com base apenas no desempenho dos últimos meses, pode estar ignorando a performance histórica das ações e, assim, tomar decisões menos informadas.

Para superar esses obstáculos, é importante reconhecer a existência dessas patologias e vieses, e trabalhar para minimizá-los. Algumas estratégias podem incluir buscar compreender o ponto de vista do outro, questionar suas próprias crenças e preconceitos, praticar a empatia e a escuta ativa, e estar aberto a aprender com as diferenças culturais e linguísticas. Além disso, é importante buscar ajuda profissional em casos de patologias da comunicação, para que possam ser tratadas e gerenciadas da melhor forma possível.

COMUNICAÇÃO NÃO VERBAL

A comunicação não verbal é extremamente poderosa e pode ter um grande impacto nas nossas interações com outras pessoas. Se não for usada de forma adequada, pode influenciar negativamente um diálogo de diversas maneiras. Por exemplo, se uma pessoa estiver conversando com outra e a segunda pessoa estiver constantemente olhando para o celular ou desviando o olhar, a primeira pessoa pode sentir-se ignorada ou desrespeitada. O mesmo pode acontecer se a segunda pessoa cruzar os braços ou mostrar uma expressão facial fechada, indicando desinteresse ou desaprovação. Durante uma chamada de vídeo, você nota que o interlocutor constantemente olha para baixo, indicando que ele está vendo mensagens no celular.

A comunicação não verbal também pode ser utilizada de maneira agressiva, como através de gestos bruscos ou tom de voz elevado. Isso pode causar desconforto e fazer com que a outra pessoa se sinta ameaçada ou intimidada. É importante lembrar que a comunicação não verbal pode ser interpretada de maneiras diferentes por pessoas diferentes, o que pode levar a mal-entendidos e conflitos. Portanto, é essencial estar atento às suas próprias expressões e gestos durante um diálogo, bem como às reações da outra pessoa, a fim de garantir uma comunicação eficaz e saudável. Você verá mais adiante um capítulo inteiro dedicado a esse tema.

BARREIRAS CULTURAIS E LINGUÍSTICAS

As barreiras culturais e linguísticas podem ter um impacto negativo significativo em um diálogo, dificultando a comunicação e a compreensão mútua. Quando duas pessoas de culturas diferentes ou que falam idiomas diferentes se comunicam, podem ocorrer mal-entendidos e conflitos por causa das diferenças em termos de linguagem, comportamento e valores culturais. Dentro de um mesmo país, dialetos diferentes podem tornar impraticável um diálogo.

Segundo o Ethnologue, uma enciclopédia que cataloga os idiomas do planeta, existem cerca de 7.100 línguas no mundo, contudo a maioria delas são faladas por poucas pessoas: 94% das línguas estão na boca de apenas 6% dos habitantes da Terra, enquanto o restante da população mundial usa apenas 389 idiomas.

Além disso, algumas línguas, como o chinês e o árabe, abrangem diversas variações que não são mutuamente inteligíveis e são às vezes consideradas uma única língua e outras vezes famílias linguísticas. Por exemplo, o mandarim e o cantonês são considerados dialetos do chinês, mas são muito diferentes entre si.

Consciência intercultural

Consciência intercultural é ter entendimento de sua própria cultura e de outras culturas, considerando suas semelhanças e diferenças que podem ser em termos de valores, crenças ou comportamento. Elas são muito importantes quando você encontra ou interage com pessoas de outro contexto cultural. Compreender que pessoas de culturas diferentes têm valores diferentes é a base para bons relacionamentos interculturais e de um bom diálogo.

Em termos linguísticos, a falta de fluência em uma língua comum pode levar a erros de interpretação, o que pode provocar mal-entendidos e confusão. Pessoas que não são proficientes em uma língua podem ter dificuldade em entender nuances sutis na linguagem, como piadas ou sarcasmo, o que pode gerar comentários inadequados ou mal colocados. Além disso, palavras e frases que têm significados diferentes em diferentes culturas podem levar a mal-entendidos e conflitos. A falta de fluência na língua pátria também pode ser uma barreira significativa na comunicação e levar a mal-entendidos e conflitos, especialmente em ambientes onde a língua é muito importante para a interação social e profissional.

Por exemplo, se uma pessoa não fala o próprio idioma fluentemente, pode ter dificuldade em compreender e expressar ideias complexas ou precisas. Isso pode levar a mal-entendidos e confusão, e fazer com que a pessoa pareça menos competente ou confiante.

As barreiras culturais também podem ser um obstáculo à comunicação efetiva. Diferenças culturais na expressão de emoções, na hierarquia social, nas normas de comportamento e na comunicação não verbal podem levar a mal-entendidos e conflitos. Por exemplo, em algumas culturas, a expressão direta de desaprovação é vista como desrespeitosa, enquanto em outras é considerada uma forma de comunicação honesta e clara. Para superar essas barreiras, é importante que as pessoas que se comunicam sejam sensíveis às diferenças culturais e linguísticas, usem uma linguagem simples e evitem jargões ou expressões idiomáticas. Também é importante que ambas as partes façam um esforço para entender a perspectiva da outra e serem claras em suas intenções. Com paciência, compreensão e respeito mútuo, as barreiras culturais e linguísticas podem ser superadas e um diálogo mais produtivo e eficaz pode ser estabelecido.

RUÍDO E INTERFERÊNCIAS EXTERNAS

Ruídos externos, como tráfego, som ambiente alto ou outras pessoas falando ao fundo, podem tornar a comunicação mais difícil. Da mesma forma, a tecnologia também pode criar interferências, como problemas com conexões de internet ou telefones.

Os ruídos e interferências externas podem prejudicar seriamente o entendimento entre as partes durante um diálogo. Atualmente, um dos maiores causadores de distração e interferência é o uso de celulares e múltiplas telas durante a conversa. Quando uma pessoa está constantemente verificando o telefone ou outra tela, ela pode perder parte da mensagem que está sendo transmitida e ter dificuldade em se concentrar e se engajar plenamente no diálogo. Além disso, o uso de dispositivos eletrônicos durante um diálogo pode transmitir uma mensagem de falta de interesse ou respeito pelo interlocutor, o que pode afetar negativamente a relação entre as partes.

Por isso, é importante lembrar-se de desligar ou silenciar o celular ou outros dispositivos eletrônicos durante um diálogo importante, para minimizar as distrações e garantir que a mensagem seja transmitida e recebida corretamente. Isso pode ajudar a promover uma comunicação mais clara e eficaz, além de demonstrar respeito e comprometimento com a pessoa com quem se está conversando. Com a atenção e o comprometimento mútuo, é possível superar as interferências e ter um diálogo produtivo e eficaz. O ambiente onde o diálogo se desenvolve pode não ter, literalmente, ruídos sonoros, mas é opressor por sua arquitetura, iluminação ou cores usadas e que podem suscitar desconforto ou ativar os sintomas de alguma fobia que causarão prejuízo ao diálogo.

DIÁLOGO EM CONTEXTOS DIFÍCEIS

Somado a todos os fatores que dificultam um diálogo vistos até agora, o contexto e as pressões externas geram uma carga ainda maior sobre o diálogo.

Por exemplo, quando as emoções estão elevadas, ou existe uma pressão de tempo para a solução de um problema, pode ser difícil manter a calma e permanecer aberto a ouvir a outra pessoa. Não existe uma fórmula que funcione para todos os contextos, mas algumas atitudes sempre contribuem para minimizar os efeitos negativos.

1. **Mantenha a calma:** Quando as emoções estão elevadas, é fácil perder a calma e reagir de forma impulsiva. No entanto, isso pode prejudicar o diálogo. Tente se acalmar antes de continuar a conversa. Respire fundo, dê uma volta ou faça outra atividade que ajude a relaxar.

2. **Ouça atentamente:** Em situações difíceis, é fácil interromper a outra pessoa ou começar a planejar sua resposta enquanto ela ainda está falando. No entanto, é importante ouvir atentamente o que a outra pessoa tem a dizer. Faça perguntas para entender melhor seu ponto de vista e mostre interesse em suas preocupações.

3. **Mantenha o foco no problema:** Em vez de culpar a outra pessoa ou tentar provar que está certo, mantenha o foco no problema em questão. Tente entender o que está causando o conflito e trabalhe em conjunto para encontrar uma solução.

4. **Use uma linguagem respeitosa:** Quando as emoções estão elevadas, é fácil usar uma linguagem agressiva ou sarcástica. No entanto, isso só piora a situação. Tente usar uma linguagem respeitosa e evite palavras ou frases que possam ser interpretadas como ofensivas.

5. **Tente ver o ponto de vista da outra pessoa:** Em situações difíceis, pode ser difícil entender o ponto de vista da outra pessoa. No entanto, tente ver a situação a partir de sua perspectiva. Isso pode ajudar a encontrar um terreno comum e a chegar a uma solução.

6. **Seja aberto a compromissos:** Em alguns casos, pode ser necessário chegar a um compromisso para resolver o conflito. Esteja aberto a ceder em alguns pontos, desde que isso ajude a encontrar uma solução que funcione para ambas as partes.

7. **Seja paciente:** Resolver conflitos não acontece da noite para o dia. Seja paciente e continue mantendo o diálogo aberto. Às vezes, pode ser necessário ter várias conversas para chegar a uma solução.

Em resumo, manter o diálogo em contextos difíceis pode ser desafiador, mas é fundamental para resolver conflitos e encontrar soluções. Mantenha a calma, ouça atentamente, mantenha o foco no problema, use uma linguagem respeitosa, tente ver o ponto de vista da outra pessoa, seja aberto a compromissos e seja paciente. Com prática e dedicação, você pode desenvolver habilidades de diálogo que o ajudarão a lidar com situações difíceis e a construir relacionamentos mais saudáveis.

A SUPRESSÃO POR REPETIÇÃO

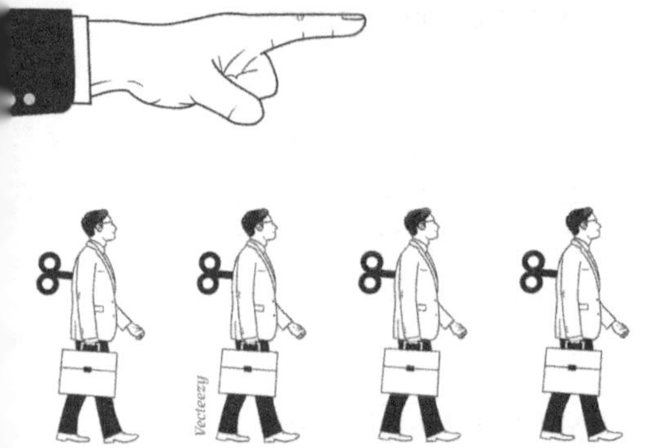

A supressão por repetição é um fenômeno explicado pela neurociência e se refere à redução na atividade neural de uma determinada resposta quando ela é repetidamente apresentada. Também é conhecida como "supressão de adaptação" ou "inibição neural por repetição".

A supressão por repetição é considerada um mecanismo adaptativo do cérebro, uma vez que permite a otimização dos recursos neurais. Quando nossos sentidos são expostos a uma mesma informação, o cérebro vai gradativamente entendendo que aquilo é repetitivo e não precisa alocar mais recursos para entender e reagir com ele. Dessa forma, passa aquelas informações para o subconsciente e libera o consciente para detectar outros impulsos.

Esse fenômeno acontece com diferentes estímulos sensoriais, como cheiros, sons e imagens. Quando era adolescente, fiz um curso de mecânica no SENAI e, nas férias do curso, fazia um estágio na empresa que patrocinava o treinamento. No primeiro dia que coloquei o pé na fábrica tinha plena convicção de que iria morrer em três dias com a inalação daquele cheiro insuportável de óleo e produtos químicos que existia lá. Quatro dias depois eu entrava na fábrica e não sentia mais aquele cheiro. Parecia que tinham instalado filtros que purificavam o ar. Na verdade, quem instalou um filtro foi meu cérebro que identificou a repetição do odor e simplesmente passou a ignorá-lo.

O piloto automático

Quando executamos uma tarefa repetitiva de maneira consistente ao longo do tempo, o cérebro tende a automatizar essa tarefa. Isso significa que, com a prática e a repetição, o processamento cognitivo necessário para executar a tarefa se torna mais eficiente e requer menos recursos mentais. Nesse estado de automatização, o cérebro é capaz de executar a tarefa em segundo plano, enquanto a atenção consciente pode se concentrar em outros aspectos mais relevantes ou inesperados do ambiente.

Essa automatização permite que ações rotineiras, como dirigir um carro, digitar no teclado ou andar de bicicleta, sejam realizadas de forma automática e fluida. Enquanto o piloto automático está ativado, muitas das ações envolvidas nessas tarefas são executadas de forma inconsciente, liberando recursos mentais para outras atividades, como o monitoramento do tráfego, a conversa com um passageiro ou a resolução de problemas. Isso não é bom?

No entanto, é importante notar que, embora a automatização e a supressão por repetição possam facilitar a realização de tarefas rotineiras, elas também podem levar à complacência ou a erros quando ocorrem mudanças inesperadas no ambiente e também em nossa comunicação.

A supressão por repetição e o diálogo

Quando nossa comunicação entra em um processo de repetição, seja pelo tema ou pela forma de expressão dos interlocutores, nosso cérebro age da mesma maneira e tenta mandar para o andar de baixo, ou seja, nosso inconsciente, as percepções que são atingidas pela comunicação.

Quantas vezes durante um diálogo você já deixou de prestar atenção por saber o que ia ser falado ou por já saber a resposta para pergunta que ainda não foi concluída? Veja a seguir efeitos que a supressão causa em nossos diálogos.

1. **Perda de atenção:** Quando uma informação ou ideia é repetida várias vezes durante um diálogo, pode ocorrer supressão por repetição, levando à diminuição da atenção dos participantes. Se uma pessoa continua repetindo a mesma informação sem acrescentar nada novo, os ouvintes podem perder o interesse e deixar de prestar atenção ao que está sendo dito.

2. **Compreensão limitada:** A supressão por repetição excessiva pode dificultar a compreensão das informações transmitidas. Quando uma ideia é repetida várias vezes sem uma explicação adicional, os detalhes e nuances podem ser negligenciados. Isso pode resultar em uma compreensão superficial ou incompleta do assunto em discussão.

3. **Falta de diversidade de ideias:** Quando uma pessoa repete constantemente suas próprias ideias sem permitir que outros contribuam, a supressão por repetição pode limitar a diversidade de perspectivas e opiniões no diálogo. Isso pode levar a uma discussão unidimensional e a uma falta de enriquecimento por meio da troca de diferentes pontos de vista. Alguns dos vieses que mostramos anteriormente estão associados com o efeito da supressão por repetição.

4. **Efeito de saturação:** Se um tema ou ponto de discussão é repetido em excesso, a supressão por repetição pode levar a uma sensação de saturação ou cansaço por parte dos participantes. Isso pode resultar em uma diminuição do engajamento e da participação ativa no diálogo, prejudicando a qualidade da troca de ideias.

5. **Estagnação do diálogo:** A supressão por repetição pode contribuir para a estagnação do diálogo, especialmente se as ideias repetidas não são construtivas ou não levam a novos *insights*. Isso pode limitar a evolução do diálogo e dificultar a busca por soluções criativas ou a tomada de decisões informadas.

É importante ter consciência desses impactos e buscar um equilíbrio na comunicação. É necessário permitir que todas as partes expressem suas ideias, promover uma troca de opiniões diversificada e evitar a repetição excessiva de informações sem agregar valor ao diálogo. Isso ajudará a manter o diálogo dinâmico, estimulante e produtivo.

A SUPRESSÃO POR REPETIÇÃO E OS VIESES DA COMUNICAÇÃO

A supressão por repetição pode influenciar nossas percepções e tomadas de decisão, reforçando ideias preexistentes e limitando a consideração de informações alternativas. Ela pode contribuir para diversos vieses da comunicação. Aqui estão alguns exemplos:

1. **Viés de confirmação:** Quando repetimos constantemente ideias alinhadas com nossas perspectivas, corremos o risco de não considerar adequadamente informações ou pontos de vista divergentes.

2. **Viés da disponibilidade:** Pode influenciar o viés da disponibilidade, que é a tendência de dar maior peso a informações prontamente disponíveis em nossa mente. Quando uma informação é repetida com frequência, ela se torna mais facilmente acessível em nossas mentes, o que pode levar a uma superestimação de sua importância ou prevalência em detrimento de outras informações relevantes.

3. **Viés de ancoragem:** Contribui para o viés de ancoragem, que é a tendência de confiar excessivamente em informações iniciais ou em uma referência inicial ao tomar decisões ou formar opiniões.

4. **Viés da familiaridade:** Quando uma ideia é repetida com frequência, ela se torna familiar para nós, o que pode levar a uma predisposição em aceitá-la como verdadeira ou válida, mesmo que outras ideias possam ser igualmente ou mais pertinentes.

ATIVIDADES PROPOSTAS

Parte 1: Com relação aos obstáculos ao diálogo

1. Qual dos seguintes fatores pode ser um obstáculo ao diálogo?

a) Falta de conhecimento sobre o assunto.
b) Clareza nas ideias.
c) Habilidade para ouvir e se expressar.
d) Respeito pelo outro.

2. Qual dos seguintes fatores pode ser um obstáculo ao diálogo?

a) Empatia.
b) Interesse pelo assunto em questão.
c) Excesso de emoção.
d) Comunicação clara.

3. Qual dos seguintes fatores pode ser um obstáculo ao diálogo?

a) Habilidade para ouvir e se expressar.
b) Fobias.
c) Escuta ativa.
d) Tempo adequado disponível para o diálogo.

4. Qual dos seguintes fatores pode ser um obstáculo ao diálogo?

a) Empatia.
b) Presença de ruídos externos ou internos.
c) Conhecimento sobre o assunto.
d) Respeito pelo outro.

5. Qual dos seguintes fatores pode ser um obstáculo ao diálogo?

a) Falta de clareza nas ideias.
b) Comunicação clara.
c) Habilidade para ouvir e se expressar.
d) Conhecimento sobre o assunto.

6. Qual dos seguintes fatores pode ser um obstáculo ao diálogo?

a) Presença de patologias físicas ou mentais.
b) Respeito pelo outro.
c) Empatia.
d) Assertividade.

7. Qual dos seguintes fatores pode ser um obstáculo ao diálogo?

a) Vieses da comunicação.
b) Comunicação clara.
c) Habilidade para ouvir e se expressar.
d) Conhecimento sobre o assunto.

8. Qual dos seguintes fatores pode ser um obstáculo ao diálogo?

a) Falta de interesse pelo assunto em questão.
b) Empatia.
c) Comunicação clara.
d) Respeito pelo outro.

9. Qual dos seguintes fatores não é um obstáculo ao diálogo?

a) Falta de habilidade para ouvir e se expressar.
b) Presença de ruídos externos ou internos.
c) Clareza nas ideias.
d) Falta de empatia.

Parte 2: Com relação às patologias físicas

Considerando patologias físicas, identifique a principal característica de cada uma delas.

1. Qual é o distúrbio caracterizado por uma voz áspera e raspante?

a) Rouquidão **b)** Afonia **c)** Disfonia **d)** Gagueira

2. Qual é o distúrbio que causa a perda total ou parcial da voz?

a) Rouquidão **b)** Afonia **c)** Disfonia **d)** Gagueira

3. Qual é o distúrbio que afeta a qualidade da voz, levando a alterações na entonação, volume e ritmo?

a) Rouquidão **b)** Afonia **c)** Disfonia **d)** Gagueira

4. O que é característico da gagueira?

a) Voz áspera e raspante.
b) Perda total ou parcial da voz.
c) Alterações na entonação, volume e ritmo.
d) Interrupções involuntárias do fluxo da fala, como repetições de palavras, sílabas ou sons, bloqueios na fala ou prolongamentos de sons.

Parte 3: Com relação às fobias

1. O que é a antropofobia?

a) Medo irracional de animais.
b) Medo irracional de lugares fechados.
c) Medo irracional de pessoas ou da sociedade em geral.
d) Medo irracional de alturas.

2. O que é a afefobia?

a) Medo irracional de tocar ou ser tocado por outras pessoas.
b) Medo irracional de insetos.
c) Medo irracional de situações sociais ou de desempenho.
d) Medo irracional de altura.

3. O que é a demofobia?

a) Medo irracional de lugares fechados.
b) Medo irracional de multidões ou de estar em locais públicos.
c) Medo irracional de envelhecer ou do tempo em geral.
d) Medo irracional de pessoas ou da sociedade em geral.

4. O que é a gerontofobia?

a) Medo irracional de adolescentes.
b) Medo irracional de idosos.
c) Medo irracional de pessoas gordas ou obesas.
d) Medo irracional de envelhecer ou do tempo em geral.

5. O que é a efebofobia?

a) Medo irracional de adolescentes.
b) Medo irracional de pessoas ou da sociedade em geral.
c) Medo irracional de situações sociais ou de desempenho.
d) Medo irracional de tocar ou ser tocado por outras pessoas.

Parte 4: Com relação a patologias mentais

1. Qual a característica do transtorno de personalidade narcisista?

a) Dificuldade em compreender as emoções dos outros.
b) Insegurança e baixa autoestima.
c) Visão inflada de si mesmo e desprezo pelos outros.

2. Qual a característica da depressão?

a) Dificuldade em se concentrar em uma conversa.
b) Dificuldade em se comunicar por falta de energia e motivação.
c) Medo de ser julgado ou rejeitado pelos outros.

3. Qual a característica do transtorno de ansiedade social?

a) Medo de ser julgado ou rejeitado pelos outros.
b) Dificuldade em se concentrar em uma conversa.
c) Dificuldade em compreender e expressar as emoções.

4. Qual a característica da esquizofrenia?

a) Alterações no humor e comportamento.
b) Dificuldade em distinguir a realidade da imaginação.
c) Pensamentos repetitivos e preocupações excessivas.

5. Qual a característica do transtorno do espectro autista?

a) Dificuldade em se concentrar em uma conversa.
b) Dificuldade em compreender e expressar as emoções e intenções interpessoais.
c) Instabilidade emocional e impulsividade.

6. Qual a característica do transtorno de déficit de atenção e hiperatividade (TDAH)?

a) Dificuldade em se comunicar de forma clara e objetiva.
b) Dificuldade em compreender e expressar as emoções.
c) Dificuldade em se concentrar e manter a atenção em uma conversa.

Parte 5: Com relação aos vieses da comunicação

1. O que é viés da comunicação?

a) Tendências e preconceitos que afetam a forma como uma mensagem é interpretada.
b) A presença de ruídos externos ou internos que prejudicam a comunicação.
c) A falta de habilidade para se expressar ou ouvir.

2. Qual é a definição de viés cognitivo?

a) É um erro sistemático no pensamento que afeta as decisões e julgamentos que as pessoas fazem.
b) A tendência de interpretar uma mensagem de acordo com nossas expectativas.
c) A tendência de acreditar que nossa cultura é superior a outras.

3. O que é estereótipo?

a) Uma imagem mental preconcebida sobre um grupo de pessoas.
b) Uma tendência de ignorar informações que não estão de acordo com nossas crenças.
c) Uma tendência de interpretar uma mensagem de acordo com nossas expectativas.

4. Qual é o viés que se refere à tendência de interpretar uma mensagem de acordo com nossas expectativas?

a) Viés de confirmação. **b)** Viés de estereótipo. **c)** Viés de projeção.

5. O que é viés de recência?

a) A tendência de dar mais importância a informações recentes do que a informações antigas.

b) A tendência de ignorar informações que não estão de acordo com nossas crenças.

c) A tendência de interpretar uma mensagem de acordo com nossas expectativas.

6. Como a supressão por repetição pode contribuir para o viés de confirmação na comunicação?

a) Reforçando ideias contrárias às nossas crenças preexistentes.

b) Estimulando a busca por informações diversas.

c) Levando a uma avaliação imparcial de diferentes perspectivas.

d) Reforçando ideias alinhadas com nossas crenças preexistentes.

Respostas:

Parte 1 - 1.a; 2.c; 3.b; 4.b; 5.a; 6.a; 7.a; 8.a; 9.c
Parte 2 - 1.a; 2.b; 3.c; 4.d
Parte 3 - 1.c; 2.a; 3.b; 4.b; 5a
Parte 4 - 1.c; 2.b; 3.b; 4.b; 5b; 6c
Parte 5 - 1.a; 2.a; 3.a; 4.a; 5.a; 6.d

Zeus e Hermes na casa de Filemon e Baucis - 1645 - Jacob Jordaens. Fonte: Wikimedia Commons

CAPÍTULO 4

Imagem Pessoal

> **Não ligue para as tendências. Não faça da moda o seu dono, mas você decide o que você é, o que quer expressar pela maneira como se veste e como vive.**
>
> *Gianni Versace*
> (1947-1997 - Estilista)

A imagem pessoal é uma parte essencial da comunicação e do diálogo, pois ela pode afetar a forma como os outros nos percebem e nos respondem. A maneira como nos apresentamos visualmente, seja na aparência, postura ou vestimenta, pode influenciar a forma como somos recebidos e interpretados pelos outros.

Vecteezy

NÃO JULGUE ALGUÉM PELA APARÊNCIA – A HISTÓRIA DE FILEMON E BAUCIS

Zeus e Hermes na casa de Filemon e Baucis - 1645 - Jacob Jordaens

Uma das histórias mitológicas gregas mais conhecidas sobre deuses disfarçados é a história de Baucis e Filemon.

Conta-se que, certa vez, os deuses Zeus e Hermes desceram à terra disfarçados de viajantes pobres e em busca de abrigo. Em todas as casas que passaram foram rejeitados e maltratados. Somente a casa humilde de Baucis e Filemon, um casal de velhinhos pobres, os acolheu com humildade e generosidade. Baucis e Filemon ofereceram aos viajantes pobres tudo o que tinham, incluindo sua última galinha, e prepararam uma refeição simples e reconfortante. Zeus e Hermes, gratos pela hospitalidade, revelaram sua verdadeira identidade e ofereceram a Baucis e Filemon a realização de um desejo.

Baucis e Filemon, que sempre viveram juntos e unidos, desejaram que a morte os alcançasse ao mesmo tempo para que nenhum dos dois tivesse que viver sem o outro. Zeus concedeu-lhes o desejo e, quando chegou a hora, transformou-os em árvores - um carvalho e uma tília - que cresceram entrelaçadas e nunca mais se separaram. Essa história mitológica mostra como a aparência pode ser enganosa e que devemos tratar todas as pessoas com humildade e generosidade, sem julgá-las pelas suas aparências ou condições sociais. A lição moral de que não devemos julgar alguém pelas aparências é real e devemos praticá-la sempre.

Contudo, temos que nos adequar também ao contexto no qual estamos para que exista uma fluidez da comunicação e do diálogo baseado nos protocolos e regras de condutas preestabelecidas. A questão das aparências pode ser complicada, pois em

Foto: Gerada por Bing AI

muitas situações é necessário seguir certos protocolos e regras de conduta para que haja uma comunicação e um diálogo fluídos.

Por exemplo, em um ambiente de trabalho, é importante seguir certas normas de vestimenta e comportamento, a fim de manter uma imagem profissional e respeitosa. Em uma entrevista de emprego é comum que os candidatos vistam roupas mais formais e adotem uma postura séria e respeitosa, para passar uma imagem de confiança e profissionalismo para o entrevistador. Se uma pessoa se veste de forma desleixada ou com roupas muito chamativas em um ambiente onde todos se vestem de forma mais formal e discreta, é possível que seja mal vista pelos outros. Isso pode criar algum nível de restrição mesmo que sua personalidade seja agradável e suas habilidades profissionais sejam excelentes. Por outro lado, uma entrevista para o cargo de gerente de uma loja de equipamentos para surfar combina mais com bermuda e chinelo do que terno.

É importante ressaltar que seguir protocolos e regras de conduta não significa ser preconceituoso ou discriminatório. Devemos sempre tratar as pessoas com respeito e igualdade, independentemente de sua aparência ou status social.

NOSSO EU VISUAL

"Eu costumava ser autoconsciente sobre a minha altura, mas então pensei, foda-se, eu sou Harry Potter." (Daniel Radcliffe, ator)

A imagem pessoal pode transmitir várias informações sobre nós, desde nossa personalidade até nossos valores e estilo de vida. Ela pode ser usada para expressar nossa identidade e para comunicar nossos objetivos e intenções. Assim como pode afetar nossa autoconfiança e autoestima. Uma imagem pessoal forte e coerente pode ajudar a estabelecer credibilidade e confiança com outras pessoas.

Quando nos sentimos bem com nossa aparência, postura e vestimenta, somos mais propensos a nos sentir confiantes e seguros de nós mesmos, o que pode influenciar positivamente nossas interações com os outros. Por outro lado, uma imagem pessoal desleixada ou incoerente pode transmitir uma mensagem negativa sobre nós mesmos e afetar negativamente nossas interações com os outros. Portanto, é importante prestar atenção à nossa imagem pessoal e certificar-nos de que ela esteja alinhada com nossos objetivos e intenções em nossas interações sociais e profissionais.

CONTEXTO DA IMAGEM PESSOAL

Nossa convivência social e profissional acontece em diferentes locais e eventos onde condutas e protocolos são esperados dos participantes.

Cada evento tem seu próprio protocolo e, consequentemente, um tipo de imagem que está associada a ele. A inadequação das vestimentas pode trazer problemas de comunicação, porque ela pode causar uma impressão negativa nos outros participantes do evento e transmitir uma mensagem inadequada sobre quem você é e quais são suas intenções. Além disso, a inadequação das vestimentas pode gerar desconforto em você mesmo, pois você pode se sentir deslocado e inseguro em relação aos outros participantes do evento, o que pode afetar negativamente sua confiança e desempenho nas interações sociais e profissionais. Por isso, é importante prestar atenção ao protocolo e à etiqueta de cada evento e vestir-se adequadamente para garantir que você esteja transmitindo a mensagem correta sobre quem você é e quais são suas intenções. Veja a seguir 10 eventos comuns e alguns protocolos que são esperados com relação à imagem. Lembre-se de que esses protocolos podem mudar em função da cultura e regionalidade.

1. **Casamento:** Para um casamento formal, os homens devem vestir terno e gravata, enquanto as mulheres podem usar um vestido longo ou um vestido de coquetel elegante. Para um casamento informal, os homens podem usar terno sem gravata, e as mulheres podem usar vestidos curtos ou saias com blusas elegantes.

2. **Formatura:** Em uma formatura formal, os homens devem usar trajes sociais, como um terno e gravata, enquanto as mulheres podem usar um vestido longo ou um vestido de coquetel elegante. Em uma formatura informal, os homens podem usar calça social e camisa social, e as mulheres podem usar vestidos ou saias de uso casual.

3. **Evento de negócios:** Em um evento de negócios formal, espera-se que os homens usem terno e gravata, enquanto as mulheres devem usar um terno feminino ou um vestido elegante. Em um evento informal de negócios, as roupas podem ser menos formais, mas ainda assim é importante manter um nível de profissionalismo.

4. **Entrevista de emprego:** Em uma entrevista de emprego, é importante vestir-se adequadamente para a posição que você está se candidatando. Em geral, é melhor optar por roupas formais e profissionais, como um terno e gravata para homens e um vestido elegante ou terno feminino para mulheres. Pesquise antes. As empresas estão menos formais, principalmente depois da pandemia.

5. **Jantar de gala:** Em um jantar de gala formal, espera-se que os homens usem smoking e as mulheres usem vestidos longos e elegantes. Em um jantar de gala menos formal, as roupas podem ser menos extravagantes, mas ainda assim é importante manter certo nível de elegância.

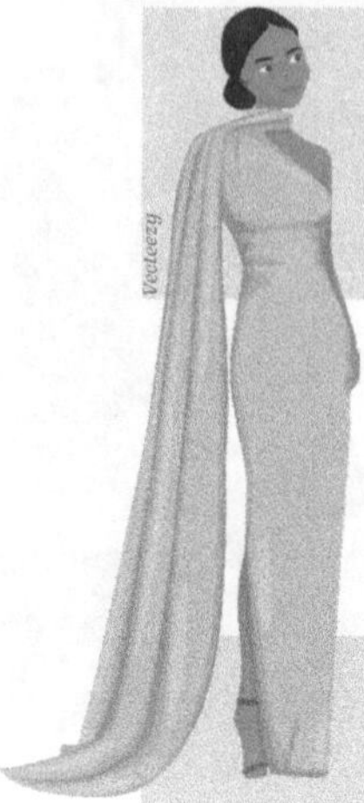

6. **Ópera:** Em uma sessão de ópera formal, os homens devem usar traje social completo, como um terno e gravata, enquanto as mulheres devem usar um vestido longo ou um vestido de coquetel elegante.
7. **Coquetel:** Em um coquetel formal, espera-se que os homens usem terno e gravata, enquanto as mulheres podem usar um vestido de coquetel elegante ou um conjunto de saia e blusa.
8. **Aniversário de 15 anos:** Em uma festa de debutante, as mulheres geralmente usam vestidos longos e elegantes, enquanto os homens podem usar traje social completo.

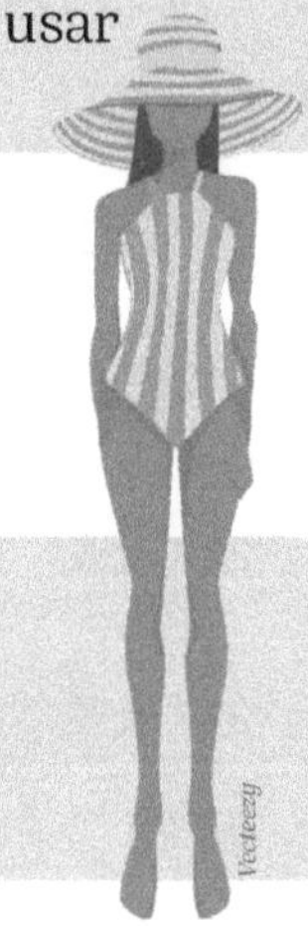

9. **Churrasco:** Em um churrasco informal, as roupas podem ser mais descontraídas e confortáveis, como shorts, camisetas e sandálias para homens, e vestidos leves ou shorts e blusas para mulheres.
10. **Praia:** Na praia, roupas de banho são apropriadas, mas é importante lembrar-se de verificar se aqueles trajes são compatíveis com outros ambientes que você frequentará como restaurantes ou comércio.

Reforçando que os protocolos e as expectativas em relação à vestimenta mudam com o passar do tempo. O que era considerado apropriado para um evento há alguns anos pode não ser mais válido atualmente. Além disso, os protocolos podem variar de acordo com a cultura e o país em que o evento ocorre.

No entanto, mesmo que haja um relaxamento em algumas situações, é sempre importante respeitar o protocolo vigente do momento. Ignorar o protocolo pode criar um viés para o diálogo e prejudicar a comunicação com os outros participantes do evento. Por isso, é sempre recomendável pesquisar com antecedência sobre as expectativas de vestimenta e protocolo de cada evento em que você irá participar. Se não tiver certeza sobre o que vestir, é melhor perguntar aos organizadores ou a alguém que já participou de eventos semelhantes anteriormente.

A PRIMEIRA IMPRESSÃO É A (ÚLTIMA) QUE FICA

O ditado popular "a primeira impressão é a que fica" é bastante relevante no contexto da comunicação e dos diálogos. Muitas vezes formamos opiniões ou impressões iniciais sobre as pessoas com quem estamos interagindo com base em informações limitadas, como a aparência, a linguagem corporal ou a forma como se expressam.

Essa primeira impressão pode ser formada em questão de segundos e pode ter um grande impacto na forma como nos relacionaremos com a pessoa. Por exemplo, se formamos uma impressão positiva, é mais provável que nos aproximemos da pessoa e que se desenvolva uma comunicação mais fluida e fácil. Por outro lado, se formamos uma impressão negativa, podemos evitar a pessoa ou ter uma atitude defensiva ou desconfiada em relação a ela.

No entanto, é importante lembrar que a primeira impressão nem sempre é precisa e que podemos estar sujeitos a vieses e preconceitos que nos impedem de ver a pessoa de forma objetiva.

A primeira impressão pode mudar à medida que interagimos mais com a pessoa e conhecemos mais sobre ela. Por isso, é importante estar consciente da maneira como formamos nossas primeiras impressões e tentar não tomar decisões precipitadas com base nelas. Em vez disso, devemos tentar ser abertos e receptivos a novas experiências e perspectivas, e estar dispostos a mudar nossas opiniões à medida que aprendemos mais sobre as pessoas e suas histórias.

Mudar uma primeira impressão normalmente não é algo rápido e fácil, demandando muito esforço de nossa parte.

Fatores que influenciam a primeira impressão:

A formação de uma boa impressão é um processo complexo que pode variar de pessoa para pessoa, mas, de forma geral, existem algumas etapas que as pessoas precisam superar para nos causar uma boa impressão. Algumas dessas etapas incluem:

1. **Aparência e comportamento:** A primeira etapa para causar uma boa impressão é a aparência e o comportamento da pessoa. Isso inclui a maneira como ela se veste, a postura que ela adota, a forma como ela fala, entre outros aspectos. A imagem pessoal é um dos muitos componentes da comunicação humana e pode ter um grande impacto na formação da primeira impressão que temos de uma pessoa. A primeira impressão pode ser determinante para o desenvolvimento de um relacionamento, seja ele pessoal ou profissional. Uma imagem pessoal cuidadosamente construída, que transmita confiança, profissionalismo e cuidado com a aparência, pode causar uma boa impressão e ajudar a estabelecer um clima de confiança e credibilidade desde o início de uma interação. Por outro lado, uma imagem pessoal negligenciada ou inadequada pode gerar desconfiança e dificultar a formação de um vínculo positivo.

2. **Empatia:** Uma pessoa precisa ser empática para causar uma boa impressão. Isso significa que ela precisa demonstrar interesse genuíno pelas outras pessoas e mostrar que se importa com elas.

3. **Confiança:** Uma pessoa precisa transmitir confiança para causar uma boa impressão. Isso significa que ela precisa ser segura de si mesma, ter autoconfiança e demonstrar que é capaz de lidar com as situações de forma assertiva.

▸▸

4. **Competência:** A competência é fundamental para causar uma boa impressão. As pessoas esperam que aqueles com quem se relacionem sejam competentes e capazes de realizar as tarefas que se propõem.

5. **Carisma:** É outro fator para causar uma boa impressão. As pessoas são naturalmente atraídas por aqueles que têm carisma e que são capazes de cativar quem está ao seu redor.

6. **Honestidade:** A honestidade é fundamental para causar uma boa impressão. As pessoas esperam que os outros sejam honestos e transparentes, e que não tentem enganá-las ou ludibriá-las.

7. **Afinidade:** A afinidade com a pessoa é um fator importante na formação da primeira impressão. Isso inclui a forma como a pessoa se relaciona com você, interesses em comum, química e se vocês compartilham valores e crenças semelhantes. Exemplo: Você conhece alguém que compartilha seus interesses e valores. Essa pessoa geralmente é vista como alguém com quem você teria uma conexão positiva.

8. **Equivalência de níveis socioeconômicos e culturais:** A equivalência de níveis socioeconômicos e culturais também pode influenciar na primeira impressão. Isso inclui o nível educacional, o trabalho e o status financeiro. Pessoas que compartilham o mesmo status geralmente têm mais probabilidade de ter uma boa primeira impressão uma da outra. Exemplo: Imagine que você está em uma festa e conhece alguém que trabalha na mesma área que você, tem um nível educacional semelhante e um status financeiro semelhante. Essa pessoa será vista com mais simpatia, porque vocês têm algo em comum e podem se relacionar de forma mais fácil.

É importante ressaltar que a busca por pessoas com afinidades e equivalência de níveis socioculturais não significa discriminação ou exclusão de outras pessoas que não compartilhem dessas características. É apenas uma questão de probabilidade de encontrar um terreno comum para o diálogo e de se sentir mais confortável e à vontade em determinado ambiente ou situação.

FINALIZANDO

Quantos fatores contribuem para o fracasso de um diálogo não é mesmo? Sem abrirmos a boca, patologias, vieses de comunicação e nossa aparência e postura podem servir de um fator negativo a mais nesse delicado balanço da comunicação e já deixar o início de uma conversa mais complicado. Por isso é importante trabalhar nossa imagem para que ela não seja um fator extra para dificultar nossa comunicação.

ATIVIDADES PROPOSTAS

Parte 1: Imagem pessoal

1. Qual é a importância da imagem pessoal na comunicação e no diálogo?

a) Não tem importância.

b) Pode influenciar a forma como somos percebidos pelos outros.

c) Afeta apenas a nossa própria percepção de nós mesmos.

2. O que pode acontecer se uma pessoa se veste de forma inadequada para um evento?

a) Ser bem recebida pelos outros participantes.

b) Ser mal vista pelos outros participantes.

c) Ser ignorada pelos outros participantes.

3. Qual é a importância de seguir protocolos e regras de conduta em relação à vestimenta em eventos?

a) Demonstrar preconceito e discriminação.

b) Garantir que todos se vistam de forma igual.

c) Transmitir uma imagem profissional e adequada.

4. O que pode acontecer se uma pessoa se sentir inadequada em relação à sua vestimenta em um evento?

a) Aumentar a confiança e o desempenho nas interações sociais e profissionais.

b) Gerar desconforto e afetar negativamente a confiança e o desempenho nas interações sociais e profissionais.

c) Não ter nenhum efeito sobre a confiança e o desempenho nas interações sociais e profissionais.

5. Em um evento formal de negócios, qual é o traje esperado para homens?

a) Camiseta e bermuda. b) Terno e gravata. c) Jeans e camiseta.

6. Em um encontro informal entre amigos, qual é a expectativa em relação à vestimenta?

a) Mais formal e discreta.

b) Mais casual e informal.

c) Não importa a vestimenta.

Parte 2: Com relação a causar uma boa primeira impressão

1. Qual é a primeira etapa para causar uma boa impressão?

a) Empatia
b) Aparência e comportamento
c) Competência
d) Carisma

2. O que é necessário para transmitir confiança e causar uma boa impressão?

a) Autoconfiança
b) Desinteresse
c) Desleixo com a aparência
d) Desconfiança

3. Qual é o fator que pode influenciar na primeira impressão relacionado à equivalência de níveis socioeconômicos e culturais?

a) Empatia
b) Comunicação
c) Competência
d) Afinidade

4. O que é importante para causar uma boa impressão?

a) Ser desonesto
b) Ser desinteressado
c) Ser incompetente
d) Ser honesto

Respostas:
Parte 1 - 1.b; 2.b; 3.c; 4.b; 5.b; 6.b
Parte 2 - 1.b; 2.a; 3.d; 4.d

Eco e Narciso - 1903 -
John William Waterhouse.
Fonte: Wikimedia Commons

CAPÍTULO 5

A Arte de Perguntar

> **Quem faz uma pergunta é tolo por um minuto, quem não pergunta é tolo para toda a vida**
>
> *Confúcio*
> (489 a.C, filósofo e pensador chinês)

O QUE É UMA PERGUNTA?

Nada melhor do que começar este capítulo com uma pergunta. Uma pergunta é uma frase ou expressão utilizada para solicitar informações, esclarecer dúvidas, obter opiniões ou iniciar uma conversa. Ela geralmente começa com palavras interrogativas, como "o que", "quem", "onde", "quando", "por que", "quanto" ou "como", e deve ser formulada de forma clara e precisa para garantir que a pessoa entenda exatamente o que está sendo perguntado.

A comunicação humana é baseada em perguntas e respostas. Desde crianças, aprendemos a fazer perguntas para entender o mundo ao nosso redor e para obter informações dos outros. No entanto, muitas vezes subestimamos a importância das perguntas e não prestamos a devida atenção em como as fazemos.

A FINALIDADE DA PERGUNTA

A habilidade de fazer perguntas é uma das mais importantes que podemos ter em nossas vidas. Fazer perguntas eficazes não apenas nos ajuda a obter informações valiosas, mas também a resolver problemas, tomar decisões melhores e melhorar nossas relações interpessoais. Veja alguns dos motivos pelos quais fazemos perguntas:

1. **Obter informações:** fazer perguntas para obter informações sobre um determinado assunto ou situação, como "Qual é a sua experiência com marketing digital?".
2. **Esclarecer dúvidas:** fazer perguntas para esclarecer algo que não está claro, como "Você pode me explicar novamente como funciona essa ferramenta?".
3. **Resolver problemas:** fazer perguntas para encontrar soluções para um problema, como "Qual é a causa raiz desse problema e como podemos resolvê-lo?".
4. **Iniciar uma conversa:** fazer perguntas para iniciar uma conversa ou interação, como "Como está o seu dia até agora?".
5. **Aprender mais:** fazer perguntas para aprender mais sobre um tópico, como "Como essa tecnologia está impactando a indústria?".

6. **Verificar entendimento:** fazer perguntas para verificar se algo foi entendido corretamente, como "O que você entendeu sobre o que foi dito?".

7. **Desenvolver relacionamentos:** fazer perguntas para conhecer melhor alguém, como "O que você gosta de fazer no seu tempo livre?".

8. **Fazer avaliações:** fazer perguntas para avaliar um produto, serviço ou experiência, como "Como você avaliaria sua experiência com nosso produto?".

9. **Obter *feedback*:** fazer perguntas para obter *feedback* sobre um determinado assunto, como "O que você acha que podemos melhorar em nossa empresa?".

10. **Desafiar suposições:** fazer perguntas para desafiar suposições ou crenças, como "Por que você acredita que isso é verdade?".

11. **Ensinar:** fazer perguntas para facilitar o aprendizado e a compreensão, como "Como você acha que podemos aplicar esses conceitos na prática?".

12. **Solução de problemas em equipe:** fazer perguntas para resolver problemas em equipe, como "Como podemos trabalhar juntos para resolver esse problema de maneira eficaz?".

13. **Entrevistas de emprego:** fazer perguntas para avaliar as habilidades e experiências dos candidatos, como "Qual é a sua maior conquista profissional até agora?".

14. **Debate e discussão:** fazer perguntas para incentivar o debate e a discussão saudável de ideias, como "Quais são as principais vantagens e desvantagens desse modelo de negócios?".

O CONTEXTO DA PERGUNTA

Uma mesma pergunta terá respostas completamente diferentes dependendo do ambiente e contexto onde é feita. Qual é o problema? No que posso lhe ajudar? O que está acontecendo? Terão respostas diversas se forem feitas para um médico, engenheiro ou para seu relacionamento amoroso. Além disso, cada profissão explora o uso das perguntas com propósitos específicos. Por exemplo:

1. **Engenharia:** fazer perguntas para entender as especificações técnicas de um projeto, como "Qual é a tolerância de erro para essa peça?".
2. **Ciência da Computação:** fazer perguntas para entender o funcionamento de um algoritmo, como "Como o algoritmo de aprendizado de máquina é capaz de reconhecer imagens?".
3. **Arquitetura:** fazer perguntas para entender as necessidades do cliente e criar um projeto personalizado, como "Qual é o seu estilo arquitetônico preferido?".
4. **Biologia:** fazer perguntas para entender as características de uma espécie, como "Como as características físicas da espécie se adaptaram ao ambiente em que vive?".
5. **Educação:** fazer perguntas para incentivar o pensamento crítico dos alunos, como "Por que você acredita que essa solução é a melhor?".
6. **Jornalismo:** fazer perguntas para coletar informações precisas e detalhadas sobre uma história, como "Quem mais estava presente no momento do incidente?".
7. **História:** fazer perguntas para entender o contexto histórico de um evento, como "Qual foi o impacto da Primeira Guerra Mundial na economia global?".
8. **Pesquisa científica:** fazer perguntas para testar hipóteses ou coletar dados, como "Qual é o impacto dessa substância na saúde humana?".

9. **Contexto escolar:** perguntas que estimulam o pensamento crítico e a reflexão, como "Qual é a sua opinião sobre o tema abordado?" ou "Como você aplicaria esse conceito em sua vida?".

10. **Contexto médico:** perguntas claras e diretas para obter informações relevantes para o diagnóstico, como "Quando os sintomas começaram?" ou "Você tem histórico de doenças na família?".

11. **Contexto legal:** perguntas que buscam esclarecer fatos e evidências em uma investigação, como "Você estava no local do crime naquele dia?" ou "Você viu alguém suspeito nas proximidades?".

12. **Contexto de pesquisa:** perguntas que visam obter informações precisas e confiáveis, como "Qual é o tamanho da sua amostra?" ou "Quais foram as variáveis controladas no experimento?".

13. **Contexto de vendas:** perguntas que ajudam a entender as necessidades e preferências do cliente, como "Qual é o seu orçamento para esse produto?" ou "O que você busca em um produto/serviço?".

14. **Contexto acadêmico:** perguntas que buscam avaliar o conhecimento e o entendimento do aluno, como "Qual é a fórmula para calcular isso?" ou "Quais foram as principais conclusões do estudo?".

15. **Contexto terapêutico:** perguntas que estimulam a reflexão e a autoanálise, como "Como você se sente quando isso acontece?" ou "O que você acha que pode fazer para mudar essa situação?".

CATEGORIAS DE PERGUNTAS

As perguntas podem ser classificadas em diferentes categorias, dependendo de sua finalidade. Que tipo de resposta queremos? Qual informação deve ser obtida? Qual o nível de detalhes que necessitamos naquele momento? Devemos responder a essas questões para formatar a pergunta de modo que nosso objetivo seja alcançado com a resposta.

Algumas das principais categorias incluem:

1. **Perguntas abertas:** são perguntas que não têm uma resposta específica e que permitem que o entrevistado dê uma resposta mais ampla. Exemplo: "Como você se sente em relação a isso?".
2. **Perguntas fechadas:** são perguntas que têm uma resposta específica, geralmente sim ou não. Exemplo: "Você gosta de chocolate?".
3. **Perguntas de sondagem:** são perguntas que buscam obter informações mais detalhadas sobre um determinado assunto. Exemplo: "Você pode me contar mais sobre isso?".
4. **Perguntas de clarificação:** são perguntas que buscam esclarecer um ponto específico ou obter mais informações sobre algo que foi dito anteriormente. Exemplo: "Você pode explicar melhor o que quer dizer com isso?".
5. **Perguntas reflexivas:** são perguntas que fazem com que a outra pessoa reflita sobre seus pensamentos ou

sentimentos. Exemplo: "Como você se sentiria se estivesse no lugar dele?".

6. **Perguntas de validação:** são perguntas que buscam validar os sentimentos ou opiniões da outra pessoa. Exemplo: "Eu entendo que você está se sentindo triste com o resultado do exame. Você acha que foi justo?".

7. **Perguntas de projeção:** são perguntas que buscam obter informações sobre o futuro ou possíveis cenários. Exemplo: "O que você acha que acontecerá se não fizermos nada sobre isso?".

8. **Perguntas hipotéticas:** são perguntas que buscam obter informações sobre como a outra pessoa lidaria com uma situação hipotética. Exemplo: "O que você faria se estivesse em uma situação como essa?".

9. **Perguntas retóricas:** são perguntas que não precisam de resposta, pois sua finalidade é apenas provocar uma reflexão. Exemplo: "Por que não tentar?".

10. **Perguntas diretas:** são perguntas que são feitas diretamente, sem rodeios. Exemplo: "Você pode me dizer o que aconteceu?".

Além dessas categorias principais, existem vários outros tipos de perguntas, como perguntas de incentivo, de esclarecimento, de avaliação e de sequência. Cada tipo de pergunta tem sua própria finalidade e pode ser usada para diferentes situações no diálogo.

Ao usar perguntas no diálogo, é importante lembrar-se de que a maneira como você formula uma pergunta pode ter um impacto significativo na resposta que você recebe. Por isso, é importante escolher cuidadosamente o tipo de pergunta e a maneira como ela é formulada para obter informações precisas e úteis.

APLICANDO AS DIFERENTES CATEGORIAS EM UM MESMO CONTEXTO

Como exemplo inicial para mostrar algumas das categorias de perguntas usaremos o cenário de um *talk show* onde o entrevistador faz perguntas sobre a viagem do entrevistado para o Egito, quando ele visitou o Cairo e o Museu Egípcio, as pirâmides de Gizé, fez um cruzeiro entre Luxor e Aswan, fez um voo de balão no Vale dos Reis, além de ter visitado o templo de Abu Simbel.

Perguntas fechadas

As perguntas fechadas são aquelas que permitem apenas uma resposta curta e direta, geralmente sim ou não. Essas perguntas são úteis para confirmar informações ou obter respostas claras e precisas. Exemplos de perguntas fechadas são:

- Você gostou da viagem para o Egito?
- Você visitou as pirâmides de Gizé?
- Você fez um cruzeiro entre Luxor e Aswan?
- Você viu as múmias no Museu Egípcio do Cairo?
- Você teve medo de fazer o voo de balão no Vale dos Reis?
- Você gostou do templo de Abu Simbel?
- A comida no Egito foi boa?
- Você visitou outras cidades além do Cairo?
- Você comprou lembranças para amigos e familiares?

Foto: Gerada por Bing AI

Note que todas as perguntas normalmente geram uma resposta de sim ou não, mas algumas podem dar margem para outras respostas. Quanto a comida, a pessoa pode responder, por exemplo, mais ou menos. O verbo gostar dá margem para isso.

Perguntas abertas

As perguntas abertas são aquelas que permitem ao entrevistado ou respondente fornecer uma resposta completa e detalhada. Essas perguntas geralmente começam com "o que", "como", "quando", "onde" e "por que". As perguntas abertas são úteis para obter informações detalhadas e permitem que o entrevistado se expresse livremente. Exemplos de perguntas abertas são:

- Como você se sentiu quando visitou o Egito pela primeira vez?
- O que mais chamou sua atenção no Cairo?
- Quando você decidiu fazer um voo de balão no Vale dos Reis?
- Onde você teve a melhor refeição durante a viagem?
- Por que você decidiu visitar o templo de Abu Simbel?
- Como você se sentiu durante a viagem para o Egito?
- Qual foi sua experiência nas pirâmides de Gizé?
- Conte-nos mais sobre o cruzeiro entre Luxor e Aswan.
- O que você achou do Museu Egípcio do Cairo?
- Como foi fazer o voo de balão no Vale dos Reis?
- Qual foi a coisa que mais te impressionou no templo de Abu Simbel?
- Como você descreveria a culinária egípcia?
- Além do Cairo, quais outras cidades você visitou no Egito?
- Você trouxe alguma lembrança especial do Egito?
- O que você achou mais fascinante durante toda a viagem?

Perguntas de sondagem

As perguntas de sondagem são aquelas que são usadas para explorar um tópico em mais profundidade. Elas geralmente seguem uma resposta inicial e são projetadas para ajudar a descobrir mais informações. Exemplos de perguntas de sondagem são:

- Você pode me contar mais sobre sua experiência no voo de balão no Vale dos Reis?
- Como você se sentiu ao ver as pirâmides de Gizé de perto?
- Você pode me dar mais detalhes sobre o que viu no Museu Egípcio do Cairo?
- Você pode falar mais sobre as diferenças culturais que notou no Egito?
- Houve algum momento de destaque durante a viagem que não mencionou ainda?

Perguntas de reflexão

As perguntas de reflexão são aquelas que fazem o entrevistado refletir sobre uma experiência ou tópico em particular. Essas perguntas podem ajudar a obter informações mais profundas sobre os pensamentos e sentimentos do entrevistado. Exemplos de perguntas de reflexão são:

- O que você aprendeu com sua viagem ao Egito?
- Como sua viagem ao Egito afetou sua visão de outras culturas?
- O que você mudaria na sua viagem se pudesse fazer tudo de novo?
- Como você acha que sua viagem ao Egito impactará sua vida no futuro?

Perguntas retóricas

As perguntas retóricas também podem ser usadas para destacar um ponto de vista ou opinião sobre uma experiência, como uma viagem. Algumas perguntas retóricas que poderiam ser usadas nesse contexto incluem:

- Quem não ficaria maravilhado com a beleza das pirâmides de Giza?
- Será que alguém pode negar a emoção de fazer um voo de balão sobre o Vale dos Reis?
- Você realmente acha que há algum lugar no mundo tão cheio de história e mistério como o Egito?

Nesse caso, as perguntas retóricas são usadas para enfatizar o quão impressionante e especial foi a viagem do entrevistado ao Egito, sem a expectativa real de receber uma resposta específica.

O CONTEXTO AMPLO DAS PERGUNTAS

Além da clareza da pergunta, o contexto em que ela é feita também é um fator importante a ser considerado para formular perguntas eficazes. O contexto pode incluir a situação em que a pergunta é feita, a pessoa que está sendo questionada e o objetivo da pergunta.

1. **Situação:** O ambiente em que a pergunta é feita pode influenciar a forma como ela é interpretada e respondida. Por exemplo, uma pergunta feita em uma reunião formal pode requerer uma resposta mais objetiva e direta do que uma pergunta feita em uma conversa casual. É importante considerar o contexto para adaptar a pergunta ao ambiente em que ela será feita.

2. **Perfil da pessoa:** A pessoa que está sendo questionada também pode influenciar a forma como a pergunta é

formulada. Por exemplo, perguntas feitas a uma pessoa mais velha podem precisar de mais contexto ou serem formuladas de uma maneira mais respeitosa do que as perguntas feitas a alguém da mesma idade ou mais jovem. É importante adaptar a pergunta ao perfil da pessoa que está sendo questionada para obter uma resposta mais completa e relevante.

3. **Objetivo:** O objetivo da pergunta é outro fator importante a ser considerado para formular perguntas eficazes. Se a pergunta tem como objetivo obter informações específicas, ela deve ser formulada de forma objetiva e direta. Já se o objetivo da pergunta é estimular o diálogo ou o pensamento crítico, a pergunta pode ser formulada de forma mais aberta e exploratória.

Exemplo 1: Imagine que você está entrevistando alguém para uma vaga de emprego. Nesse contexto, você precisa adaptar suas perguntas para descobrir se o candidato possui as habilidades e conhecimentos necessários para o cargo. As perguntas devem ser claras, objetivas e diretas, como "Quais habilidades específicas você possui que seriam relevantes para este cargo?".

Exemplo 2: Agora imagine que você está conversando com um amigo sobre um livro que acabou de ler. Nesse contexto, você pode fazer perguntas mais abertas e exploratórias, como "Qual foi a sua impressão geral do livro?" ou "Quais aspectos você mais gostou ou não gostou?".

COMO FAZER PERGUNTAS EFICAZES?

Você acabou de ler que, para fazer perguntas eficazes, é importante levar em conta alguns fatores, como o contexto em que a pergunta será feita, a personalidade e temperamento da pessoa que irá responder e, principalmente, a formulação correta da pergunta.

Uma pergunta mal formulada pode prejudicar a comunicação e levar a respostas confusas e pouco úteis. Por isso, é importante pensar na escolha das palavras e na forma como a pergunta será feita. Além disso, é importante estar aberto para ouvir a resposta, sem pré-julgamentos ou expectativas, e estar preparado para explorar possíveis respostas, fazendo perguntas adicionais, se necessário. Uma pergunta do tipo aberta pode ser boa ou ineficaz. A seguir, mostraremos sugestões para que seja escolhida a categoria correta de pergunta para cada ocasião.

1. Faça perguntas abertas

Perguntas abertas são aquelas que não podem ser respondidas com um simples "sim" ou "não". Elas permitem que o respondente forneça informações mais detalhadas e completas. Por exemplo:

- Em vez de perguntar "Você gostou do filme?", pergunte "O que você achou do filme?".

2. Faça perguntas específicas

Perguntas específicas são aquelas que se concentram em um único aspecto ou detalhe. Elas ajudam a evitar respostas vagas e imprecisas. Por exemplo:

- Em vez de perguntar "Como foi a sua viagem?", pergunte "O que você achou da comida no hotel onde ficou?".

3. Faça perguntas sequenciais

Perguntas sequenciais são aquelas que são feitas em uma ordem lógica e que ajudam a esclarecer o que o respondente quer dizer. Por exemplo:

- Se alguém disser "Eu não gosto de trabalhar com João", você pode fazer perguntas sequenciais para entender por quê: "O que você quer dizer com 'não gosto'? Você não gosta da personalidade dele ou do trabalho que ele realiza?".

4. Faça perguntas reversas

Perguntas reversas são aquelas que mudam a perspectiva da pergunta para obter informações adicionais. Por exemplo:

- Em vez de perguntar "Qual é o seu maior desafio no trabalho?", pergunte "Qual é o seu maior sucesso no trabalho e como você o alcançou?".

5. Faça perguntas de contraste

Perguntas de contraste ajudam a entender as diferenças e semelhanças entre as coisas. Elas são úteis para avaliar preferências e opiniões. Por exemplo:

- Em vez de perguntar "Qual é o seu livro favorito?", pergunte "Qual é a diferença entre o seu livro favorito e outro livro que você gostou/não gostou?".

6. Faça perguntas de reflexão

Perguntas de reflexão ajudam a pessoa a pensar mais profundamente sobre um assunto e a avaliar suas próprias opiniões e sentimentos. Por exemplo:

- Em vez de perguntar "Você acha que essa decisão é a correta?", pergunte "Como você se sentiria se essa decisão fosse tomada? Como isso afetaria as pessoas envolvidas?".

7. Faça perguntas hipotéticas

Perguntas hipotéticas são aquelas que levam a pessoa a imaginar uma situação que não aconteceu, mas que pode ajudá-la a avaliar opções e escolhas. Por exemplo:

- Em vez de perguntar "O que você faria se isso acontecesse?", pergunte "Se você pudesse escolher qualquer ação para solucionar nessa situação, qual seria?"

8. Faça perguntas neutras

Perguntas neutras são aquelas que não contêm informações que possam influenciar a resposta. Por exemplo:

- Em vez de perguntar "Você acha que o João é um bom líder?", pergunte "Como você descreveria o estilo de liderança do João?".

9. Faça perguntas claras e simples

Perguntas claras e simples ajudam a evitar confusão e garantem que o respondente entenda exatamente o que está sendo perguntado. Por exemplo:

- Em vez de perguntar "Qual é a sua opinião sobre a política econômica do governo?", pergunte "Você concorda com as políticas econômicas do governo atual?".

10. Faça perguntas não tendenciosas

Perguntas não tendenciosas não contêm preconceitos ou julgamentos implícitos. Elas permitem que o respondente forneça uma resposta honesta e livre de influências externas. Por exemplo:

- Em vez de perguntar "Por que você votou em um candidato como o fulano?", pergunte "Quais foram os principais motivos que o levaram a votar no candidato fulano?".

11. Faça perguntas direcionadas ao objetivo

Perguntas direcionadas ao objetivo são aquelas que têm como objetivo principal obter informações relevantes para a conversa ou entrevista. Por exemplo:

- Em uma entrevista de emprego, em vez de perguntar "Qual é o seu hobby favorito?", pergunte "Quais são suas habilidades e experiências relevantes para o cargo?".

12. Faça perguntas de acompanhamento

Perguntas de acompanhamento são aquelas que são feitas para obter mais informações sobre a resposta anterior do respondente. Elas ajudam a esclarecer dúvidas e a obter mais detalhes sobre um assunto. Por exemplo:

- Se alguém disser "Eu gosto de andar de bicicleta", você pode fazer uma pergunta de acompanhamento como "Com que frequência você anda de bicicleta?", "Você prefere andar sozinho ou em grupo?".

13. Faça perguntas fechadas em situações de tomadas de decisão

Por exemplo, para decidir se você realmente precisa comprar algo, o uso de perguntas fechadas é recomendável. Você pode criar um fluxo de tomada de decisão muito rapidamente.

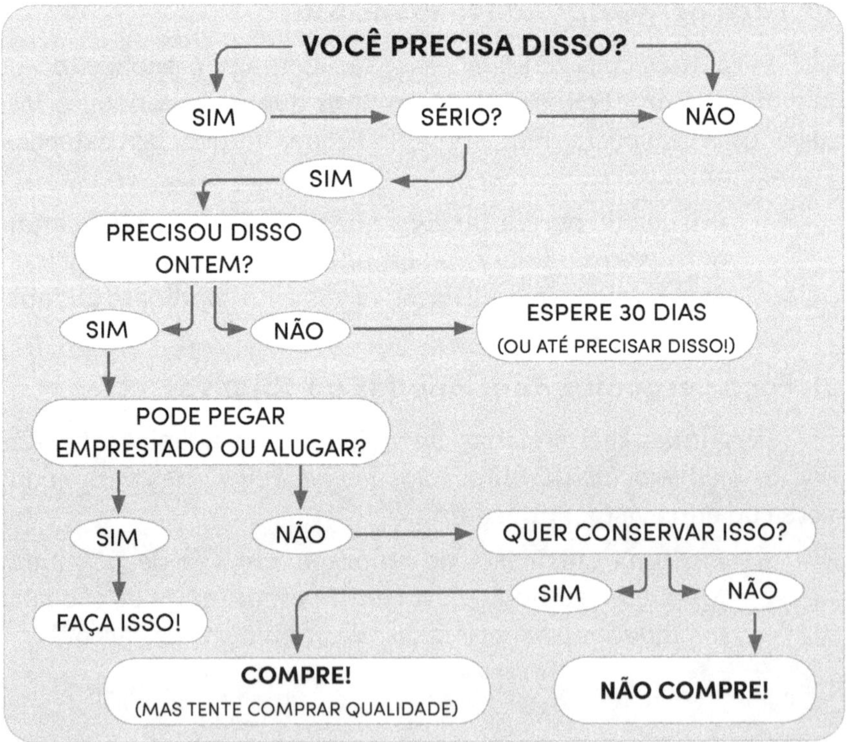

COMO EVITAR PERGUNTAS INEFICAZES

Nem todas as perguntas são eficazes na obtenção de respostas relevantes. Algumas delas podem ser mal formuladas, confusas, vagas ou inadequadas para a situação. Antes de perguntar, reflita sobre os tópicos apresentados a seguir:

1. Conheça seu objetivo

Antes de fazer uma pergunta, é importante que você saiba exatamente qual é o seu objetivo. Isso ajudará a direcionar a pergunta de forma clara e precisa, evitando perguntas vagas ou irrelevantes.

2. Considere o contexto

O contexto é uma parte importante na formulação de perguntas eficazes. Perguntas que são adequadas para uma situação podem não ser adequadas para outra. Portanto, é importante levar em consideração o contexto em que a pergunta será feita, incluindo o ambiente, as pessoas envolvidas e a finalidade da pergunta.

3. Evite perguntas duplas

Perguntas duplas são aquelas que contêm duas ou mais perguntas em uma. Elas são ineficazes porque o respondente pode não saber qual pergunta responder ou pode fornecer uma resposta parcial ou confusa. Por exemplo:

- Pergunta dupla: "Você gosta de música clássica ou prefere jazz?".
- Pergunta melhor formulada: "Você gosta de música clássica?" ou então "Você curte jazz?".

4. Evite perguntas carregadas

Perguntas carregadas são aquelas que contêm pressupostos ou juízos de valor implícitos. Elas são ineficazes porque podem influenciar a resposta do respondente ou gerar conflitos desnecessários. Por exemplo:

- Pergunta carregada: "Por que você é tão preguiçoso?".
- Pergunta melhor formulada: "Por que você não cumpriu o prazo da tarefa?".

5. Evite perguntas retóricas

Perguntas retóricas são aquelas que não esperam uma resposta, pois já contêm a resposta implícita. Elas são ineficazes porque não fornecem informações relevantes e podem ser irritantes ou condescendentes. Por exemplo:

- Pergunta retórica: "Você acha que eu sou idiota?".
- Pergunta melhor formulada: "Por que você acha que isso é uma boa ideia?".

6. Evite perguntas muito amplas ou vagas

Perguntas muito amplas ou vagas são aquelas que não fornecem um foco claro ou uma referência específica. Elas são ineficazes porque podem levar o respondente a fornecer respostas genéricas ou irrelevantes. Por exemplo:

- Pergunta muito ampla: "O que você pensa sobre o mundo atual?".
- Pergunta melhor formulada: "O que você pensa sobre as políticas ambientais atuais?".

7. Evite perguntas fechadas demais

Perguntas fechadas demais são aquelas que permitem apenas respostas curtas ou sim/não. Elas são ineficazes porque não permitem que o respondente forneça informações adicionais ou explicações. Por exemplo:

- Pergunta fechada demais: "Você gostou do filme?".
- Pergunta melhor formulada: "O que você achou do enredo do filme? Qual foi a sua cena favorita?".

8. Evite perguntas que violam a privacidade ou a ética

Perguntas que violam a privacidade ou a ética são aquelas que são invasivas, constrangedoras ou inadequadas para a situação. Elas são ineficazes porque podem gerar desconforto, hostilidade ou violar direitos legais ou morais. Por exemplo:

- Pergunta que viola a privacidade: "Quanto você ganha por mês?".

TEMPERAMENTO, CARÁTER, PERSONALIDADE E SEUS IMPACTOS NO DIÁLOGO

É importante lembrar que uma pergunta não é composta apenas de palavras, mas também da maneira como elas são apresentadas, do contexto em que são feitas e, principalmente, das características pessoais dos interlocutores. Isso significa que, além da escolha das palavras certas, nossos aspectos de personalidade e temperamento também influenciam a forma como a pergunta é percebida e respondida pelo interlocutor. Esses aspectos fazem parte da linguagem verbal e não verbal que já abordamos em capítulos anteriores, amplificando os efeitos positivos ou negativos da comunicação.

Por exemplo, uma pergunta formulada com tom de arrogância ou superioridade pode ser percebida como uma ameaça ou desafio pelo interlocutor, enquanto uma pergunta formulada com empatia e interesse genuíno pode ser percebida como um convite para compartilhar experiências e opiniões.

Da mesma forma, a personalidade do questionador pode influenciar a forma como as perguntas são feitas e percebidas. Pessoas introvertidas e reservadas podem preferir fazer perguntas mais diretas e objetivas, enquanto pessoas extrovertidas e sociáveis podem fazer perguntas mais abertas e exploratórias.

É importante estar ciente de como nossos aspectos de personalidade e temperamento podem influenciar a forma como fazemos perguntas e como elas são percebidas pelo interlocutor. Ao sermos conscientes de nossas tendências naturais e adaptarmos a forma como fazemos perguntas ao contexto e ao interlocutor, podemos aumentar nossa eficácia na comunicação e obter melhores resultados nas interações. Na sequência, farei uma breve introdução sobre os tópicos temperamento, caráter e personalidade, mas recomendo firmemente a leitura de livros sobre psicologia que os abordam de forma profunda.

OS QUATRO TEMPERAMENTOS

O temperamento refere-se a características inatas e biologicamente determinadas de uma pessoa. É o aspecto mais básico e fundamental da personalidade. O temperamento está relacionado à forma como uma pessoa responde emocionalmente e se comporta em situações diferentes. Pode envolver traços como níveis de atividade, reatividade emocional, adaptabilidade, persistência e ritmo de resposta. Existem várias teorias sobre os temperamentos, mas uma das mais aceitas é a teoria dos quatro temperamentos de Hipócrates, que os divide em colérico, fleumático, melancólico e sanguíneo.

Cada um tem características únicas que afetam a maneira como as perguntas são feitas e respondidas.

Sanguíneo:

Os sanguíneos são extrovertidos, falantes e energéticos. Eles respondem bem às perguntas abertas e são propensos a dar respostas emocionais e detalhadas. Eles podem se sentir facilmente entusiasmados e inspirados por perguntas que os levam a compartilhar suas ideias e experiências pessoais.

Colérico:

Os coléricos são assertivos, decisivos e competitivos. Eles respondem bem a perguntas que enfatizam seus pontos fortes e habilidades, e podem se sentir desafiados por perguntas que questionam sua autoridade ou experiência. Eles preferem respostas curtas e diretas, sem muitos detalhes.

Melancólico:

Os melancólicos são introspectivos, sensíveis e emocionais. Eles podem levar mais tempo para responder a perguntas, pois precisam refletir sobre suas emoções e pensamentos internos. Eles preferem perguntas que enfatizam suas preocupações e necessidades pessoais, e podem se sentir desconfortáveis com perguntas que expõem ou forçam a lidar com emoções difíceis.

Fleumático:

Os fleumáticos são tranquilos, reservados e racionais. Eles respondem bem a perguntas que exigem análise e reflexão, e podem ser menos propensos a dar respostas emocionais ou espontâneas. Eles preferem respostas curtas e precisas, sem muita conversa desnecessária.

Veja alguns diálogos hipotéticos com pessoas dos quatro tipos de temperamento e suas diferentes reações no contexto profissional entre o líder de projeto e um membro da equipe.

Diálogo 1:

Interlocutor A (Líder do projeto): Olá, tudo bem? Como você está se sentindo com o andamento do projeto?

Interlocutor B (Temperamento melancólico): Olá, estou bem, mas um pouco preocupado com o prazo de entrega. Acredito que precisamos de mais tempo para realizar as atividades com a qualidade necessária.

Interlocutor A: Compreendo suas preocupações. Mas você acha que é possível mantermos o prazo e garantirmos a qualidade do projeto ao mesmo tempo?

Interlocutor B: Acredito que sim, mas precisamos de mais recursos e uma equipe mais capacitada para cumprir as demandas.

Interlocutor A: Certo, vou avaliar as possibilidades de conseguirmos esses recursos e ver como podemos capacitar melhor a equipe. Obrigado pelo seu *feedback*.

Diálogo 2:

Interlocutor A (Líder do projeto): Olá, como você está vendo o andamento do projeto até o momento?

Interlocutor B (Temperamento colérico): Está tudo indo bem. A equipe está trabalhando de forma eficiente e os resultados estão sendo alcançados.

Interlocutor A: Fico feliz em saber disso. Mas você acha que podemos melhorar em algum aspecto?

Interlocutor B: Acho que podemos aumentar a comunicação entre a equipe e ter mais reuniões para alinhar as atividades.

Interlocutor A: Compreendo sua sugestão e vou avaliar a possibilidade de criarmos mais reuniões de alinhamento. Obrigado pelo seu *feedback*.

Diálogo 3:

Interlocutor A (Líder do projeto): Olá, como você avalia o andamento do projeto até o momento?

Interlocutor B (Temperamento sanguíneo): Está tudo ótimo! A equipe está muito motivada e trabalhando com bastante energia.

Interlocutor A: Que bom saber disso. Mas você acha que podemos melhorar em algum aspecto?

Interlocutor B: Acho que podemos explorar mais a criatividade da equipe para encontrar soluções inovadoras para o projeto.

Interlocutor A: Interessante sua sugestão. Vou avaliar como podemos incentivar mais a criatividade da equipe. Obrigado pelo seu *feedback*.

Diálogo 4:

Interlocutor A (Líder do projeto): Olá, como você vê o andamento do projeto até o momento?

Interlocutor B (Temperamento fleumático): Está tudo bem. A equipe está trabalhando de forma organizada e seguindo as orientações do projeto.

Interlocutor A: Que bom saber disso. Mas você acha que podemos melhorar em algum aspecto?

Interlocutor B: Acho que poderíamos ter uma documentação mais clara das atividades para facilitar o acompanhamento do projeto.

Interlocutor A: Entendo sua sugestão e vou avaliar como podemos melhorar a documentação das atividades. Obrigado pelo seu *feedback*.

É importante lembrar que esses temperamentos são apenas uma generalização e que cada indivíduo é único em sua maneira de responder às perguntas. No entanto, compreender as características gerais de cada temperamento pode ajudar a formular perguntas mais eficazes e interpretar as respostas de maneira mais precisa.

Vamos considerar outras perguntas e as possíveis respostas de cada tipo de temperamento.

Pergunta: Como você lidaria com uma situação em que seu superior lhe pedisse para fazer algo que você considerasse antiético?

- **Resposta da pessoa com temperamento colérico:** "Eu confrontaria meu superior imediatamente e deixaria claro que não me sinto confortável fazendo algo antiético. Se for preciso, eu buscaria outras opções e soluções, mas nunca comprometeria meus valores."

- **Resposta da pessoa com temperamento sanguíneo:** "Eu tentaria manter a calma e entender a situação antes de tomar qualquer decisão. Se eu acreditar que o pedido é realmente antiético, eu falaria com meu superior para tentar encontrar uma solução que seja eticamente correta e que ainda cumpra com as demandas do trabalho."
- **Resposta da pessoa com temperamento melancólico:** "Eu me sentiria muito desconfortável com essa situação e provavelmente precisaria de um tempo para processar e pensar em como agir. Depois de refletir, eu falaria com meu superior de forma respeitosa e clara sobre meus valores e tentaria encontrar uma solução que atenda a todos."
- **Resposta da pessoa com temperamento fleumático:** "Eu provavelmente ficaria em silêncio e ouviria as opções e justificativas do meu superior. Depois, eu iria refletir sobre a situação e tentar encontrar uma solução que atenda às demandas do trabalho e que também seja ética. Eu não sou do tipo que gosta de confrontos, então buscaria uma solução pacífica."

Pergunta: Como você reagiria se estivesse sobrecarregado de trabalho?

- **Resposta da pessoa com temperamento colérico:** "Eu trabalharia mais e mais rápido para conseguir dar conta do trabalho. Se eu não pudesse fazer tudo, eu delegaria tarefas para outras pessoas ou trabalharia além do horário normal para garantir que tudo estivesse feito."
- **Resposta da pessoa com temperamento sanguíneo:** "Eu tentaria manter a calma e priorizar as tarefas. Se ainda assim estivesse sobrecarregado, eu falaria com meu superior e pediria ajuda para delegar tarefas ou repensar a carga de trabalho."

- **Resposta da pessoa com temperamento melancólico:** "Eu me sentiria muito estressado e provavelmente teria dificuldade em me concentrar no trabalho. Eu tentaria refletir sobre o que está causando essa sobrecarga e buscaria opções para reduzir o estresse, como delegar tarefas ou conversar com meu superior."
- **Resposta da pessoa com temperamento fleumático:** "Eu tentaria manter a calma e trabalhar com uma perspectiva de longo prazo. Se eu não pudesse lidar com a carga de trabalho, eu conversaria com meu superior e buscaria uma solução pacífica e sensata para o problema."

Ao considerar o temperamento de alguém durante uma conversa, é possível ajustar a abordagem e as perguntas para obter as informações necessárias de maneira mais eficaz. Por exemplo, se você está conversando com um sanguíneo, é útil fazer perguntas abertas que permitam que ele compartilhe suas experiências e opiniões. Se você está conversando com um colérico, é melhor fazer perguntas diretas e enfatizar suas habilidades e conhecimentos. Com um melancólico, é importante fazer perguntas cuidadosas e respeitosas que enfatizem suas preocupações pessoais. E com um fleumático, é importante fazer perguntas que exigem reflexão e análise cuidadosa. Compreender o temperamento de alguém pode ser uma ferramenta útil para estabelecer um diálogo produtivo e significativo.

CARÁTER

O caráter está relacionado aos padrões de comportamento moral e ético de uma pessoa. Ele envolve a moralidade, os valores e os princípios pelos quais uma pessoa vive. O caráter é desenvolvido ao longo do tempo através da educação, experiências e interações sociais. É influenciado por fatores culturais, familiares e sociais. O caráter está relacionado a integridade, honestidade, responsabilidade, empatia e respeito pelos outros. Enquanto o temperamento nasce com a pessoa, o caráter é aprendido.

PERSONALIDADES E DIÁLOGO

A personalidade é composta pelo temperamento e caráter de uma pessoa, juntamente com outros elementos. É uma combinação de traços, padrões de pensamento, sentimentos e comportamentos que são característicos de uma pessoa e que a distinguem das outras. Ela é influenciada por fatores biológicos, genéticos, ambientais e sociais. A personalidade inclui características duradouras e estáveis, bem como comportamentos e reações que podem variar de acordo com a situação.

Resumindo, o temperamento está relacionado a traços inatos e biologicamente determinados, o caráter envolve padrões morais e éticos aprendidos ou vividos, enquanto a personalidade engloba uma combinação de traços, padrões de pensamento, sentimentos e comportamentos que são distintos para cada pessoa.

Carl Jung, psiquiatra suíço, desenvolveu uma teoria de tipos de personalidade que tem sido amplamente utilizada na psicologia. Jung argumentou que as pessoas têm diferentes maneiras de perceber e interpretar informações do mundo ao seu redor, e essas diferenças afetam a maneira como elas ouvem e respondem a perguntas.

Na teoria psicológica de Carl Jung, existem quatro principais funções psicológicas, cada uma com uma maneira única de pensar, sentir e agir no mundo. Esses tipos são baseados nas funções mentais dominantes de cada pessoa: pensar, sentir, perceber e intuir. Além disso, Jung também considerava a orientação da personalidade em relação ao mundo, que pode ser extrovertida ou introvertida. Uma pessoa com uma orientação extrovertida se concentra principalmente no mundo exterior e busca interação com outras pessoas, enquanto uma pessoa com uma orientação introvertida se concentra principalmente em seu mundo interior e em seus próprios pensamentos e sentimentos.

Características das quatro personalidades

Com base nessas ideias, podemos descrever os quatro principais tipos de personalidade de Jung:

Sentimental: As pessoas com esse tipo de personalidade têm a função mental dominante do sentimento. Elas são altamente sensíveis às emoções, tanto as suas quanto as dos outros. São muitas vezes preocupadas com o bem-estar dos outros e valorizam a harmonia nos relacionamentos. Podem ser introvertidas ou extrovertidas.

Reflexiva: As pessoas com esse tipo de personalidade têm a função mental dominante do pensamento. Elas são altamente analíticas e racionais, muitas vezes preferindo trabalhar com dados e informações concretas. Tendem a ser introvertidas e preferem passar tempo sozinhas para refletir e ponderar sobre as questões importantes.

Perceptiva: As pessoas com esse tipo de personalidade têm a função mental dominante da percepção. Elas são altamente conscientes de seu ambiente e muitas vezes são habilidosas em detectar pequenas mudanças e detalhes. São geralmente extrovertidas e se envolvem facilmente em atividades e novidades.

Intuitiva: As pessoas com esse tipo de personalidade têm a função mental dominante da intuição. Elas são altamente criativas e imaginativas, muitas vezes preferindo pensar em conceitos abstratos e teorias. Tendem a ser introvertidas e podem passar horas sonhando acordadas.

Extroversão e introversão

Cada uma das quatro personalidades mencionadas possui uma tendência dominante criando comportamentos extrovertidos ou introvertidos.

COMO AS PERSONALIDADES REAGEM EM UM DIÁLOGO

Cada um dos quatro tipos de personalidade de Jung pode ter uma abordagem diferente quando se trata de fazer e responder perguntas em um diálogo.

- **Sentimental:** pessoas com esse tipo de personalidade são geralmente empáticas e valorizam muito as relações interpessoais. Na hora de formular perguntas, elas podem ser mais inclinadas a fazer perguntas que buscam entender os sentimentos e as emoções dos outros. Na hora de responder, podem se concentrar em compartilhar seus próprios sentimentos e emoções.
- **Reflexiva:** pessoas com esse tipo de personalidade são mais analíticas e valorizam a lógica e a razão. Na hora de formular perguntas, podem ser mais propensas a fazer perguntas que buscam entender os argumentos e a lógica do outro. Na hora de responder, podem se concentrar em fornecer explicações e argumentos lógicos.
- **Perceptiva:** pessoas com esse tipo de personalidade são mais práticas e valorizam a experiência sensorial. Na hora de formular perguntas, podem ser mais propensas a fazer perguntas que buscam entender os detalhes e as nuances da situação. Na hora de responder, podem se concentrar em fornecer informações específicas e detalhadas.
- **Intuitiva:** pessoas com esse tipo de personalidade são mais imaginativas e valorizam a visão de futuro. Na hora de formular perguntas, podem ser mais propensas a fazer perguntas que buscam entender a perspectiva futura da situação. Na hora de responder, podem se concentrar em fornecer ideias e visões sobre como as coisas podem se desenvolver no futuro.

É importante lembrar que essas são apenas tendências gerais e que cada pessoa é única em sua abordagem às perguntas e respostas em um diálogo. Além disso, outros fatores, como a situação específica e a relação entre os interlocutores, também podem influenciar como cada pessoa se comporta durante uma conversa. Identificar qual dos quatro tipos de personalidade dominante tem o interlocutor pode ser importante para preparar perguntas e respostas mais eficazes, pois permite que a comunicação seja adaptada ao estilo de pensamento e comunicação da outra pessoa. Por exemplo, se o interlocutor tiver uma função de pensamento dominante, é provável que ele prefira abordagens lógicas e racionais, enquanto se o interlocutor tiver uma função de sentimento dominante, é provável que ele prefira abordagens mais empáticas e orientadas para a emoção.

Considerando as características de cada tipo de personalidade, como seriam as perguntas feitas por cada um desses tipos para uma pessoa que voltou de uma viagem ao Egito?

Vamos lá:

Sentimental extrovertida: "Como foi sua viagem ao Egito?", "Você sentiu alguma emoção especial quando visitou as pirâmides?".

Sentimental introvertida: "O que você achou do Egito?", "Foi uma experiência agradável para você?".

Reflexiva extrovertida: "Quais foram as coisas que você mais gostou de ver no Egito?", "O que você achou das pessoas e da cultura?".

Reflexiva introvertida: "Você pode descrever sua viagem ao Egito em detalhes?", "Como você se sentiu em cada lugar que visitou?".

▸▸

Perceptiva extrovertida: "Que lugares interessantes você visitou no Egito?", "O que você achou da comida e da música?".

Perceptiva introvertida: "Você notou alguma coisa interessante durante sua viagem ao Egito?", "Alguma coisa que talvez outras pessoas não tenham percebido?".

Intuitiva extrovertida: "Como você se conectou com a história e a cultura do Egito?", "Você teve alguma intuição ou experiência espiritual durante a viagem?"

Intuitiva introvertida: "Como a viagem ao Egito afetou você em nível pessoal?", "Você sentiu que descobriu algo novo sobre si mesmo ou sobre o mundo?".

Saber qual é a função psicológica dominante do interlocutor pode ajudar a estabelecer uma comunicação mais eficaz e evitar mal-entendidos ou conflitos.

Lembre-se que cada pessoa é única e pode apresentar diferentes combinações de funções psicológicas, portanto a comunicação também deve ser adaptada às características individuais de cada interlocutor.

EXPLORANDO OS TIPOS DE PERGUNTAS: A HISTÓRIA DE NARCISO

A história mitológica grega de Narciso é um conto trágico sobre um jovem bonito e orgulhoso que se apaixona por sua própria imagem refletida em um lago e acaba morrendo de tristeza e solidão.

Aqui está um breve resumo da história:

Narciso era um jovem de uma beleza incomparável, que vivia na Tessália, uma região da Grécia. Ele era tão bonito que

Eco e Narciso - 1903 - John William Waterhouse

Foto: Wikimedia Commons

todas as mulheres que o viam se apaixonavam por ele, mas Narciso não correspondia a nenhuma delas, pois ele era arrogante e egocêntrico. Um dia, ele foi caçar e se deparou com uma bela ninfa chamada Eco, que havia sido amaldiçoada por Hera, a esposa de Zeus, que a puniu por distraí-la e acobertar com conversas e cantos as escapadas extraconjugais de Zeus, e só podia repetir as últimas palavras que ouvia.

Narciso se afastou de Eco, pois não queria perder tempo com ela, mas a ninfa ficou tão apaixonada por ele que passou a seguí-lo em todos os lugares. Ele acabou descobrindo a presença de Eco e a rejeitou com desprezo, fazendo com que ela morresse de tristeza.

Um dia, andando pela floresta, ele se deparou com um lago cristalino e decidiu beber da água. Ao se inclinar sobre a superfície do lago, Narciso viu sua própria imagem refletida pela primeira vez e se apaixonou por si mesmo. Ele ficou tão obcecado por sua própria beleza que passou horas e dias olhando para sua própria imagem refletida na água, recusando-se a deixar o lago ou a comer e beber qualquer coisa. Narciso finalmente percebeu que não poderia se unir à imagem refletida, o que o levou a morrer de tristeza e solidão. No lugar onde ele morreu, cresceu uma bela flor com pétalas brancas e centros dourados, que ficou conhecida como a flor de Narciso.

A história de Narciso é vista como uma alegoria sobre a vaidade excessiva e os perigos do amor próprio exagerado. Ela também simboliza a natureza efêmera da beleza e da juventude, e a inevitabilidade da morte.

Agora, considerando as oito categorias de perguntas, mostraremos algumas sugestões para cada uma delas baseadas no texto.

1. Perguntas fechadas:

- Narciso era um jovem bonito? (Sim)
- Todas as mulheres se apaixonavam por ele? (Sim)
- Narciso amava alguém? (Não)
- Eco era uma ninfa amaldiçoada? (Sim)
- Narciso ficou encantado com sua própria beleza? (Sim)
- Narciso morreu de sede e fome? (Sim)

2. Perguntas abertas:

- Onde vivia Narciso?
- Como era a personalidade de Narciso?
- Por que Eco seguia Narciso em todos os lugares?
- O que aconteceu com Eco após a rejeição de Narciso?
- Como Narciso reagiu ao ver sua imagem refletida no lago?

3. Perguntas retóricas:

- Quem nunca se sentiu atraído por sua própria imagem?
- O que é pior: ser rejeitado ou rejeitar alguém?
- Será que Narciso teria sobrevivido se tivesse sido menos vaidoso?

4. Perguntas de sondagem:

- Você acha que a vaidade é um traço negativo?
- Você já se apaixonou por alguém que não te correspondia?

- Você já teve dificuldade para se afastar de algo que te encantou?
- Como você acha que Narciso teria reagido se tivesse visto a imagem de outra pessoa em vez da sua própria imagem refletida no lago?

5. Perguntas de projeção:

- O que você faria se fosse tão bonito quanto Narciso?
- Como você acha que se sentiria se fosse rejeitado por alguém que amava?
- Se você fosse Eco, o que faria ao ser rejeitado por Narciso?
- Como você acha que seria o desfecho da história se Narciso não tivesse se apaixonado por si mesmo?

6. Perguntas de clarificação:

- Por que Hera amaldiçoou Eco?
- Como Narciso descobriu a presença de Eco?
- Por que Narciso não correspondeu ao amor de Eco?
- Por que Narciso não correspondia ao amor das mulheres?
- O que aconteceu com Narciso após sua morte?
- Qual é o objetivo da alegoria da história de Narciso?

7. Perguntas hipotéticas:

- E se Narciso tivesse correspondido ao amor de Eco, como a história teria sido diferente?
- E se Narciso tivesse se afastado do lago após se ver refletido nele, ele teria sobrevivido?
- Como seria o mundo se não existisse a vaidade?

8. Perguntas de validação:

- Você concorda que a história de Narciso é uma alegoria sobre os perigos da vaidade?

- Você acha que a rejeição de Narciso foi a causa da morte de Eco?
- Você acha que a história de Narciso tem uma mensagem importante para a sociedade atual?
- Você concorda que o amor próprio saudável é diferente do egoísmo?

Esses exercícios são uma ótima maneira de praticar a criação de perguntas em diferentes categorias. Eles ajudam a desenvolver a habilidade de fazer perguntas eficazes e a compreender melhor o texto em questão.

FINALIZANDO

O diálogo é uma ferramenta fundamental na vida social e é importante que ele seja produtivo e respeitoso levando em conta vários fatores como a personalidade, o temperamento, os fatores sociais, culturais, hierárquicos e o contexto em que ocorre. As perguntas são essenciais para a condução de um diálogo e o resultado desejado. Entender quais os tipos de pergunta, suas finalidades e contexto de uso das mesmas é essencial para o sucesso de um diálogo.

ATIVIDADES PROPOSTAS

Parte 1: O rapto de Perséfone

Baseado na história "O rapto de Perséfone" da mitologia grega mostrada a seguir crie pelo menos 4 perguntas para cada uma das oito categorias de perguntas usadas na história de Narciso.

O rapto de perséfone - 1636 - Peter Paul Rubens

O rapto de Perséfone é uma das histórias mais conhecidas da mitologia grega. Segundo a lenda, Perséfone era a filha de Deméter, deusa da agricultura, e Zeus, o rei dos deuses. Ela era uma jovem muito bela e inocente, e costumava passar o tempo colhendo flores no campo.

Um dia, enquanto colhia flores, Perséfone foi surpreendida por Hades, o deus do submundo. Ele emergiu de uma fenda no chão e a sequestrou, levando-a para seu reino sombrio. Perséfone ficou muito assustada e começou a chorar e a clamar por sua mãe.

Enquanto isso, Deméter, que estava em outro lugar do mundo cuidando da agricultura, começou a sentir a falta de sua filha. Ela procurou por ela por todos os lugares, mas não conseguiu encontrá-la. Desesperada, Deméter abandonou suas responsabilidades e viajou pelo mundo em busca de Perséfone. Finalmente, depois de muito tempo, Deméter descobriu que Hades havia raptado sua filha e a levado para o submundo. Ela ficou arrasada e passou a se recusar a fazer qualquer coisa, deixando a terra infértil e os humanos sofrendo com a falta de alimento.

Comovido com a tristeza de Deméter e com a situação dos humanos, Zeus decidiu intervir. Ele ordenou que Hades libertasse Perséfone, mas o deus do submundo não queria abrir mão de sua nova esposa. Então, Zeus propôs um acordo: Perséfone passaria parte do ano com Hades no submundo e a outra parte com sua mãe na superfície. Perséfone concordou com o acordo e, desde então, passa seis meses do ano no submundo com Hades e seis meses na terra com sua mãe Deméter. Esse ciclo é associado ao surgimento e desaparecimento das estações do ano, sendo a primavera e o verão a época em que Perséfone está com sua mãe e o outono e o inverno quando ela retorna ao submundo com Hades.

Parte 2

1. Qual é uma característica das perguntas abertas?

a) Têm uma resposta específica.
b) Permitem respostas mais amplas.
c) Buscam obter informações detalhadas.
d) Fazem a pessoa refletir sobre seus sentimentos.

2. Qual é o melhor uso das perguntas fechadas?

a) Obter informações detalhadas.
b) Fazer a pessoa refletir sobre seus sentimentos.
c) Clarificar pontos específicos.
d) Ter respostas específicas, geralmente sim ou não.

3. O que as perguntas de sondagem buscam obter?

a) Respostas mais amplas.
b) Informações detalhadas.
c) Reflexão sobre sentimentos.
d) Esclarecimento de pontos específicos.

4. Qual é a finalidade das perguntas de clarificação?

a) Obter informações detalhadas.
b) Fazer a pessoa refletir sobre seus sentimentos.
c) Validar os sentimentos ou opiniões da outra pessoa.
d) Esclarecer pontos específicos ou obter mais informações.

5. O que as perguntas reflexivas fazem com a outra pessoa?

a) Buscam obter informações detalhadas.
b) Fazem a pessoa refletir sobre seus sentimentos.
c) Validam os sentimentos ou opiniões da outra pessoa.
d) Projetam possíveis cenários no futuro.

6. Qual é o objetivo das perguntas de validação?

a) Obter informações detalhadas.
b) Fazer a pessoa refletir sobre seus sentimentos.
c) Esclarecer pontos específicos ou obter mais informações.
d) Validar os sentimentos ou opiniões da outra pessoa.

7. O que as perguntas de projeção buscam obter?

a) Respostas mais amplas.
b) Informações detalhadas.
c) Reflexão sobre sentimentos.
d) Projetar possíveis cenários no futuro.

8 Qual é a finalidade das perguntas hipotéticas?

a) Obter informações detalhadas.
b) Fazer a pessoa refletir sobre seus sentimentos.
c) Validar os sentimentos ou opiniões da outra pessoa.
d) Obter informações sobre como a pessoa lidaria com uma situação hipotética.

9. O que as perguntas retóricas buscam provocar?

a) Respostas mais amplas.
b) Reflexão sobre sentimentos.
c) Projeção de possíveis cenários no futuro.
d) Não precisam de resposta, apenas provocam reflexão.

Respostas:
Parte 2 - 1.b; 2.d; 3.b; 4.d; 5.b; 6.d; 7.d; 8.d; 9.d

Foto: Vecteezy

CAPÍTULO 6

A Arte de Ouvir e Refletir

> Somos mais fortes quando ouvimos e mais inteligentes quando compartilhamos.
>
> *Rania Al Abdullah*
> (*1970, Rainha consorte da Jordânia)

ESCUTAR X OUVIR

Ouvir é o ato físico de receber os sons no sistema auditivo, mas não necessariamente implica em analisar, compreender ou reagir apropriadamente ao que está sendo ouvido. É uma percepção sensorial passiva dos sons ao redor, sem um engajamento ativo na compreensão da mensagem.

Por outro lado, escutar envolve um processamento mais ativo dos sons recebidos, com o objetivo de compreender a mensagem, interpretar seu significado e responder ou reagir de maneira apropriada.

Portanto, é possível ouvir sem escutar, mas não escutar sem ouvir. Por exemplo, quando você está em uma sala cheia de pessoas conversando, você pode ouvir vários sons, mas não escutar cada um. Já quando você está em uma conversa com alguém, você pode escutar o que a pessoa está dizendo e responder adequadamente. Seja através de uma resposta verbal, demonstração de empatia, tomada de notas, fazendo perguntas para esclarecer ou tomar ações adequadas com base na informação recebida. A escuta ativa requer atenção consciente e intencional para compreender plenamente a mensagem e responder de maneira eficaz, levando em consideração o contexto e as necessidades dos outros envolvidos na comunicação.

Percepção sensorial:

Ouvir geralmente se refere à percepção sensorial dos sons com os ouvidos. É um processo físico passivo em que os sons são detectados pelos ouvidos, mas não necessariamente envolve uma compreensão consciente do que está sendo dito ou uma resposta ativa.

Compreensão e interpretação:

Escutar, por outro lado, vai além da percepção sensorial e implica em compreensão e interpretação ativa do que está sendo dito. Escutar envolve prestar atenção consciente ao que está sendo dito, interpretar o significado das palavras, compreender a mensagem e processá-la mentalmente.

Foco e atenção:

Escutar geralmente requer um maior nível de foco e atenção do que simplesmente ouvir. Ouvir pode acontecer de forma passiva, enquanto escutar envolve estar verdadeiramente presente e concentrado no que está sendo comunicado.

Resposta e feedback:

Escutar também pode envolver uma ação, como fazer perguntas, fornecer feedback ou demonstrar compreensão. É um processo mais interativo, em que há uma troca de informações entre o ouvinte e o falante.

Exemplos de ouvir e de escutar:

- **Ouvir:** Você está em um café lotado e ouve os sons das pessoas falando ao seu redor, mas não presta muita atenção ao que estão dizendo. É uma percepção sensorial passiva dos sons ao seu redor.
- **Escutar:** Você está em uma aula na universidade , escutando o professor atentamente, tomando notas, fazendo perguntas e tentando entender o conteúdo para aprendizado posterior. Você está ativamente engajado na compreensão da matéria.
- **Ouvir:** Você está em uma reunião de negócios e ouve as apresentações dos colegas, mas está mais preocupado com suas próprias ideias e não dá muita atenção ao que os outros estão dizendo.
- **Escutar:** Você está em uma reunião de negócios e escuta atentamente as apresentações dos colegas, fazendo anotações, fazendo perguntas relevantes e considerando ativamente suas contribuições na tomada de decisões. Você está envolvido na troca de informações e na busca de soluções coletivas.

TRANSFORMANDO OUVIR EM ESCUTAR

Muitas vezes, as pessoas são rápidas em responder sem realmente processar a informação que acabaram de ouvir. Existem ferramentas que podem ser usadas em um diálogo para torná-lo mais eficaz. Reflexão, meditação, silêncio, escuta ativa, pensamento crítico e análise lógica são componentes do hiato entre a pergunta e a resposta. Debaixo do guarda-chuva do verbo ouvir, eles são essenciais para o bom termo da comunicação. Neste capítulo, serão discutidos os benefícios dessas ferramentas e como é possível processar informações e pensar antes de responder. Serão explorados exemplos de situações em que as ferramentas nos levam a uma resposta mais efetiva, como em debates políticos, em situações de conflito pessoal ou em situações de negociação.

As reclamações mais frequentes que ouvimos das pessoas são "Eu falo, mas ninguém me escuta!" ou "Para que me dar o trabalho de falar?", "Ninguém quer mesmo escutar o que quero dizer", "Parece que sou invisível para o grupo".

Escutar outra pessoa é um ato poderoso que mostra respeito e valorização. Por outro lado, não escutar transmite desrespeito.

Existem várias razões pelas quais as pessoas podem não escutar efetivamente os outros.

Uma razão comum é a falta de tempo. No mundo acelerado de hoje, as pessoas muitas vezes estão ocupadas e podem não priorizar o tempo para realmente ouvir os outros. Distrações como a tecnologia, multitarefa e agendas lotadas podem contribuir para hábitos de escuta inadequados.

Outra razão é simplesmente não querer ouvir. Isso pode decorrer de preconceitos pessoais, falta de interesse ou da crença de que as próprias opiniões são mais importantes. Julgar os outros ou suas opiniões também pode prejudicar a escuta eficaz, pois fecha a oportunidade de entender e apreciar verdadeiramente perspectivas diferentes.

Sentimentos de impotência ou desamparo também podem afetar a escuta. Se alguém está lidando com seus próprios problemas ou desafios, pode não ter a capacidade mental ou emocional para se envolver plenamente na escuta dos outros. Isso pode resultar em uma escuta superficial ou em não estar completamente presente no momento.

Fatores socioculturais também podem influenciar os comportamentos de escuta. Certas normas culturais ou educação podem desencorajar ou desvalorizar a escuta ativa, levando a uma falta de ênfase nessa habilidade importante. No entanto, é importante reconhecer que a escuta ativa é um aspecto fundamental da comunicação eficaz e da construção de relacionamentos saudáveis. Isso requer estar presente, deixar de lado preconceitos e julgamentos, e mostrar interesse genuíno no que a outra pessoa tem a dizer. Envolve não apenas ouvir as palavras, mas também entender as emoções, pensamentos e perspectivas por trás delas.

O mediador entre a mente e as mãos deve ser o coração

A frase "O mediador entre a mente e as mãos deve ser o coração" é dita pela personagem Maria em uma cena icônica do filme Metrópolis, de 1927, durante um discurso para os trabalhadores da cidade.

Cena do filme Metrópolis, 1927

Na cena, Maria está tentando convencer os trabalhadores a se unirem e lutar por seus direitos. Ela enfatiza que a força da unidade e da solidariedade só pode ser alcançada quando as pessoas encontram um equilíbrio entre a mente, as mãos e o coração. A frase em si sugere que não é suficiente que uma pessoa seja habilidosa e inteligente, mas que precisa ter empatia e compaixão para trabalhar pelo bem comum.

No contexto de comunicação, a frase de Maria é uma reflexão sobre a importância da conexão emocional na transmissão de uma mensagem. Embora a lógica e a razão sejam importantes para comunicar ideias, a conexão emocional é crucial para que a mensagem seja bem recebida e compreendida pelo público. A frase enfatiza que as pessoas devem ser capazes de se conectar com a mensagem e que isso só pode ser alcançado quando há um equilíbrio entre a razão e a emoção. Em resumo, a frase de Maria é uma reflexão sobre a importância de encontrar um equilíbrio saudável entre diferentes aspectos da vida e comunicação. Ela sugere que a conexão emocional é tão importante quanto a lógica e a razão, especialmente quando se trata de comunicar ideias para uma audiência.

DIMINUINDO A VELOCIDADE PARA ACELERAR OS RESULTADOS

Em um mundo cada vez mais acelerado, onde muitas vezes estamos correndo de uma tarefa para outra, é importante reservar tempo para conversas ponderadas e reflexivas. O diálogo é uma ferramenta valiosa para desacelerar o ritmo da conversação e permitir uma compreensão mais profunda do que está acontecendo por trás de toda a agitação. Em muitos casos, estamos constantemente lidando com problemas e reagindo a situações urgentes, como se estivéssemos combatendo incêndios o tempo todo. No entanto, a reflexão dentro de um diálogo pode nos ajudar a dar um passo para trás, analisar a raiz dos problemas e considerar soluções criativas e inovadoras.

Ao invés de simplesmente repetirmos os mesmos padrões de comportamento do passado, o diálogo nos encoraja a explorar novas direções e oportunidades para o futuro. Quando estamos ocupados demais para ouvir verdadeiramente os outros, perdemos a oportunidade de construir relacionamentos mais significativos e de criar um ambiente de compreensão e respeito mútuo. Portanto, mesmo em um mundo acelerado, diminuir a velocidade para dialogar pode nos ajudar a ir mais longe e ter mais qualidade em nossos relacionamentos e interações com os outros.

REFLEXÃO

A reflexão é uma parte essencial do diálogo, pois permite que os participantes compreendam melhor as informações e argumentos apresentados pelo outro e formulem respostas mais adequadas. Através da reflexão, é possível analisar as informações com mais profundidade, ponderar os prós e contras de diferentes abordagens e chegar a conclusões mais informadas.

A reflexão proposta pela frase de Maria sugere que uma mensagem que é baseada puramente na lógica pode ser limitada em seu impacto emocional, enquanto uma mensagem baseada somente nas emoções pode ser menos precisa e menos efetiva em termos de sua capacidade de convencer e influenciar o público. Porém, quando há um equilíbrio entre a lógica e a emoção, a mensagem se torna mais equilibrada e completa, capaz de convencer e engajar a audiência. A escuta ativa é uma das técnicas de reflexão mais eficazes, pois permite que o ouvinte compreenda o que o interlocutor está tentando comunicar de maneira mais completa e precisa. Isso envolve não apenas prestar atenção nas palavras ditas, mas também em como elas são ditas. Isso significa estar ciente de expressões faciais, tom de voz e linguagem corporal. A escuta ativa pode ajudar a estabelecer um diálogo mais eficaz, permitindo que o interlocutor se sinta ouvido e compreendido.

Veremos esse tópico em detalhes nos próximos capítulos. Outra técnica importante é o silêncio. Às vezes, quando ouvimos algo que nos surpreende ou choca, podemos ter uma reação instantânea e responder de forma impulsiva. No entanto, o silêncio pode ser uma ferramenta útil para dar tempo para processar as informações e formular uma resposta mais adequada. O silêncio também pode ajudar a evitar mal-entendidos e garantir que as informações sejam compreendidas corretamente antes de responder.

O ATO DE SILENCIAR

O silêncio pode ser uma resposta em si, e muitas vezes é uma ferramenta poderosa para melhorar a comunicação. No entanto, é importante usar o silêncio de forma construtiva para evitar mal-entendidos.

O silêncio pode ser uma resposta em si quando um dos interlocutores está pensando ou processando as informações. Nesses momentos, é importante permitir que a pessoa tenha um tempo para refletir e formular uma resposta adequada. O silêncio também pode ser usado para sinalizar que uma conversa está se tornando tensa ou emotiva demais, permitindo que as pessoas se acalmem antes de continuar. É importante usar o silêncio de forma construtiva e consciente. No entanto, ele deve ser usado com moderação e com uma compreensão clara do seu impacto no diálogo. Por exemplo, em uma situação de conflito, pausas e momentos de silêncio podem ajudar a reduzir a tensão e permitir que ambas as partes ouçam e entendam melhor o ponto de vista do outro.

Um exemplo de como o silêncio pode ser usado de forma construtiva é durante uma entrevista de emprego. Se um candidato é questionado sobre uma experiência específica em sua carreira, ele pode pausar por alguns segundos antes de responder, permitindo que ele organize suas ideias e forneça uma resposta mais completa e coerente. Contudo, se o silêncio for muito longo pode transmitir insegurança.

MEDITAÇÃO

A meditação também pode ser uma ferramenta útil para a reflexão. A meditação envolve o foco na respiração e no momento presente, permitindo que a mente se acalme e fique mais clara. Isso pode ajudar a eliminar distrações e ajudar a pessoa a se concentrar nas informações que estão sendo apresentadas, bem como ajudá-la a tomar decisões mais conscientes e informadas. A meditação não é algo que se faz durante o diálogo, mas sim antes ou depois dele. A meditação pode ajudar a preparar a mente para o diálogo, tornando-a mais aberta, receptiva e empática. Também pode ajudar a processar o diálogo depois que ele termina, permitindo uma reflexão mais profunda e uma integração dos aprendizados. A meditação pode ser uma aliada para melhorar a comunicação e o relacionamento com os outros.

PENSAMENTO CRÍTICO E ANÁLISE LÓGICA

Pensamento crítico e análise lógica são duas habilidades cognitivas inter-relacionadas que envolvem a capacidade de avaliar informações, identificar inconsistências e chegar a conclusões informadas.

O pensamento crítico envolve a habilidade de questionar informações, considerar diferentes perspectivas, avaliar a credibilidade da fonte de informação e chegar a uma conclusão ba-

seada em evidências. É uma habilidade essencial em todas as áreas da vida, incluindo no trabalho, nas relações pessoais e na tomada de decisões. Por outro lado, a análise lógica envolve a habilidade de avaliar o raciocínio, identificar padrões e construir argumentos coerentes. É uma habilidade fundamental em áreas como a filosofia, matemática e ciência.

Juntas, essas habilidades ajudam a desenvolver uma mente crítica e racional, capaz de avaliar informações de forma precisa e construir argumentos lógicos e fundamentados. Através da prática do pensamento crítico e da análise lógica, podemos melhorar nossa capacidade de tomada de decisões e nos tornarmos indivíduos mais informados e conscientes.

Um exemplo de pensamento crítico e análise lógica no contexto corporativo é o seguinte:

- **Premissa 1:** A empresa X está com baixa produtividade e alto turnover.
- **Premissa 2:** A empresa X tem uma cultura organizacional tóxica e desmotivadora.
- **Conclusão:** A cultura organizacional da empresa X é a causa da baixa produtividade e do alto turnover.

Essa é uma análise lógica que usa um argumento indutivo, ou seja, que parte de observações específicas para chegar a uma conclusão geral. A força do argumento depende da probabilidade de que as premissas levem à conclusão. O pensamento crítico pode avaliar se as premissas são suficientes e relevantes para sustentar a conclusão, se há outras causas possíveis para os problemas da empresa, se há dados que confirmem ou refutem as premissas, se há soluções viáveis para melhorar a cultura organizacional, etc.

Exemplo de pensamento crítico

Imagine que você leu uma notícia alarmante em uma rede social sobre a eficácia de uma vacina. Em vez de simplesmente acreditar e compartilhar a notícia, você decide fazer uma pesquisa mais aprofundada sobre a fonte e verificar se há outras fontes confiáveis que confirmam a mesma informação. Você também pode tentar encontrar estudos científicos sobre a vacina em questão para avaliar sua eficácia. Em vez de simplesmente aceitar o que é apresentado a você, você está usando sua habilidade de pensamento crítico para analisar e avaliar as informações e chegar a uma conclusão fundamentada.

Exemplo de análise lógica

Suponha que você esteja enfrentando um problema complexo no trabalho e precisa tomar uma decisão difícil. Em vez de tomar uma decisão com base em sua intuição ou emoções, você decide realizar uma análise lógica do problema. Você divide o problema em partes menores e avalia cada parte separadamente, identificando os pontos fracos e fortes de cada opção. Você também pode fazer uma lista dos possíveis resultados e avaliar as implicações de cada um deles. Ao final, você usa a lógica e a razão para chegar a uma decisão informada e fundamentada.

REFLETINDO SOBRE A REFLEXÃO

A arte de refletir envolve o processo de contemplar ideias e experiências com a intenção de entender melhor a si mesmo e o mundo ao seu redor. A reflexão pode ser realizada através de diferentes práticas, incluindo o silêncio, a meditação, o pensamento crítico e a análise lógica. O silêncio é uma ferramenta poderosa na reflexão, pois nos permite desconectar das distrações e do ruído externo, possibilitando que nossos pensamentos se organizem de forma mais clara e significativa. A meditação é outra técnica que pode ajudar a cultivar a reflexão através da concentração na respiração e da observação dos pensamentos e sensações sem julgamento.

O pensamento crítico e a análise lógica são importantes na arte da reflexão, pois nos ajudam a avaliar de forma objetiva as ideias e informações que encontramos. O pensamento crítico envolve análise cuidadosa e questionamento dos argumentos, evidências e conclusões, enquanto a análise lógica usa a razão e a lógica para avaliar a validade e a consistência de um argumento. Ao combinar essas técnicas de reflexão, podemos desenvolver uma compreensão mais profunda e significativa de nossas experiências, pensamentos e emoções. A arte de refletir não só nos permite crescer pessoalmente, mas também pode nos ajudar a tomar decisões mais informadas e conscientes na vida.

A ESCADA DA INFERÊNCIA – EVITANDO SALTAR PARA A CONCLUSÃO SEM REFLEXÃO

Os conceitos apresentados até aqui mostram que, após obtermos uma mensagem, devemos usar da reflexão, silêncio e análise para processá-la antes de executarmos uma ação ou reação. Esse processo pode ser representado pela escada da inferência, um conceito desenvolvido por Chris Argyris. Inferência é uma operação intelectual por meio da qual se afirma a verdade de uma proposição em decorrência de sua ligação com outras já reconhecidas como verdadeiras.

Essa ideia descreve um processo mental natural que ocorre em nossas mentes ao tomarmos decisões ou tirarmos conclusões com base em nossas percepções e interpretações pessoais. Nesse modelo de seis degraus, devemos passar por todos eles de forma que quando chegarmos ao alto, a ação, todas as etapas abaixo foram executadas.

Infelizmente acabamos pulando vários degraus no processo e tornando o diálogo menos efetivo.

A escada da inferência é composta por seis ou sete degraus, que representam os passos que tendemos a seguir em nossas mentes ao interpretar uma situação ou evento:

1. **Observação dos fatos:** É o primeiro degrau, onde ocorre a observação objetiva dos fatos ou eventos, com base em dados concretos disponíveis.

2. **Seleção de fatos:** No segundo degrau, a pessoa seleciona quais fatos observados são relevantes e dignos de atenção, deixando de lado outros fatos.

3. **Interpretação dos fatos:** No terceiro degrau, a pessoa atribui significado aos fatos selecionados com base em suas experiências anteriores, crenças, valores e emoções, interpretando-os de acordo com sua própria perspectiva.

4. **Criando suposições:** No quarto degrau, a pessoa cria opiniões com base em sua interpretação dos fatos, desenvolvendo uma compreensão subjetiva da situação.

5. **Extração de conclusões:** No quinto degrau, a pessoa tira conclusões com base em suas crenças e interpretações anteriores, formando juízos de valor ou assumindo posições.

6. **Desenvolvimento de ações:** No sexto degrau, a pessoa decide quais ações tomar com base em suas conclusões, formando um plano de ação.

7. **Ação:** O sétimo degrau é onde a pessoa efetivamente coloca em prática as ações decididas anteriormente, tomando medidas concretas com base em suas conclusões e planos de ação.

A escada da inferência destaca como nossas percepções e interpretações pessoais podem influenciar nossas ações e decisões. Ela também ressalta que muitas vezes tiramos conclusões e agimos com base em inferências e crenças inconscientes, o que pode levar a mal-entendidos, conflitos e decisões inadequadas. A compreensão dessa escada pode nos ajudar a desenvolver a consciência de nossos próprios processos mentais e a questionar nossas inferências e crenças. Isso pode nos permitir ter uma visão mais objetiva e aberta das situações, evitando assumir automaticamente que nossas interpretações são corretas e buscando informações adicionais através da reflexão para embasar nossas decisões.

IDENTIFICANDO ONDE VOCÊ SE ENCONTRA NA ESCADA DE INFERÊNCIA

A escada da inferência pode ser aplicada em qualquer estágio do processo de tomada de decisão, não apenas após uma escolha ter sido feita. Para identificar em qual degrau da escada você está, é necessário refletir sobre até onde você chegou em seu processo de pensamento. Isso pode exigir alguma introspecção. Se você estiver se sentindo empacado, pode tentar subir a escada ao fazer as seguintes perguntas:

1. **Quais são os fatos de sua situação?** Se você está focando apenas em fatos objetivos e observáveis, você pode estar no primeiro degrau da escada, que é a coleta de dados observáveis.

2. **Em quais evidências você está focando?** Se você está interpretando e selecionando evidências com base em suas próprias perspectivas e crenças, você pode estar no segundo e terceiro degrau da escada, que são a seleção de dados e interpretação dos dados.

3. **Que suposições você fez com base em suas experiências ou crenças anteriores?** Se você está fazendo suposições sobre a situação com base em suas experiências ou crenças anteriores, você pode estar no quarto degrau da escada, que é a inferência.

4. **Você chegou a uma conclusão sobre a situação?** O que é? Se você já chegou a uma conclusão sobre a situação com base em suas inferências e suposições, você pode estar no quinto degrau da escada, que é a formação de crenças.

5. **Qual das suas crenças essa situação reforça?** Você adotou uma nova crença com base no que aconteceu aqui? Se você está relacionando a situação atual a suas crenças pessoais e reforçando ou adotando novas crenças com base nisso, você pode estar no sexto degrau da escada, que é a consolidação de crenças.

6. **Que ação você tomou?** Se você já tomou alguma ação com base em suas crenças e conclusões, você pode estar no sétimo degrau da escada, que é a ação.

Lembrando que a escada da inferência é uma representação conceitual, e não é necessariamente uma progressão linear. É possível voltar e avançar em diferentes degraus da escada durante o processo de tomada de decisão. É importante estar consciente dos degraus da escada da inferência e refletir sobre como nossos próprios processos de pensamento podem influenciar nossas decisões e ações e consequentemente como conduzimos nossas conversas e diálogos.

ATIVIDADES PROPOSTAS

1. O que é a reflexão no diálogo?

a) É um método para se comunicar apenas com emoções.

b) É um momento em que o ouvinte não presta atenção nas palavras do interlocutor.

c) É uma técnica para se analisar informações com mais profundidade e formular respostas mais adequadas.

2. Qual é a mensagem por trás da frase "o mediador entre a mente e as mãos deve ser o coração"?

a) Que a lógica é a única coisa que importa na transmissão de uma mensagem.

b) Que o coração é o único aspecto importante na transmissão de uma mensagem.

c) Que é importante encontrar um equilíbrio entre diferentes aspectos da vida e da comunicação.

3. O que é a escuta ativa?

a) Uma técnica para prestar atenção apenas nas palavras ditas.

b) Uma técnica para prestar atenção na expressão facial, tom de voz e linguagem corporal.

c) Uma técnica para não prestar atenção no que o interlocutor está dizendo.

4. Por que o silêncio é uma ferramenta útil na comunicação?

a) Para ignorar o interlocutor.

b) Para não prestar atenção nas informações.

c) Para dar tempo para processar as informações e formular uma resposta mais adequada.

5. Qual é a importância de um equilíbrio entre a lógica e a emoção na comunicação?

a) A lógica é mais importante que a emoção na comunicação.

b) A emoção é mais importante que a lógica na comunicação.

c) Um equilíbrio entre a lógica e a emoção torna a mensagem mais completa, capaz de convencer e engajar a audiência.

6. O que é pensamento crítico?

a) Uma técnica para acreditar em tudo que ouvimos.

b) Uma técnica para questionar, analisar e avaliar informações de forma lógica e sistemática.

c) Uma técnica para não pensar em nada.

7. O que é meditação?

a) Uma técnica para ouvir música.

b) Uma técnica para ficar em silêncio.

c) Uma técnica para concentrar a mente em um único objeto, pensamento ou atividade para alcançar clareza mental e emocional.

8. O que é análise lógica?

a) Uma técnica para entender as emoções do interlocutor.

b) Uma técnica para analisar informações com mais profundidade e formular respostas mais adequadas.

c) Uma técnica para questionar, avaliar e inferir informações usando a lógica e a razão.

9. Qual é a importância da conexão emocional na transmissão de uma mensagem?

a) A conexão emocional é menos importante do que a lógica na transmissão de uma mensagem.

b) A conexão emocional é tão importante quanto a lógica na transmissão de uma mensagem.

c) A conexão emocional é mais importante do que a lógica na transmissão de uma mensagem.

Respostas: 1.c; 2.c; 3.b; 4.c; 5.c; 6.b; 7.c; 8.c; 9.b

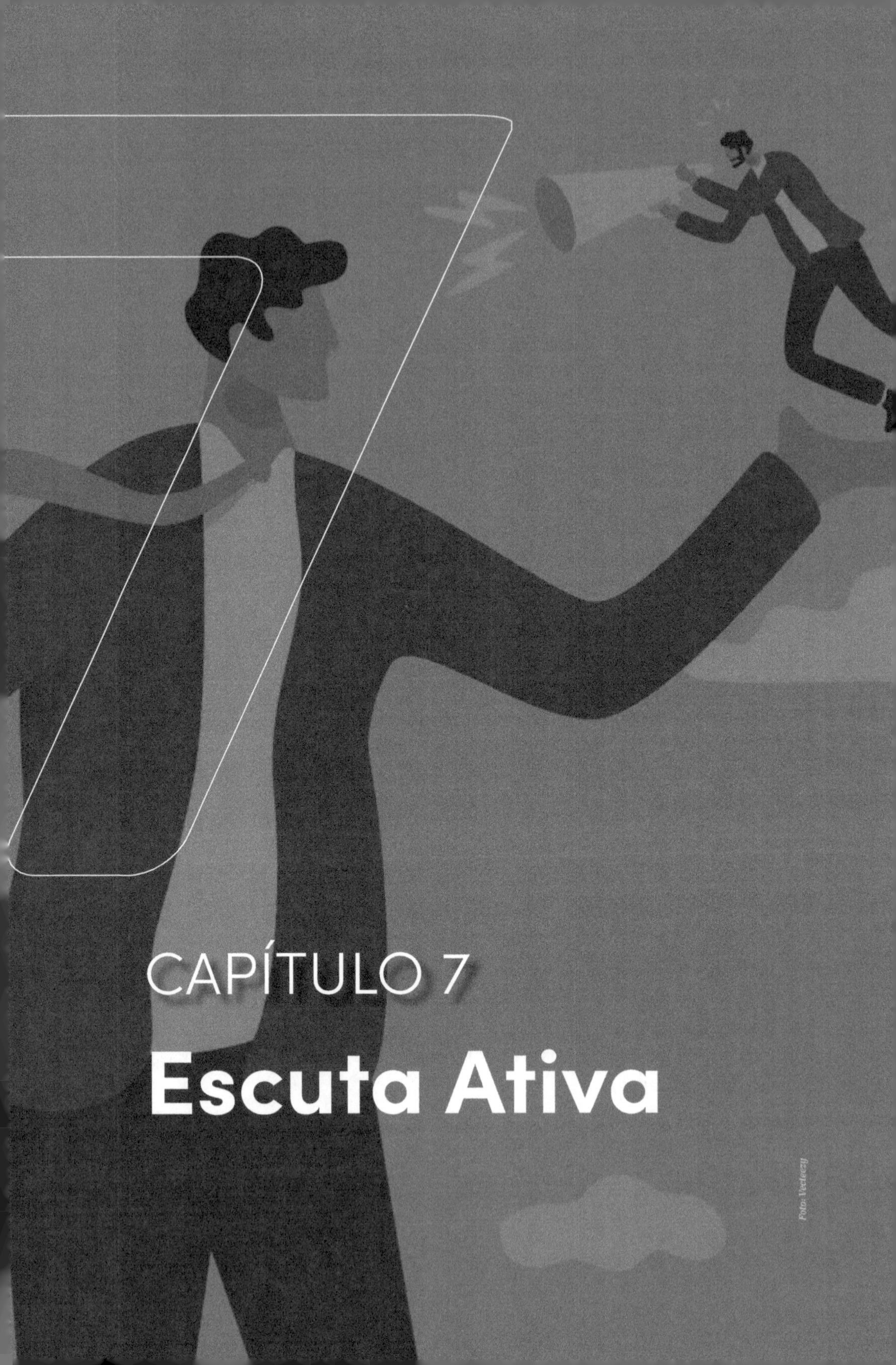

Foto: Vecteezy

CAPÍTULO 7

Escuta Ativa

> **Existe apenas uma regra para ser um bom falante: aprender a ouvir.**
>
> *Christopher Morley*
> (1890-1957, jornalista e romancista norte-americano)

A escuta ativa é uma habilidade de comunicação fundamental que envolve prestar atenção total ao que a outra pessoa está dizendo. Quando ouvimos ativamente, estamos focados na pessoa que está falando, fazendo perguntas claras e prestando atenção em sua linguagem corporal e tom de voz. Ao contrário da escuta passiva, em que estamos apenas esperando a nossa vez de falar, a escuta ativa requer que estejamos completamente presentes no momento. A escuta ativa como conceito foi cunhada por Carl Rogers, um psicólogo americano, na década de 1950. Rogers acreditava que a escuta ativa era um componente crucial da terapia centrada no cliente, uma abordagem terapêutica que enfatiza a compreensão do ponto de vista do paciente e a criação de um ambiente de apoio e aceitação.

"Exige que entremos no locutor, que compreendamos, de seu ponto de vista, exatamente o que ele está nos comunicando. Mais do que isso, devemos transmitir ao orador que estamos vendo as coisas do ponto de vista dele."

Rogers, C. R., & Farson, R. E. (1957). Active listening. Chicago, IL: Industrial Relations Center of the University of Chicago.

BENEFÍCIOS DA ESCUTA ATIVA

A escuta ativa tem muitos benefícios em diversas áreas da vida. Quando aplicada corretamente, ela pode melhorar a qualidade das nossas interações pessoais e profissionais e ajudar a resolver problemas e conflitos. Neste capítulo, exploraremos alguns dos principais benefícios da escuta ativa.

1. **Melhora a comunicação:** A escuta ativa ajuda a melhorar a comunicação ao garantir que as pessoas se sintam ouvidas e compreendidas. Quando nos esforçamos para entender o ponto de vista de outra pessoa, somos capazes de nos comunicar com mais clareza e evitar mal-entendidos.
2. **Fortalece os relacionamentos:** A escuta ativa também pode fortalecer os relacionamentos, pois demonstra que estamos genuinamente interessados nas necessidades e preocupações das outras pessoas. Isso pode ajudar a criar um ambiente de confiança e respeito mútuo.
3. **Ajuda a resolver conflitos:** A escuta ativa pode ser uma ferramenta valiosa para resolver conflitos, pois permite que as partes envolvidas expressem seus pontos de vis-

▸▸

ta e sentimentos sem julgamento. Ao compreender as necessidades de todas as partes, é mais fácil encontrar soluções que funcionem para todos.

4. **Melhora a tomada de decisão:** Quando praticamos a escuta ativa, somos capazes de coletar informações importantes e considerar diferentes pontos de vista. Isso pode ajudar a tomar decisões mais informadas e bem pensadas.

5. **Melhora o desempenho profissional:** A escuta ativa também pode ser benéfica no ambiente de trabalho. Os funcionários que são bons ouvintes tendem a ser mais produtivos e eficientes, pois são capazes de entender melhor as tarefas e expectativas do trabalho.

6. **Aumenta a empatia:** A escuta ativa pode ajudar a desenvolver a empatia, a capacidade de se colocar no lugar do outro. Quando ouvimos atentamente, somos capazes de entender melhor as emoções e perspectivas dos outros. Isso pode levar a um aumento da empatia e compaixão, o que é importante para um bom relacionamento interpessoal. (Fonte: Psychology Today)

7. **Fortalece a liderança:** A escuta ativa é uma habilidade importante para líderes, pois permite que eles compreendam melhor as necessidades e preocupações dos funcionários. Isso pode levar a uma melhor tomada de decisões e a um ambiente de trabalho mais harmonioso. Além disso, a escuta ativa pode ser uma forma eficaz de motivar e engajar os funcionários, o que pode levar a um aumento da produtividade.

Por exemplo, um gerente que pratica a escuta ativa pode ajudar seus funcionários a resolverem problemas e alcançar objetivos. Ele pode dar atenção às ideias e sugestões dos funcionários, proporcionando um ambiente de trabalho mais colaborativo e produtivo. Por outro lado, um exemplo de quando a falta de escuta ativa pode ser prejudicial pode ser visto em um relacionamento romântico. Se uma pessoa não ouve as necessidades e preocupações do parceiro, pode levar a mal-entendidos e conflitos. Isso pode levar a uma deterioração do relacionamento ao longo do tempo. Em suma, a escuta ativa pode trazer muitos benefícios em diversas áreas da vida. Ao praticá-la, podemos melhorar a comunicação, fortalecer relacionamentos, resolver conflitos, melhorar a tomada de decisão e melhorar o desempenho profissional.

OS PRINCÍPIOS DA ESCUTA ATIVA

A escuta ativa é baseada em cinco pilares. A nomenclatura de cada uma delas pode variar dependendo da fonte, mas essencialmente são as seguintes:

1. Preste atenção

O orador merece toda a sua atenção - caso contrário, você pode encerrar a conversa completamente e gastar seu tempo de maneira mais produtiva. Para indicar ao interlocutor que ele ou ela tem sua atenção, mantenha contato visual, deixe de lado os pensamentos que o distraem e tente realmente entender o que a outra pessoa está tentando dizer, em vez de se concentrar apenas nas palavras usadas.

2. Envolva-se e use linguagem corporal aberta

A linguagem corporal aberta é convidativa e encoraja o orador a ser mais franco e direto, economizando o tempo de todos. Você também pode expressar seu envolvimento ocasionalmente balançando a cabeça, sorrindo ou usando outras expressões faciais e proferindo frequentemente palavras e frases encorajadoras, como “Sério?” ou “Entendo” sem interromper o orador.

3. Reflita sobre o que está sendo dito

Às vezes, nossas opiniões pessoais e noções preconcebidas podem distorcer profundamente o significado da mensagem que a pessoa com quem estamos falando está tentando transmitir. Para evitar que isso aconteça, é fundamental refletir sobre o que está sendo dito, fazendo perguntas esclarecedoras e resumindo os comentários do palestrante.

4. Não julgue

É da natureza humana não gostar de ser julgado. Ao participar de uma conversa, pode ser difícil e às vezes até irritante abster-se de julgar o falante de quem discordamos, mas é importante perceber que expressar desacordo por meio de declarações críticas é improdutivo e cria hostilidade.

5. Responda apropriadamente - *Feedback*

Respostas apropriadas fazem a outra pessoa se sentir respeitada e compreendida. Elas nunca rebaixam a outra pessoa nem a impedem de responder novamente. Independentemente de sua resposta ser positiva ou negativa, você deve sempre ser aberto, honesto e respeitoso.

A escuta ativa tem sido amplamente utilizada em diversas áreas, incluindo terapia, aconselhamento, negócios, educação e relações pessoais. Muitas pessoas têm sucesso em aplicar a escuta ativa em suas vidas profissionais e pessoais melhorando a qualidade de suas interações com os outros. O sucesso do seu uso depende de diversos fatores.

TÉCNICAS PARA PRATICAR A ESCUTA ATIVA

Existem várias técnicas que podem ser usadas para praticar a escuta ativa que pode ser aprimorada com a prática e o tempo. Aqui estão algumas sugestões para ajudá-lo a melhorar suas habilidades. A seguir, algumas das técnicas mais eficazes e exemplos de como usá-las:

1. **Paráfrase:** Repetir as palavras do falante para mostrar que você está ouvindo e entendendo o que foi dito. ***Por exemplo:*** "Então, o que você está dizendo é que..." ou "Se eu entendi corretamente, você está dizendo que...". ***Benefício***: Demonstra ao falante que você está ouvindo com atenção.

2. **Resumo:** Resumir o que o falante disse em suas próprias palavras para mostrar que você entendeu o ponto principal da mensagem. ***Por exemplo:*** "Então, em resumo, você está preocupado com..." ou "O que eu entendi é que a sua principal preocupação é...". ***Benefício:*** Ajuda a clarificar a mensagem e mostra que você está tentando compreender as preocupações do falante.

3. **Perguntas abertas:** Fazer perguntas que não podem ser respondidas com "sim" ou "não" para encorajar o falante a falar mais. ***Por exemplo:*** "Como você se sentiu quando isso aconteceu?" ou "O que você acha que pode ser feito para resolver isso?". ***Benefício:*** Ajuda a obter mais informações e a entender melhor as preocupações do falante.

4. **Silêncio ativo:** Permitir que o falante fale sem interrupção e evitar distrações, como mexer no celular ou olhar para outros lugares. ***Benefício:*** Mostra respeito e interesse pelo que o falante tem a dizer.

5. **Linguagem corporal:** Usar a linguagem corporal para demonstrar interesse e atenção, como manter contato visual e inclinar-se em direção ao falante. ***Benefício:*** Ajuda a transmitir o interesse e atenção do ouvinte.

6. ***Feedback*:** Dar *feedback* ao falante para confirmar que você entendeu corretamente. ***Por exemplo:*** "Deixe-me ter certeza que entendi. Você está dizendo que..." ou "Eu entendo que você está se sentindo assim...". ***Benefício:*** Ajuda a

confirmar a compreensão e demonstra que você está interessado na mensagem do falante.

7. **Empatia:** Tentar entender a perspectiva do falante e como ele está se sentindo, colocando-se em seu lugar. ***Por exemplo:*** "Eu posso imaginar como isso deve ser difícil para você" ou "Eu entendo como você pode estar se sentindo". ***Benefício:*** Ajuda a demonstrar compaixão e aumenta a conexão emocional entre o ouvinte e o falante. Contudo é importante observar a abordagem ao se colocar no lugar da pessoa. Muitas vezes o estado de espírito do interlocutor está tão abalado que dizer "Eu entendo como você pode estar se sentindo" pode desencadear uma reação agressiva como "Você não pode imaginar o que sinto, você não está no meu lugar!" Portanto, analise o contexto e escolha uma frase que não dispare um sentimento indesejado.

8. **Não interromper:** Evitar interromper o falante enquanto ele está falando, mesmo se você discordar ou quiser adicionar algo. ***Benefício:*** Mostra respeito e ajuda a evitar a perda de informações importantes. Em alguns idiomas, como o alemão, a estrutura da frase é diferente do português e pode mudar significativamente o sentido da mensagem se não prestarmos atenção até o final. Isso enfatiza ainda mais a importância de não interromper ou perder informações durante uma conversa para evitar mal-entendidos.

9. **Escuta reflexiva:** Refletir sobre o que o falante está dizendo e como você pode aplicar suas ideias e sugestões em sua própria vida ou trabalho. ***Por exemplo:*** "Isso me fez pensar em uma experiência que eu tive" ou "Eu nunca tinha pensado nisso dessa forma antes". ***Benefício:*** Ajuda a aumentar a compreensão e aplicação das ideias apresentadas pelo falante.

10. **Validar emoções:** Reconhecer e validar as emoções do falante. ***Por exemplo:*** "Eu entendo como isso pode ser frustrante" ou "Eu posso ver como isso é importante para

você". ***Benefício:*** Ajuda a aumentar a conexão emocional entre o ouvinte e o falante e a construir um relacionamento mais forte.

11. **Evite julgamentos:** Tente evitar fazer julgamentos sobre o que o falante está dizendo e mantenha uma mente aberta. Lembre-se de que todos têm experiências e perspectivas diferentes e que a verdade pode ser subjetiva.

12. **O vilão celular:** Com a tecnologia cada vez mais presente em nossas vidas, é fácil cair na tentação de verificar constantemente nossos dispositivos eletrônicos durante as conversas. No entanto, essa distração pode prejudicar a capacidade de escuta ativa, pois desvia a atenção do interlocutor e das informações transmitidas. Portanto, é crucial evitar a tentação de olhar para a tela do celular ou do computador durante uma conversa e manter o foco na pessoa com quem estamos falando. Isso não apenas aprimora a habilidade de escuta ativa, mas também demonstra respeito e consideração pelo outro.

OS MONSTROS DESPERTADOS PELO MUNDO DIGITAL

Eu sempre me perguntei como é possível que pessoas que conheço e que considero boas e gentis possam se transformar em verdadeiros monstros nas redes sociais. É como se algo mudasse nelas quando estão on-line, revelando um lado sombrio e agressivo de suas personalidades. É chocante ver como comentários cruéis e vergonhosos são publicados por pessoas que, na vida real, são amáveis e tranquilas. Parece que as redes sociais têm um efeito de desinibição, fazendo com que as pessoas sejam capazes de agir de forma muito diferente do que fariam em uma conversa presencial. É como se elas se sentissem protegidas pelo anonimato da internet, achando que não serão responsabilizadas por suas ações. E essa sensação de impunidade pode trazer à tona características que elas jamais revelariam em uma conversa cara a cara.

Além disso, a dinâmica das redes sociais parece alimentar esse comportamento agressivo, com comentários que são curtidos e compartilhados, criando uma espécie de efeito de matilha. É como se as pessoas se sentissem fortalecidas pelo grupo, ganhando uma falsa sensação de poder. E isso pode levar a um ciclo vicioso, onde cada vez mais se busca esse tipo de aprovação e reconhecimento nas redes sociais, mesmo que isso signifique desrespeitar ou ferir outras pessoas. Lembre-se de que o coletivo e o senso de pertencimento nos fortalecem, mas quando usados para o mal, é outro caso. Diante desse cenário, é fundamental que nos lembremos de que as pessoas que estão por trás das telas são seres humanos, com emoções e sentimentos. É preciso ter cuidado com as palavras que escolhemos usar e com a forma como nos comportamos nas redes sociais. É importante cultivar a empatia e a gentileza, mesmo que isso signifique discordar de outras pessoas. Afinal, o diálogo só pode acontecer quando há respeito mútuo.

ESCUTA ATIVA NO MUNDO DIGITAL

O mundo digital oferece muitas oportunidades para a comunicação, mas também apresenta desafios exclusivos para a escuta ativa. A seguir, vamos explorar como aplicar as técnicas de escuta ativa em ambientes digitais, como redes sociais, e-mail, salas de aula virtuais e reuniões virtuais.

As conversas digitais podem ser um desafio para a escuta ativa, já que não há contato físico com a outra pessoa e a comunicação é feita principalmente por meio de texto. No entanto, a escuta ativa ainda é essencial para garantir que a mensagem seja entendida corretamente e para evitar mal-entendidos. Algumas dicas para praticar a escuta ativa em conversas digitais incluem:

- Leia atentamente a mensagem antes de responder.
- Faça perguntas claras para garantir que você entenda completamente a mensagem.
- Mostre empatia e compreensão em suas respostas.
- Evite pular para conclusões precipitadas.

Escuta ativa em salas de aula virtuais e reuniões virtuais

As salas de aula virtuais e reuniões virtuais podem ser mais desafiadoras para a escuta ativa, já que não é possível perceber os sinais não verbais com a mesma facilidade. Algumas dicas para praticar a escuta ativa em salas de aula virtuais e reuniões virtuais incluem:

- Mantenha o foco na conversa e evite distrações.
- Use recursos de videoconferência para ver as expressões faciais e os gestos corporais.
- Repita informações importantes para confirmar que você as entendeu corretamente.
- Fale com calma e clareza para evitar mal-entendidos.

Evitando mal-entendidos e conflitos

Os ambientes digitais também podem apresentar desafios únicos para evitar mal-entendidos e conflitos. Algumas dicas para evitar mal-entendidos e conflitos em ambientes digitais incluem:

- Evite responder impulsivamente a mensagens ou comentários que possam ser mal interpretados.
- Use um tom de voz claro e objetivo para evitar mal-entendidos.

- Peça esclarecimentos quando necessário.
- Mostre empatia e compreensão em suas respostas.

Diálogos nas redes sociais

As redes sociais podem ser um terreno fértil para mal-entendidos e conflitos, pois as pessoas podem ficar mais desinibidas e agressivas do que fariam na vida real. As técnicas de escuta ativa podem ajudar a evitar conflitos e garantir que as conversas sejam produtivas. Algumas dicas incluem:

- **Evitar responder imediatamente:** é fácil se envolver emocionalmente em uma conversa nas redes sociais e postar uma resposta impulsiva. Tome um tempo para refletir antes de responder.
- **Não responder a tudo:** nem todas as postagens merecem uma resposta. Se você não concorda com uma postagem, pode ser melhor simplesmente ignorá-la em vez de alimentar uma discussão.
- **Evite generalizações:** as redes sociais podem incentivar o pensamento em preto e branco e as generalizações. Tente ser específico e evitar rotular as pessoas.

Veja um diálogo hipotético entre alguém que postou uma opinião sobre um tema delicado como a cota racial nas universidades.

Cenários de uso da escuta ativa

Cenário 1 - Não usando a escuta ativa:

Maria postou sua opinião nas redes sociais sobre cotas raciais nas universidades, dizendo que acredita que todos devem ser selecionados apenas com base em mérito, e que as cotas são uma forma de discriminação. João, que discorda da posição de Maria, comenta na postagem dela, dizendo que ela está sendo racista e insensível. Maria responde com uma réplica ainda mais ofensiva, acusando João de ser um defensor da "ditadura das cotas" e ignorando a opinião dele.

Cenário 2 - Usando a escuta ativa:

Maria postou sua opinião nas redes sociais sobre cotas raciais nas universidades, dizendo que acredita que todos devem ser selecionados apenas com base em mérito, e que as cotas são uma forma de discriminação. João, que discorda da posição de Maria, comenta na postagem dela, dizendo que tem uma visão diferente e pergunta se ela pode explicar melhor sua posição. Maria responde, explicando que acredita que a meritocracia é a melhor forma de seleção e que as cotas são uma forma de discriminação. João responde com sua opinião, explicando por que ele acha que as cotas são importantes para combater a desigualdade. Eles têm uma discussão construtiva, em que cada um tenta entender a perspectiva do outro, sem ataques pessoais.

No cenário 2, é possível observar a aplicação da escuta ativa, com ambos os participantes da discussão ouvindo atentamente a opinião do outro e buscando entender suas perspectivas antes de apresentar suas próprias opiniões. Essa abordagem leva a uma discussão mais construtiva, onde as ideias são debatidas de forma mais saudável, sem ataques pessoais e ofensas.

POSTURAS PREJUDICIAIS E APOIADORAS DA ESCUTA ATIVA

Com base no que vimos até aqui podemos indicar posturas positivas e negativas para a prática da escuta ativa.

Posturas que PREJUDICAM a escuta ativa:

1. **Multitarefas** - tentar fazer várias coisas ao mesmo tempo enquanto conversa
2. **Desinteresse** - não se importar com a conversa ou a pessoa com quem está falando
3. **Julgamento** - fazer julgamentos precipitados ou assumir que sabe tudo
4. **Distração** - deixar-se distrair por notificações ou outras atividades na tela
5. **Impaciência** - ficar impaciente com o ritmo da conversa ou com a pessoa que fala
6. **Interrupção** - interromper constantemente a outra pessoa durante a conversa
7. **Preocupação com a resposta** - focar em como responder em vez de realmente ouvir a outra pessoa
8. **Preconceitos** - ter opiniões preconcebidas sobre a outra pessoa ou o assunto
9. **Falta de empatia** - não tentar entender o ponto de vista da outra pessoa
10. **Arrogância** - achar que se sabe mais do que a outra pessoa.

Posturas que AJUDAM na escuta ativa :

1. **Dedicação** - dedicar tempo para ouvir atentamente a outra pessoa
2. **Interesse** - demonstrar interesse real na conversa e na outra pessoa

▸▸

3. **Compreensão** - esforçar-se para compreender o ponto de vista da outra pessoa
4. **Respeito** - respeitar as opiniões e perspectivas da outra pessoa
5. **Paciência** - ser paciente com a outra pessoa e com o ritmo da conversa
6. **Não interromper** - permitir que a outra pessoa termine de falar antes de responder
7. **Fazer perguntas** - fazer perguntas para entender melhor o que a outra pessoa está dizendo
8. **Reflexão** - refletir sobre a conversa antes de responder
9. **Empatia** - colocar-se no lugar da outra pessoa e entender suas emoções e perspectivas
10. **Humildade** - reconhecer que não se sabe tudo e estar disposto a aprender com a outra pessoa.

FINALIZANDO

Praticar a escuta ativa é uma habilidade valiosa em qualquer contexto, seja no trabalho, em relacionamentos pessoais ou em qualquer outra situação que envolva comunicação. Quando nos esforçamos para realmente entender os outros e nos comunicar de forma mais eficaz, podemos melhorar nossos relacionamentos e construir uma vida mais satisfatória e significativa.

ATIVIDADES PROPOSTAS

Parte1: Com relação à escuta ativa

1. Qual é um dos principais benefícios da escuta ativa?

a) Melhora a comunicação.
b) Fortalece a liderança.
c) Aumenta a empatia.

2. Como a escuta ativa pode fortalecer os relacionamentos?

a) Demonstra que estamos genuinamente interessados nas necessidades e preocupações das outras pessoas.
b) Permite que as partes envolvidas expressem seus pontos de vista e sentimentos sem julgamento.
c) Ajuda a tomar decisões mais informadas.

3. Em que situação a escuta ativa pode ser uma ferramenta valiosa para resolver conflitos?

a) Quando se quer impor a própria opinião.
b) Quando se permite que as partes envolvidas expressem seus pontos de vista e sentimentos sem julgamento.
c) Quando se ignora as necessidades de todas as partes.

4. Como a escuta ativa pode ajudar a tomar decisões mais informadas?

a) Coletando informações importantes e considerando diferentes pontos de vista.
b) Ignorando as informações coletadas.
c) Tomando decisões baseadas apenas na própria opinião.

5. Como a escuta ativa pode melhorar o desempenho profissional?

a) Tornando os funcionários mais produtivos e eficientes.
b) Ignorando as tarefas e expectativas do trabalho.
c) Impedindo a compreensão das tarefas e expectativas do trabalho.

Pare 2: Com relação às técnicas de escuta ativa

1. Qual a técnica usada para repetir as palavras do falante para demonstrar que você está ouvindo e entendendo o que foi dito?

a) Paráfrase
b) Resumo
c) Perguntas abertas
d) Silêncio ativo

2. Qual a técnica usada para resumir o que o falante disse em suas próprias palavras para mostrar que você entendeu o ponto principal da mensagem?

a) Paráfrase
b) Resumo
c) Perguntas abertas
d) Linguagem corporal

3. Qual a técnica usada para fazer perguntas que não podem ser respondidas com "sim" ou "não" para encorajar o falante a falar mais?

a) Paráfrase
b) Resumo
c) Perguntas abertas
d) *Feedback*

Respostas:

Parte 1 - 1.a; 2.a; 3.b; 4.a; 5.a
Parte 2 - 1.a; 2.b; 3.c

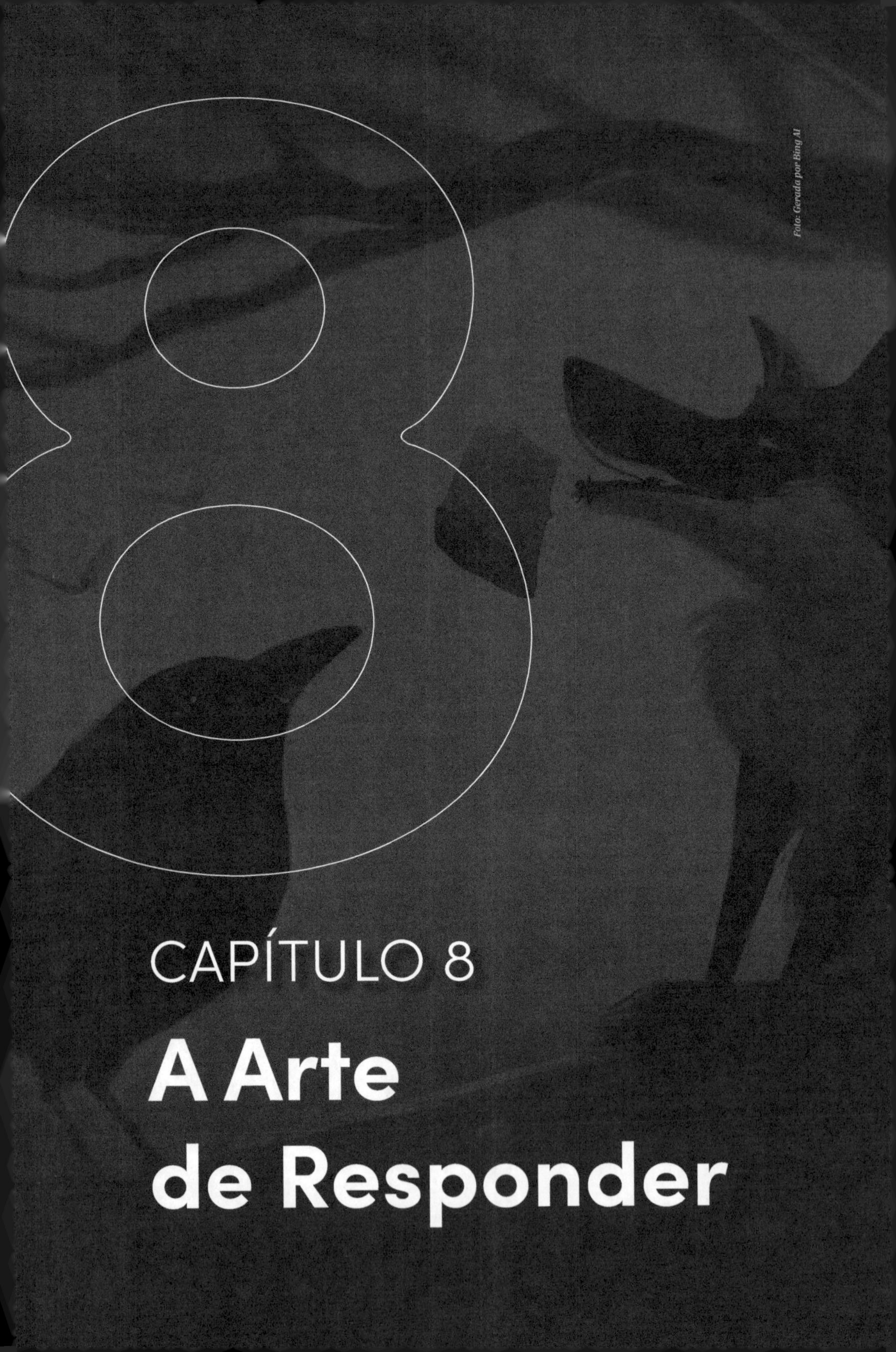

Foto: Gerada por Bing AI

CAPÍTULO 8

A Arte de Responder

> **A coisa mais importante na comunicação é ouvir o que não é dito.**
>
> *Peter Ferdinand Drucker*
> (1909-2005, consultor de gestão austríaco-americano)

Você ouviu uma pergunta, passou pelo processo de reflexão, silenciar, escuta ativa e agora chegou a hora de responder.

Ao participar de um diálogo, a forma como respondemos é tão importante quanto a forma como perguntamos e ouvimos. Existem diferentes tipos de respostas que podemos dar em uma conversa, e escolher a melhor delas para cada situação pode fazer toda a diferença. E entre eles estão:

1. **Afirmação:** uma resposta positiva para uma pergunta ou comentário, como "sim, concordo com você".
2. **Negação:** uma resposta negativa para uma pergunta ou comentário, como "não, discordo".

▶▶

3. **Clarificação:** uma resposta que busca esclarecer alguma dúvida ou ambiguidade na pergunta ou comentário, como "preciso que você explique melhor os detalhes".

4. **Reforço:** uma resposta que reforça ou valida a opinião do interlocutor, como "entendo sua perspectiva".

5. **Divergência:** uma resposta que apresenta uma opinião ou perspectiva diferente da do interlocutor, como "eu vejo de forma diferente".

6. **Contra argumentação:** uma resposta que apresenta um argumento contrário ao do interlocutor, como "mas há evidências que sugerem o contrário".

7. **Sugestão:** uma resposta que sugere uma possível solução para o problema em discussão, como "já pensou em tentar isso?".

8. **Empatia:** uma resposta que demonstra compreensão e solidariedade com o interlocutor, como "sinto muito que você esteja passando por isso".

9. **Esclarecimento:** uma resposta que busca esclarecer algum mal-entendido ou equívoco, como "não foi isso que eu quis dizer".

10. **Ignorar:** uma resposta que escolhe não responder a uma pergunta ou comentário, como quando alguém faz uma pergunta invasiva ou inadequada.

11. **Questionamento:** "Você pode me explicar como chegou a essa conclusão?".

12. **Concordância parcial:** "Eu concordo em parte com o que você disse, mas acredito que..."

13. **Discordância construtiva:** "Eu entendo o seu ponto de vista, mas eu acredito que devemos considerar outras opções antes de tomar uma decisão."

O tipo de resposta dado tem que considerar o seu ponto de vista, argumentos apresentados pelo interlocutor e o seu objetivo naquele diálogo. Ela provavelmente irar recair em algumas das categorias apresentadas e é importante considerar qual o efeito emocional que a pergunta teve sobre o interlocutor.

AS REAÇÕES EMOCIONAIS CAUSADAS PELAS PERGUNTAS

As reações emocionais associadas a uma pergunta podem variar de pessoa para pessoa, pois cada indivíduo tem sua própria personalidade, experiências de vida e formas de lidar com as emoções. Duas pessoas podem receber exatamente a mesma pergunta, mas ter reações emocionais e respostas muito diferentes. Por exemplo, uma pergunta como "Você já superou o fim do seu relacionamento?" pode gerar diferentes reações emocionais e respostas de diferentes pessoas, tais como:

1. Uma pessoa pode ficar triste e responde "Não, ainda não consegui superar. Foi muito doloroso para mim".
2. Outra pessoa pode ficar irritada com a pergunta e responde "Essa é uma pergunta invasiva. Por favor, não me pergunte sobre isso".
3. Outra pessoa pode ficar surpresa e responde "Como você sabe que eu tive um relacionamento que terminou? Mas sim, eu já superei".
4. Outra pessoa pode ficar feliz em responder e responde "Sim, eu superei e agora estou em um relacionamento muito melhor".

Como podemos ver, a mesma pergunta pode gerar diferentes reações emocionais e respostas emocionais. Isso ocorre porque as emoções são complexas e influenciadas por muitos fatores, incluindo temperamento, personalidade, história de vida e até mesmo o momento em que a pergunta é feita. Portanto, é importante considerar as diferenças individuais e respeitar as emoções e limites de cada pessoa ao fazer perguntas ou obter respostas.

As reações emocionais associadas a uma pergunta são muito influenciadas pelo temperamento e personalidade como vimos nos capítulos anteriores além de experiências de vida da pessoa que podem moldar a maneira como uma pessoa vê o mundo e responde a situações. Por exemplo, uma pessoa que teve experiências traumáticas em relacionamentos anteriores pode ser mais cautelosa e relutante em responder a perguntas pessoais relacionadas a esse tema. Da mesma forma, as experiências anteriores com o interlocutor podem influenciar as reações emocionais e respostas. Se a pessoa tem uma história positiva com o interlocutor, ela pode se sentir mais à vontade para responder perguntas pessoais, enquanto uma história negativa pode tornar a pessoa mais cautelosa ou até mesmo hostil.

Veja alguns exemplos de reações emocionais mais frequentes:

Surpresa:

É uma reação emocional que pode ocorrer quando uma pergunta é inesperada. Exemplo: “Você se casou sem amor?” - Essa pergunta pode causar surpresa em alguém que não esperava essa pergunta.

Alegria:

É uma reação emocional que pode ocorrer quando a pergunta se refere a algo que nos traz felicidade ou satisfação. Exemplo: “Você aceita ser padrinho do meu casamento?” - Essa pergunta pode trazer alegria para alguém que é convidado a ser padrinho de casamento.

Tristeza:

É uma reação emocional que pode ocorrer quando a pergunta se refere a algo que nos traz tristeza ou desconforto. Exemplo:

"Você já superou a perda do seu animal de estimação?" - Essa pergunta pode trazer tristeza para alguém que ainda está lidando com a perda do seu animal de estimação.

Irritação:

É uma reação emocional que pode ocorrer quando a pergunta é considerada invasiva, desrespeitosa ou impertinente. Exemplo: "Por que você ainda não tem filhos?" - Essa pergunta pode irritar alguém que não se sente confortável em compartilhar informações pessoais sobre sua vida reprodutiva.

Ansiedade:

É uma reação emocional que pode ocorrer quando a pergunta envolve uma situação incerta ou desconhecida. Exemplo: "Você tem certeza de que conseguirá entregar o projeto no prazo?" - Essa pergunta pode gerar ansiedade em alguém que está preocupado em cumprir prazos e entregas.

Curiosidade:

É uma reação emocional que pode ocorrer quando a pergunta desperta o interesse em aprender mais sobre um assunto. Exemplo: "Como você aprendeu a tocar esse instrumento musical?" - Essa pergunta pode despertar curiosidade em alguém que deseja aprender mais sobre como tocar um instrumento musical.

Empatia:

É uma reação emocional que pode ocorrer quando a pergunta envolve uma situação difícil ou emocionalmente carregada. Exemplo: "Como você está se sentindo após a perda de seu ente querido?" - Essa pergunta pode despertar empatia em alguém que reconhece a dor e o sofrimento de outra pessoa.

Uma resposta pode conter uma combinação de reações emocionais.

APRENDENDO COM A EXPERIÊNCIA

Como quase tudo na vida a experiência é a melhor aliada de uma boa resposta. A melhor maneira de aprimorar nossas habilidades de resposta é aprender com nossas experiências passadas. Quando enfrentamos uma situação desafiadora, podemos refletir sobre o que deu certo e o que poderia ter sido melhor. Podemos nos perguntar o que aprendemos e como podemos aplicar essas lições no futuro. Também é importante estar aberto a *feedback* construtivo e usar isso para melhorar nossas habilidades.

Evitando armadilhas comuns

Existem algumas armadilhas comuns que podemos enfrentar ao responder a perguntas. Uma delas é a tendência de assumir que sabemos o que o interlocutor está perguntando, sem pedir esclarecimentos. Isso pode levar a respostas inadequadas e mal-entendidos. Outra armadilha é ficar na defensiva ou assumir uma posição de superioridade em vez de estar aberto a diferentes perspectivas. É importante estar ciente dessas armadilhas e evitar cair nelas.

Superando o medo de responder

Algumas pessoas podem ter medo de responder a perguntas, seja por medo de serem julgadas, de serem vistas como ignorantes ou simplesmente por medo do desconhecido. É importante reconhecer esses medos e trabalhar para superá-los. Podemos fazer isso praticando nossas habilidades de resposta, buscando *feedback* construtivo e lembrando-nos de que não precisamos saber todas as respostas.

> "Aquele que pergunta, é tolo por alguns minutos. Aquele que não pergunta, será tolo para o resto da vida."
>
> **Confúcio**

Melhorando continuamente

Por fim, devemos lembrar que a capacidade de responder é uma habilidade que pode ser aprimorada ao longo do tempo. Podemos fazer isso buscando oportunidades de praticar nossas habilidades de resposta, aprendendo com nossos erros e recebendo *feedback* construtivo.

LIDANDO COM O LADO EMOCIONAL

As reações emocionais que são provocadas podem mudar todo o desfecho de uma história e podem ser usadas para o bem ou para o mal.

Um exemplo de conto com um diálogo que usa o recurso de perguntas que despertam emoções e trabalham com o tipo de personalidade do interlocutor e resulta em um final infeliz é a fábula "O Corvo e a Raposa", atribuída a Jean de La Fontaine. A seguir está a história resumida:

O corvo e a raposa

Um corvo estava sentado em uma árvore segurando um pedaço de queijo em seu bico. Uma raposa astuta viu o corvo com o queijo e teve uma ideia para roubá-lo. A raposa se aproximou do corvo e começou a elogiá-lo, dizendo que ele era tão bonito e talentoso que certamente tinha uma bela voz. O corvo, lisonjeado, abriu o bico para cantar, e a raposa rapidamente agarrou o queijo e fugiu. O corvo percebeu o que havia acontecido e ficou triste e envergonhado.

Aqui está um exemplo de um diálogo entre a raposa e o corvo:

- **Raposa:** "Oh, querido corvo, como você é bonito! Certamente você tem uma bela voz para acompanhar sua aparência magnífica."

▸▸

▸▸

- **Corvo:** “Oh, você realmente acha? Bem, talvez eu possa cantar um pouco para você...”
- **Raposa:** “Sim, por favor, cante! Eu adoraria ouvir a sua voz.”
- **Corvo:** (Canta uma melodia bonita)
- **Raposa:** “Uau, isso foi incrível! Você, príncipe dos pássaros, é realmente um talento. Mas, espere um minuto, o que é isso que você tem em seu bico?”
- **Corvo:** “Oh, é apenas um pouco de queijo que eu peguei.”
- **Raposa:** “Que maravilha! Mas, você sabe, corvo, com essa bela voz e essa aparência esplêndida, você realmente deveria ter mais autoconfiança. Você poderia ser ainda melhor do que é agora.”
- **Corvo:** “Sério? Você acha?”
- **Raposa:** “Absolutamente! Feche os olhos e sinta a melodia, deixe-a preencher sua alma...” cante-a novamente sem esse queijo em seu bico que atrapalha sua bela voz.
- **Corvo:** (fecha os olhos e abre o bico para cantar, deixando o queijo cair)
- **Raposa:** (pega o queijo e corre)

O final infeliz ocorre quando o corvo percebe que caiu na armadilha da raposa e perdeu seu queijo. Como podemos ver, o tom ameno e amigável da raposa não correspondia a sua intenção que era a de roubar o queijo do corvo. A intenção do diálogo pode ser diferente para os interlocutores e perceber qual é a intenção real do outro é fundamental para que o diálogo não seja prejudicial para uma das partes. Intenção real dos interlocutores nem sempre é óbvia ou explícita no diálogo, e isso pode levar a mal-entendidos, conflitos e até mesmo ações prejudiciais para uma das partes. É importante que os participantes do diálogo estejam cientes das intenções uns dos outros e tentem esclarecê-las o mais cedo possível, para evitar mal-entendidos e manter a comunicação saudável e respeitosa.

Nesse sentido, o uso de perguntas claras e diretas pode ser muito útil para esclarecer as intenções de cada interlocutor. As perguntas de clarificação, por exemplo, podem ajudar a esclarecer dúvidas sobre o que foi dito ou sobre as intenções por trás das palavras. As perguntas de sondagem também podem ser úteis para explorar as motivações e interesses dos interlocutores, enquanto as perguntas hipotéticas podem ajudar a explorar diferentes cenários e opções. No entanto, é importante lembrar que a intenção real dos interlocutores pode ser complexa e multifacetada, e nem sempre é possível descobri-la completamente através do diálogo. Nesses casos, pode ser necessário buscar outras fontes de informação ou realizar outras formas de comunicação para esclarecer as intenções dos interlocutores. Aqui a raposa analisou a personalidade do corvo e viu que ele poderia ser facilmente enganado se fosse adulado. Fale sobre isso.

Sim, a raposa usou uma estratégia de manipulação conhecida como "adulação" para enganar o corvo e roubar o queijo que ele estava segurando. A adulação consiste em elogiar ou fazer elogios exagerados a uma pessoa com o objetivo de obter algum benefício, muitas vezes às custas dessa pessoa. No caso do diálogo entre a raposa e o corvo, a raposa percebeu que o corvo era vaidoso e facilmente impressionável, e usou isso para persuadi-lo a mostrar seu canto, deixando cair o queijo no processo. A raposa usou elogios exagerados, como chamar o corvo de "príncipe dos pássaros" e elogiar seu canto, para manipulá-lo e obter o que queria.

Essa estratégia de manipulação é comum em muitas situações da vida, como em relacionamentos interpessoais, negociações, vendas, entre outras. É importante estar ciente dessa tática e ser crítico ao receber elogios ou flertes exagerados, a fim de evitar ser manipulado ou prejudicado em um diálogo.

ATIVIDADES PROPOSTAS

Parte 1: Com relação aos tipos de resposta

1. Qual é a importância de escolher a melhor resposta em uma conversa?

a) Não é importante.
b) Pode fazer toda a diferença.
c) Depende da situação.

2. Qual é o tipo de resposta que busca esclarecer alguma dúvida ou ambiguidade na pergunta ou comentário?

a) Afirmação **b)** Negação **c)** Clarificação

3. Qual é o tipo de resposta que reforça ou valida a opinião do interlocutor?

a) Contra-argumentação **b)** Empatia **c)** Reforço

4. Qual é o tipo de resposta que apresenta uma opinião ou perspectiva diferente da do interlocutor?

a) Divergência **b)** Sugestão **c)** Esclarecimento

5. Qual é o tipo de resposta que escolhe não responder a uma pergunta ou comentário?

a) Ignorar **b)** Questionamento **c)** Discordância construtiva

Parte 2: Com relação às emoções despertadas pela pergunta

1. Como as reações emocionais de uma pessoa podem variar em relação a uma pergunta?

a) Não variam, são sempre iguais.
b) Variam de acordo com o dia da semana.
c) Variam de pessoa para pessoa.

2. O que pode influenciar as reações emocionais de uma pessoa em relação a uma pergunta?

a) Apenas o temperamento.
b) Apenas a personalidade.
c) Personalidade, temperamento e experiências de vida.

3. Que tipo de reação emocional pode ocorrer quando uma pergunta é inesperada?

a) Surpresa **b)** Alegria **c)** Tristeza

4. Que tipo de reação emocional pode ocorrer quando a pergunta se refere a algo que nos traz felicidade ou satisfação?

a) Surpresa **b)** Alegria **c)** Tristeza

5. Que tipo de reação emocional pode ocorrer quando a pergunta é considerada invasiva, desrespeitosa ou impertinente?

a) Empatia **b)** Curiosidade **c)** Irritação

6. Que tipo de reação emocional pode ocorrer quando a pergunta envolve uma situação incerta ou desconhecida?

a) Ansiedade **b)** Alegria **c)** Empatia

7. Que tipo de reação emocional pode ocorrer quando a pergunta desperta o interesse em aprender mais sobre um assunto?

a) Curiosidade **b)** Tristeza **c)** Surpresa

Respostas:

Parte 1 - 1.b; 2.c; 3.c; 4.a; 5.a
Parte 2 - 1.c; 2.c; 3.a; 4.b; 5.c; 6.a; 7.a

Foto: Pexels

CAPÍTULO 9

Linguagem Não Verbal

> **Existe um mundo de comunicação que não depende de palavras.**
>
> *Mary Virginia Martin*
> (1913-1990, atriz e cantora norte-americana)

A comunicação humana é composta por duas partes: a verbal e a não verbal. Enquanto a linguagem verbal se refere às palavras que usamos para transmitir nossa mensagem, não importando o meio, a linguagem não verbal é a forma como nos expressamos através de gestos, expressões faciais, postura corporal e tom de voz. Embora a linguagem verbal escrita ou falada seja essencial para transmitir informações concretas, a linguagem não verbal é igualmente importante na comunicação interpessoal. Na verdade, estudos mostram que a linguagem não verbal pode ter até mais impacto do que as palavras que usamos em uma conversa ou diálogo. Isso porque a linguagem não verbal é capaz de transmitir nossas emoções, intenções e atitudes, mesmo quando não estamos conscientemente delas.

OS CINCO SENTIDOS E A LINGUAGEM NÃO VERBAL

A linguagem não verbal é diretamente influenciada pelos cinco sentidos, pois é por meio deles que interpretamos e enviamos sinais que indicam nossas emoções, atitudes e intenções.

Visão, audição, olfato, paladar e tato são responsáveis por captar informações do mundo externo e enviar sinais ao cérebro para que possamos interpretá-las. A fala depende primariamente da audição e da visão para ser compreendida e pode ser combinada com a linguagem não verbal, que é transmitida por meio dos gestos, expressões faciais e postura corporal.

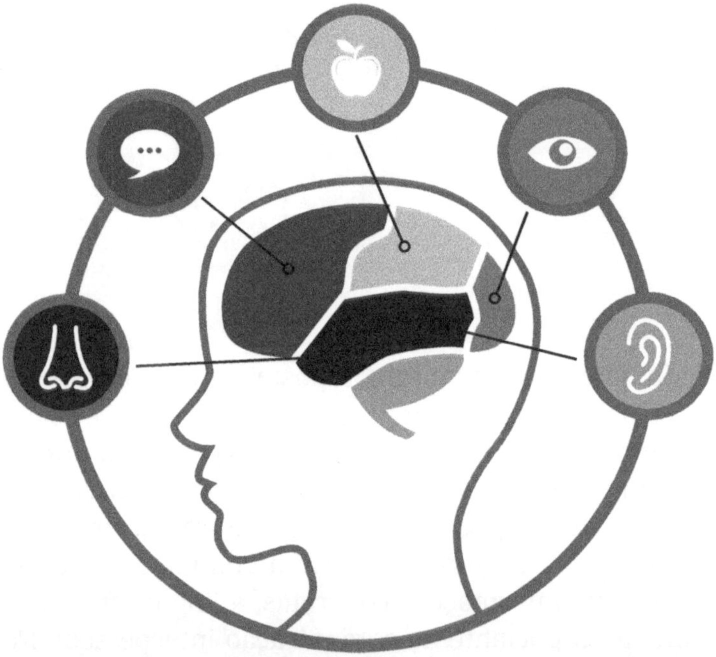

Imagem meramente ilustrativa

1. **Visão:** A visão é um dos sentidos mais importantes na comunicação não verbal. É por meio do que vemos que interpretamos as expressões faciais, gestos, movimentos corporais e outras formas de comunicação não verbal.

2. **Audição:** A audição nos permite interpretar o tom de voz, o ritmo da fala e outras características do som da voz que podem indicar intenções, emoções e atitudes.
3. **Tato:** O tato pode ser um elemento importante na linguagem não verbal, pois nos permite interpretar o toque, a proximidade física, a pressão das mãos, entre outros aspectos que podem indicar emoções ou intenções.
4. **Olfato:** O olfato também pode desempenhar um papel na comunicação não verbal em alguns contextos, como no caso de cheiros corporais, perfumes, entre outros.
5. **Paladar:** O paladar é o sentido menos relacionado à comunicação não verbal, mas pode ser utilizado em alguns contextos, como em degustações ou ao compartilhar alimentos com outras pessoas.

A LINGUAGEM NÃO VERBAL NA INFÂNCIA

Nos primeiros anos de vida usamos essencialmente a linguagem não verbal para nos comunicarmos com nossos pais e cuidadores até que consigamos desenvolver nossas habilidades de comunicação verbal. Veja quantos recursos de linguagem não verbal utilizamos nessa fase da nossa vida e depois reflita sobre aqueles que você ainda utiliza em sua vida adulta.

Vinte e três linguagens não verbais são descritas pela psicanalista francesa Françoise Dolto em suas obras literárias e aqui mostro um resumo delas:

1. **Choro:** É uma forma de expressar desconforto, dor, fome, cansaço ou qualquer outra necessidade. Cada tipo de choro tem uma mensagem específica que pode ser interpretada pelos adultos.

2. **Sorriso:** É uma expressão facial que indica prazer, felicidade, satisfação ou contentamento.
3. **Grito:** É uma forma de expressar medo, dor, raiva ou frustração.
4. **Silêncio:** Pode indicar timidez, medo, tristeza ou simplesmente uma necessidade de ficar em paz consigo mesmo.
5. **Tensão muscular:** Pode indicar nervosismo, medo, ansiedade ou qualquer outra emoção intensa.
6. **Relaxamento muscular:** Indica conforto, segurança e tranquilidade.
7. **Espasmos musculares:** Pode indicar desconforto ou dor.
8. **Olhar:** É uma forma de expressão não verbal muito importante, que pode indicar interesse, curiosidade, medo, tristeza, alegria ou qualquer outra emoção.
9. **Movimentos dos olhos:** Podem indicar desconfiança, nervosismo, medo ou interesse.
10. **Paladar:** É uma forma de comunicação muito importante para bebês, que usam o paladar para explorar o mundo ao seu redor.
11. **Olfato:** Também é uma forma de comunicação importante para bebês, que usam o olfato para reconhecer os pais e outras pessoas conhecidas.
12. **Tato:** É a forma mais antiga e básica de comunicação, que permite sentir o mundo ao redor e o contato físico com outras pessoas.
13. **Sensações viscerais:** Podem indicar fome, sede, cansaço, frio, calor, entre outras necessidades básicas.
14. **Respiração:** Pode indicar calma, ansiedade ou medo.
15. **Sons** produzidos pelo corpo: Podem indicar desconforto, dor ou necessidade de atenção.

16. **Postura corporal:** Pode indicar confiança, medo, insegurança ou agressividade.

17. **Expressão facial:** É uma forma importante de comunicação não verbal, que pode indicar tristeza, alegria, raiva, medo ou outras emoções.

18. **Expressão vocal:** É a forma como falamos e podemos indicar emoções, como raiva, felicidade, tristeza, entre outras.

19. **Ritmo corporal:** Pode indicar calma ou agitação.

20. **Tiques:** São movimentos involuntários que podem indicar nervosismo, ansiedade ou outros problemas.

21. **Brincadeiras:** É uma forma importante de comunicação para crianças, que usam o brincar para explorar o mundo ao seu redor e expressar suas emoções.

22. **Desenhos:** É uma forma de expressão para crianças, que usam o desenho para representar seus sentimentos e emoções.

23. **Comportamento de imitação:** É uma forma de aprendizado e comunicação, em que a criança imita o comportamento dos adultos para aprender e se comunicar.

À medida que amadurecemos, abandonamos muitas dessas formas de linguagem ou comportamento para interagir com os outros e acabamos incorporando outras. A seguir, vamos detalhar algumas das formas mais importantes da linguagem não verbal praticadas durante a vida adulta.

CONTATO VISUAL

O contato visual é uma forma importante de comunicação não verbal que envolve o olhar de uma pessoa em direção a outra. Não deve ser confundido com as expressões faciais, nas quais os olhos e, obviamente, o olhar fazem parte de um conjunto para criar uma mensagem. O contato visual pode transmitir diversas emoções, atitudes e intenções e é considerado uma das formas mais poderosas de comunicação não verbal. Por exemplo, o contato visual pode ser utilizado para demonstrar interesse em uma pessoa ou assunto, estabelecer conexão emocional, sinalizar autoridade ou para intimidar. Além disso, o contato visual pode ser combinado com outros aspectos da linguagem não verbal para aumentar a eficácia da comunicação. Por exemplo, um sorriso pode ser combinado com contato visual para demonstrar empatia e simpatia, enquanto um olhar frio e fixo pode ser combinado com um tom de voz hostil para intimidar ou ameaçar. É importante lembrar que o contato visual pode variar de acordo com a cultura e o contexto social em que é utilizado.

Em algumas culturas, o contato visual pode ser considerado um sinal de respeito e sinceridade, enquanto em outras pode ser visto como um sinal de desafio ou agressividade. É fundamental prestar atenção ao contexto e à intenção da comunicação ao utilizar o contato visual e combinar com outros aspectos da linguagem não verbal para transmitir uma mensagem clara e eficiente.

O contato visual pode ser empático e acolhedor ou agressivo e distanciador. Vejamos alguns exemplos:

Contato visual empático e acolhedor:

1. Olhar suave e gentil, com um sorriso nos lábios.
2. Manter o contato visual enquanto escuta atentamente a outra pessoa.
3. Olhar nos olhos da outra pessoa enquanto se expressa compreensão ou apoio.
4. Olhar para a outra pessoa com interesse e curiosidade genuínos.
5. Fazer contato visual enquanto se oferece ajuda ou apoio.

6. Sorrir com os olhos, além de sorrir com a boca.
7. Olhar nos olhos da outra pessoa ao agradecê-la ou elogiá-la.
8. Manter contato visual ao se despedir, demonstrando que a conversa foi importante.
9. Fazer contato visual enquanto se demonstra gratidão ou apreciação.
11. Olhar nos olhos da outra pessoa enquanto se expressa afeto ou carinho.

Contato visual hostil ou agressivo:

1. Olhar fixo e intenso, demonstrando ameaça ou desafio.
2. Encarar a outra pessoa sem desviar o olhar, como forma de intimidar.
3 Fazer contato visual de forma desafiadora ou desrespeitosa.
4. Olhar para a outra pessoa com desprezo ou desdém.
5. Utilizar o contato visual para demonstrar superioridade ou domínio.
6. Olhar nos olhos da outra pessoa enquanto se critica ou ataca verbalmente.
7. Fazer contato visual enquanto se expressa raiva ou hostilidade.
8. Olhar nos olhos da outra pessoa enquanto se faz ameaças ou intimidações.
9. Fazer contato visual enquanto se demonstra desconfiança ou descrença.
10. Olhar nos olhos da outra pessoa enquanto se expressa desprezo ou aversão.

Tipos de olhar

O tipo de olhar pode ser entendido como a forma como alguém olha para outra pessoa ou objeto, que pode indicar diferentes intenções, emoções ou sentimentos. É uma forma de linguagem não verbal que pode ser utilizada para complementar a comunicação verbal ou transmitir uma mensagem por si só. Por exemplo, um olhar de admiração pode ser interpretado como uma demonstração de apreciação ou respeito, enquanto um olhar de desaprovação pode indicar descontentamento ou desaprovação. Além disso, o tipo de olhar pode variar dependendo do contexto cultural e social em que é utilizado.

Os tipos de olhares podem ser classificados de diversas formas, como positivos ou negativos, empáticos ou hostis, diretos ou indiretos, entre outros. Cada classificação pode incluir uma variedade de olhares específicos, como olhar fixo, olhar de soslaio, olhar de cima a baixo, entre outros. É importante lembrar que o contato visual deve ser utilizado de forma adequada e respeitosa, a fim de transmitir uma mensagem clara e eficaz na comunicação.

1. **Olhar direto:** quando as pessoas mantêm o contato visual uma com a outra. É um olhar frontal, em que a pessoa mantém os olhos abertos e focados no outro.
2. **Olhar evasivo:** quando a pessoa evita o contato visual e desvia o olhar. É um olhar em que a pessoa desvia os olhos do outro buscando uma fuga.
3. **Olhar curioso:** quando a pessoa olha para o outro com interesse e curiosidade. É um olhar em que a pessoa desvia os olhos do outro mas não de forma evasiva e sim de curiosidade.
4. **Olhar fixo:** quando a pessoa mantém o olhar por um longo tempo sem desviar. É um olhar intenso, em que a pessoa mantém os olhos abertos e focados no outro por um longo período de tempo.

5. **Olhar de desconfiança:** quando a pessoa olha para o outro com desconfiança ou descrença. É um olhar em que a pessoa franze as sobrancelhas e mantém os olhos semicerrados, demonstrando desconfiança ou ceticismo.
6. **Olhar de aprovação:** quando a pessoa olha para o outro com expressão de aprovação. É um olhar em que a pessoa sorri e mantém os olhos semicerrados, demonstrando aprovação.
7. **Olhar de reprovação:** quando a pessoa olha para o outro com expressão de desaprovação. É um olhar em que a pessoa franze as sobrancelhas e mantém os olhos entreabertos, demonstrando desaprovação.
8. **Olhar de censura:** quando a pessoa olha para o outro com expressão de repreensão. Um olhar em que a pessoa mantém os olhos semicerrados e sacode a cabeça, demonstrando repreensão.
9. **Olhar de indiferença:** quando a pessoa não demonstra interesse na conversa e olha para o outro sem expressão. É um olhar em que a pessoa mantém os olhos abertos e sem expressão, demonstrando falta de interesse.
10. **Olhar de desdém:** quando a pessoa olha para o outro com expressão de desprezo. É um olhar em que a pessoa mantém os olhos semicerrados e levanta um pouco o queixo, demonstrando desprezo.
11. **Olhar de espanto:** quando a pessoa olha para o outro com expressão de surpresa ou choque. É um olhar em que a pessoa abre os olhos e a boca, demonstrando surpresa ou choque.
12. **Olhar de compaixão:** quando a pessoa olha para o outro com expressão de compaixão ou solidariedade. É um olhar em que a pessoa abaixa a cabeça levemente e mantém os olhos semicerrados, demonstrando compaixão ou solidariedade.

13. **Olhar de raiva:** quando a pessoa olha para o outro com expressão de raiva ou irritação. Um olhar em que a pessoa franze as sobrancelhas e mantém os olhos semicerrados, demonstrando raiva ou irritação.

14. **Olhar de tristeza:** quando a pessoa olha para o outro com expressão de tristeza ou melancolia. Um olhar em que a pessoa mantém os olhos semicerrados e olha para baixo ou para o lado, demonstrando tristeza ou melancolia.

15. **Olhar de confiança:** quando a pessoa olha para o outro com expressão de confiança ou segurança. Um olhar em que a pessoa mantém os olhos abertos e semicerrados, demonstrando confiança ou segurança.

16. **Olhar de afeto:** quando a pessoa olha para o outro com expressão de carinho ou amor. É um olhar em que a pessoa mantém os olhos semicerrados e sorri, demonstrando carinho ou amor.

17. **Olhar de surpresa:** quando a pessoa olha para o outro com expressão de surpresa ou admiração. É um olhar em que a pessoa mantém os olhos arregalados e sorri, demonstrando surpresa ou admiração.

18. **Olhar de alívio:** quando a pessoa olha para o outro com expressão de alívio ou tranquilidade. É um olhar em que a pessoa suspira e fecha os olhos por um momento, demonstrando alívio ou tranquilidade.

19. **Olhar de ironia:** quando a pessoa olha para o outro com expressão irônica ou sarcástica. É um olhar em que a pessoa mantém os olhos semicerrados e sorri levemente, demonstrando ironia ou sarcasmo.

20. **Olhar de ansiedade:** quando a pessoa olha para o outro com expressão de ansiedade ou inquietude. É um olhar em que a pessoa mantém os olhos abertos e inquietos, demonstrando insegurança ou preocupação.

Completando o olhar

Na lista mostrada, você pode ver que alguns olhares são usados em conjunto com expressões corporais. Em conjunto com o olhar, há vários outros elementos que podem completar o que o olhar quer dizer e ajudam a influenciar a mensagem que estamos transmitindo com a nossa linguagem não verbal. Eles fazem parte da expressão facial e postura corporal que serão vistas mais adiante. Aqui estão alguns exemplos de como movimentos e expressões faciais ou corporais podem complementar o nosso olhar:

1. **Sorriso:** um sorriso pode indicar felicidade, simpatia, empatia e muitas outras emoções positivas. Quando combinado com um olhar amigável, pode ajudar a criar uma conexão mais forte com o outro interlocutor.

2. **Franzir a testa:** quando a testa está franzida, isso pode indicar que estamos confusos, preocupados ou descontentes. Quando acompanhado de um olhar intenso, pode transmitir uma sensação de desaprovação ou reprovação.

3. **Inclinação da cabeça:** inclinar a cabeça para um lado pode indicar interesse, curiosidade ou empatia. Por outro lado, inclinar a cabeça para trás pode indicar arrogância ou desinteresse.

4. **Gestos com as mãos:** os gestos com as mãos podem complementar ou contradizer a mensagem que estamos transmitindo com nossos olhos. Por exemplo, um aceno com a cabeça enquanto olha para baixo pode indicar tristeza ou desânimo.

5. **Postura:** nossa postura também pode influenciar a mensagem que estamos transmitindo. Uma postura aberta e relaxada pode indicar confiança e empatia, enquanto uma postura fechada e tensa pode indicar defesa ou hostilidade.

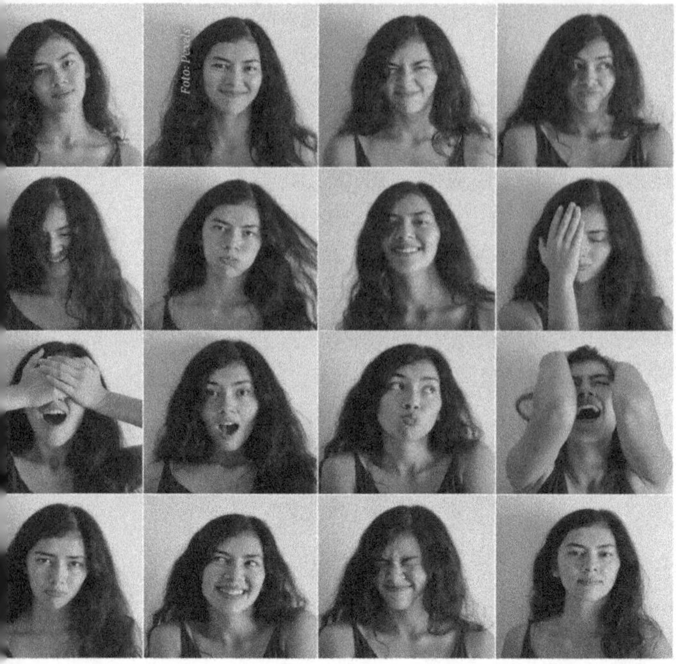

EXPRESSÕES FACIAIS

As expressões faciais são um elemento importante da linguagem não verbal e podem transmitir uma grande variedade de emoções e intenções. Todos esses elementos do rosto trabalham juntos para criar uma expressão facial que pode ser interpretada por outras pessoas para entender suas emoções e intenções. É importante notar que a interpretação das expressões faciais pode variar dependendo da cultura e do contexto e devem ser consideradas ao tentar entender o que outra pessoa está tentando transmitir.

Aqui estão os detalhes dos elementos do rosto que compõem uma expressão facial:

1. **Olhos:** Os olhos são a parte mais expressiva do rosto e transmitem uma ampla variedade de emoções.
2. **Sobrancelhas:** As sobrancelhas também desempenham um papel importante na expressão facial, ajudando a demonstrar emoções como raiva, preocupação, confusão e tristeza. Elas podem ser levantadas para mostrar surpresa, franzidas para indicar irritação ou movidas para cima e para baixo rapidamente para demonstrar confusão.
3. **Boca:** A boca é um elemento importante das expressões faciais, pois pode indicar uma ampla variedade de

emoções. Por exemplo, um sorriso pode indicar felicidade ou satisfação, enquanto uma boca franzida pode indicar desaprovação ou preocupação. A boca também pode ser aberta em um "O" para indicar surpresa ou fechada firmemente para indicar raiva ou desaprovação.

4. **Nariz:** Embora o nariz possa não parecer um elemento importante das expressões faciais, ele pode ser usado para transmitir emoções como desprezo ou desdém. Um nariz franzido pode indicar desaprovação ou desdém, enquanto uma narina dilatada pode indicar raiva.

5. **Testa:** A testa também desempenha um papel na expressão facial, especialmente quando se trata de demonstrar preocupação ou confusão. Quando alguém está confuso, a testa pode se enrugar e formar linhas horizontais, enquanto a preocupação pode causar linhas verticais.

6. **Bochechas:** As bochechas podem ser usadas para demonstrar emoções como alegria ou tristeza. Quando alguém está sorrindo, as bochechas se levantam, enquanto um rosto triste pode apresentar bochechas caídas.

7. **Queixo:** O queixo pode indicar uma variedade de emoções, dependendo da sua posição. Por exemplo, um queixo levantado pode indicar arrogância ou confiança, enquanto um queixo caído pode indicar tristeza ou desaprovação.

8. **Orelhas:** As orelhas podem se mover para frente para indicar interesse ou atenção, ou para trás para mostrar desinteresse ou despreocupação.

Cada elemento do rosto trabalha em conjunto para criar expressões faciais que transmitem emoções e sentimentos. É importante prestar atenção em todos esses elementos ao interpretar a linguagem não verbal de alguém em um diálogo.

POSTURA CORPORAL

A postura corporal é outro elemento importante na comunicação não verbal, pois transmite informações sobre o estado emocional, intenção e personalidade de uma pessoa. A maneira como uma pessoa se posiciona, se movimenta e usa o espaço físico pode afetar como ela é percebida pelos outros em uma interação. Uma postura ereta e aberta, por exemplo, é geralmente associada à confiança, autoridade e liderança. Por outro lado, uma postura encolhida e fechada pode ser interpretada como insegurança, ansiedade ou submissão. Existem diversas posições e movimentos corporais que podem ser interpretados de diferentes maneiras.

Posturas corporais positivas:

1. **Postura ereta:** representa confiança e autoridade. Fisicamente, é uma postura com a coluna reta e os ombros para trás, como se a pessoa estivesse se "apresentando para o mundo". Exemplo: Um professor dando aula.
2. **Braços cruzados atrás da cabeça:** representa relaxamento e conforto. Fisicamente, é uma postura em que a pessoa cruza os braços atrás da cabeça e inclina-se para trás. Exemplo: Uma pessoa sentada em sua poltrona favorita, relaxando.
3. **Mãos na cintura:** representa autoridade e confiança. Fisicamente, é uma postura em que a pessoa coloca as mãos na cintura e expande o peito. Exemplo: Um treinador dando instruções para sua equipe.
4. **Abraço:** representa afeto e carinho. Fisicamente, é uma postura em que a pessoa envolve seus braços em torno de alguém ou de si mesma. Exemplo: Um abraço entre amigos.
5. **Mãos juntas na frente do corpo**: representa respeito e atenção. Fisicamente, é uma postura em que a pessoa junta as mãos na frente do corpo, como se estivesse

orando. Exemplo: Uma pessoa participando de uma cerimônia religiosa.

6. **Postura aberta**: representa receptividade e confiança. Fisicamente, é uma postura em que a pessoa mantém os braços e pernas afastados do corpo. Exemplo: Uma pessoa conversando com um grupo de amigos.

7. **Postura de atenção**: representa foco e interesse. Fisicamente, é uma postura em que a pessoa mantém o corpo levemente inclinado para frente, com as mãos apoiadas em uma mesa ou nas pernas. Exemplo: Um aluno prestando atenção em uma aula.

8. **Postura de admiração**: representa admiração e respeito. Fisicamente, é uma postura em que a pessoa mantém o corpo ereto, com as mãos sobre o coração e uma expressão facial de admiração. Exemplo: Uma pessoa assistindo a um espetáculo de dança.

Posturas corporais negativas:

1. **Braços cruzados na frente do peito (negativa)**: essa postura pode indicar que a pessoa está fechada e defensiva, ou que está se sentindo insegura ou desconfortável em uma determinada situação. Por exemplo, em uma reunião de trabalho em que a pessoa não concorda com as opiniões dos outros, ela pode cruzar os braços em sinal de desacordo ou resistência.

2. **Ombros curvados e cabeça baixa (negativa):** essa postura pode transmitir tristeza, cansaço ou derrota. Por exemplo, em uma situação em que a pessoa recebe uma notícia ruim, ela pode curvar os ombros e abaixar a cabeça em sinal de desânimo.

3. **Mãos nos quadris (negativa)**: essa postura pode indicar agressividade ou frustração. Por exemplo, em uma discus-

são acalorada, a pessoa pode colocar as mãos nos quadris em sinal de confrontação.

4. **Braços cruzados nas costas (negativa):** essa postura pode indicar impaciência ou raiva contida. Por exemplo, em uma situação em que a pessoa está esperando por algo ou alguém, ela pode cruzar os braços nas costas em sinal de irritação.

5. **Mãos nos bolsos (negativa):** essa postura pode indicar desconforto, timidez ou desinteresse. Por exemplo, em uma situação social em que a pessoa não conhece muitas pessoas, ela pode colocar as mãos nos bolsos em sinal de desconforto ou falta de vontade de se comunicar.

6. **Mãos no rosto (negativa):** essa postura pode indicar ansiedade, estresse ou cansaço. Por exemplo, uma situação em que a pessoa está sob pressão, ela pode colocar as mãos no rosto em sinal de nervosismo.

7. **Encolhimento (negativa):** essa postura pode indicar medo, insegurança ou desconforto. Por exemplo, em uma situação em que a pessoa se sente ameaçada, ela pode encolher os ombros e se encolher em sinal de proteção.

8. **Pé batendo no chão (negativa):** essa postura pode indicar impaciência, ansiedade ou irritação. Por exemplo, em uma situação em que a pessoa está esperando por algo ou alguém, ela pode bater o pé no chão em sinal de impaciência.

Além disso, a forma como uma pessoa se move pelo espaço pode transmitir informações adicionais. Por exemplo, uma pessoa que ocupa um espaço maior pode ser vista como mais confiante e dominante do que alguém que se mantém em uma posição mais recuada. Movimentos suaves e fluidos podem ser interpretados como calma e confiança, enquanto movimentos bruscos e abruptos podem sugerir agressividade ou tensão.

GESTOS

Os gestos são movimentos físicos que fazemos com as mãos, braços ou corpo para enfatizar uma mensagem ou transmitir uma emoção.

Os gestos podem ser classificados de diferentes maneiras quanto ao seu uso, como:

1. **Gestos de ilustração:** são usados para complementar a fala, descrever algo ou enfatizar uma ideia. Exemplo: fazer um gesto de "explosão" com as mãos para enfatizar a palavra "explodir".

2. **Gestos de emblema:** são gestos que possuem significados culturais específicos, como sinais de positivo ou negativo. Exemplo: o gesto de "legal" com o polegar levantado, que representa algo positivo em muitas culturas.

3. **Gestos de regulador:** são utilizados para controlar a interação verbal, indicando quando uma pessoa deve falar ou parar de falar. Exemplo: levantar a mão para pedir a palavra em uma reunião.

4. **Gestos de adaptador:** são movimentos automáticos ou nervosos que podem ter várias origens, como desconforto, tédio ou ansiedade. Exemplo: mexer com as mãos ou pés sem parar.

5. **Gestos de manipulação:** são gestos que envolvem mexer ou manipular objetos, como canetas ou joias. Exemplo: brincar com uma caneta enquanto fala.

6. **Gestos de afiliação:** são gestos que indicam a aproximação ou união com outras pessoas, como abraços e apertos de mão. Exemplo: abraçar um amigo ou apertar a mão de um colega.

7. **Gestos de desafio:** são usados para mostrar poder ou autoridade sobre outras pessoas, como cruzar os braços e

olhar fixamente para alguém. Exemplo: o gesto de "braços cruzados" pode indicar desafio ou resistência.

8. **Gestos de expressão emocional:** são gestos que transmitem emoções, como sorrir ou franzir a testa. Exemplo: sorrir ao receber uma boa notícia.
9. **Gestos de representação espacial:** são usados para indicar a posição de objetos ou pessoas em relação a si mesmo ou a outros objetos. Exemplo: apontar para uma direção ou indicar o tamanho de um objeto com as mãos.
10. **Gestos de alerta:** são usados para chamar a atenção para algo ou alguém, como apontar para um objeto perigoso ou uma pessoa que está chegando. Exemplo: apontar para um buraco no chão para evitar que alguém caia.

Os gestos, dependendo da sua função, usam mais ou menos uma parte do corpo.

1. **Gestos de mão**: são os gestos que utilizam as mãos para comunicar algo. Podem ser usados para enfatizar uma palavra, mostrar tamanho, direção ou expressar emoções. Alguns exemplos são:
   - ***Sinal de positivo:*** feito com o polegar levantado, simboliza algo bom, certo ou aprovado. Por exemplo, quando alguém pergunta se uma tarefa foi bem executada e a pessoa responde "sim" fazendo o sinal de positivo.
   - ***Sinal de negativo:*** feito com os dois indicadores cruzados, simboliza algo ruim, errado ou desaprovado. Por exemplo, quando alguém pergunta se uma comida estava boa e a pessoa responde "não" fazendo o sinal de negativo.
   - ***Apontar:*** utilizado para indicar algo ou alguém. Por exemplo, quando uma pessoa pergunta onde fica um lugar e a outra aponta com o dedo na direção correta.
   - ***Gesticular:*** são os movimentos livres das mãos que acompanham a fala. Podem indicar uma emoção, como

entusiasmo ou impaciência. Por exemplo, quando alguém está contando uma história e gesticula com as mãos para enfatizar um ponto.

2. **Gestos de cabeça:** são os gestos que envolvem movimentos da cabeça para transmitir uma mensagem. Podem indicar concordância, negação, dúvida, entre outras coisas. Alguns exemplos são:
   - ***Acenar com a cabeça:*** usado para indicar concordância ou aprovação. Por exemplo, quando alguém pergunta se pode fazer algo e a outra pessoa acena com a cabeça em sinal de consentimento.
   - ***Balançar a cabeça:*** pode indicar negação, dúvida ou desaprovação. Por exemplo, quando alguém pergunta se outra pessoa está bem e ela balança a cabeça em sinal de "não".
   - ***Inclinar a cabeça:*** pode indicar interesse ou compreensão. Por exemplo, quando alguém está ouvindo uma história e inclina a cabeça para demonstrar interesse.
   - ***Virar a cabeça:*** utilizado para direcionar a atenção para algo. Por exemplo, quando alguém está conversando e vira a cabeça para olhar para outra pessoa que acabou de entrar na sala.

3. **Gestos de braços:** são os gestos que envolvem movimentos dos braços para transmitir uma mensagem. Podem indicar proximidade, distância, abertura, entre outras coisas. Alguns exemplos são:
   - ***Gestos de abertura:*** os braços abertos indicam uma atitude acolhedora, de boas-vindas e aceitação. Esse gesto pode ser utilizado em situações como receber alguém em casa, em um encontro entre amigos ou em um abraço.
   - ***Gestos de fechamento:*** quando os braços estão cruzados na frente do corpo, pode indicar uma postura defensiva,

de resistência ou desconforto. Esse gesto pode ser usado em situações de conflito, quando a pessoa não se sente segura ou confortável.

- ***Gestos de direcionamento:*** quando os braços são usados para apontar ou indicar algo, pode indicar uma orientação ou direção. Esse gesto pode ser utilizado em situações como dar uma indicação de caminho, apontar um objeto ou direcionar a atenção para algo.
- ***Gestos de expressão:*** os braços podem ser usados para enfatizar uma expressão, como levantar as mãos em comemoração ou balançar os braços em desespero. Esse gesto pode ser utilizado em situações que expressam alegria, tristeza, raiva, entre outros sentimentos.
- ***Gestos de persuasão:*** os braços podem ser usados para persuadir alguém, como gesticular enquanto fala para reforçar uma ideia ou convencer alguém de algo. Esse gesto pode ser utilizado em situações de negociação, apresentação de ideias ou vendas.

4. **Gestos de corpo:** são aqueles que utilizam todo o corpo para comunicar uma mensagem ou sentimento. Alguns exemplos são:

- ***Postura ereta:*** uma postura ereta e equilibrada pode indicar confiança, segurança e determinação. Esse gesto pode ser utilizado em situações de liderança, negociação ou apresentação.
- ***Postura curvada:*** uma postura curvada ou encolhida pode indicar timidez, insegurança ou submissão. Esse gesto pode ser utilizado em situações de desconforto, medo ou desaprovação.
- ***Deslocamento:*** o deslocamento do corpo pode indicar interesse, ansiedade ou desconforto. Por exemplo, quando alguém se aproxima de uma pessoa para conversar, pode indicar interesse ou curiosidade. Por outro lado,

quando alguém se afasta, pode indicar desconforto ou falta de interesse.

- ***Contato físico:*** o contato físico, como abraçar ou apertar a mão de alguém, pode indicar intimidade, afeto ou respeito.

TOM DE VOZ

O tom de voz é um elemento fundamental da comunicação humana. Ele pode transmitir emoção, intenção e significado, e é uma parte essencial da forma como nos relacionamos com os outros.

Muitas vezes, o tom de voz pode ser mais importante do que as próprias palavras que estamos dizendo. Por exemplo, quando estamos brincando com um amigo, podemos dizer algo que, em si mesmo, é insultuoso, mas se o fizermos com um tom de voz brincalhão e divertido, nosso amigo entenderá que não estamos sendo sérios.

Da mesma forma, quando estamos em uma situação estressante ou conflituosa, o tom de voz pode transmitir nossas emoções e intenções de maneira poderosa. Se falamos com um tom de voz irritado ou agressivo, podemos provocar uma reação defensiva da outra pessoa, mesmo que as palavras que estamos dizendo sejam neutras ou até mesmo bem intencionadas. Por outro lado, se falamos com um tom de voz calmo e compassivo, podemos transmitir empatia e compaixão, mesmo que não tenhamos as palavras certas para expressar nossos sentimentos.

O tom de voz também pode variar de acordo com o contexto da comunicação. Por exemplo, se estamos em uma reunião de negócios, nosso tom de voz será mais formal e controlado do que se estivermos em uma conversa informal com amigos. Da mesma forma, se estamos falando com uma criança pequena, podemos usar um tom de voz mais suave e amigável para transmitir uma sensação de segurança e conforto.

Em resumo, o tom de voz é um elemento crucial da comunicação humana. Ele pode transmitir emoção, intenção e significado de maneira poderosa, e é uma parte essencial da forma como nos relacionamos com os outros. É importante lembrar que o tom de voz pode ser mais importante do que as palavras que estamos dizendo, e que devemos estar cientes de como estamos usando nosso tom de voz em diferentes contextos e situações de comunicação.

Existem diversos tipos de tom de voz, e eles podem ser classificados como positivos ou negativos, dependendo do impacto que têm na comunicação. As palavras impressas não possuem um tom. Quando eu descrever, na sequência, os tons de voz, você terá de fazer uma associação em função de sua experiência e memória auditiva.

Tons de voz positivos ou empáticos

1. **Tom de voz suave:** Um tom de voz suave pode transmitir calma, tranquilidade e conforto. É especialmente útil quando alguém está estressado, ansioso ou precisando de consolo. Por exemplo, "Está tudo bem, eu estou aqui com você".

2. **Tom de voz amigável:** Um tom de voz amigável pode transmitir amizade, alegria e simpatia. É uma forma de estabelecer conexão e criar um ambiente descontraído. Por exemplo, "Oi! Que bom te ver!".

3. **Tom de voz encorajador:** Um tom de voz encorajador pode transmitir confiança, motivação e apoio. É especialmente útil quando alguém está enfrentando um desafio ou precisa de incentivo. Por exemplo, "Você consegue fazer isso, eu acredito em você".

4. **Tom de voz alegre:** Um tom de voz alegre pode transmitir felicidade, satisfação e orgulho. É uma forma de expressar uma emoção positiva e compartilhá-la com os outros. Por exemplo, "Parabéns, você conseguiu!".

5. **Tom de voz tranquilo:** Um tom de voz tranquilo pode transmitir serenidade, relaxamento e paz. É especialmente útil quando alguém está ansioso, estressado ou precisa acalmar-se. Por exemplo, "Vamos tentar relaxar um pouco".
6. **Tom de voz agradável:** Um tom de voz agradável pode transmitir gratidão, apreciação e reconhecimento. É uma forma de reconhecer o esforço e o trabalho dos outros. Por exemplo, "Obrigado por ter feito isso, você me ajudou muito".
7. **Tom de voz respeitoso:** Um tom de voz respeitoso pode transmitir consideração, respeito e admiração. É uma forma de reconhecer o valor e a importância das opiniões e das perspectivas dos outros. Por exemplo, "Eu entendo a sua posição e respeito a sua opinião".
8. **Tom de voz empático:** Um tom de voz empático pode transmitir compreensão, empatia e solidariedade. É especialmente útil quando alguém está passando por uma situação difícil ou precisa de alguém que o compreenda. Por exemplo, "Eu sei que você está passando por um momento difícil, mas eu estou aqui para ajudar".
9. **Tom de voz motivador:** Um tom de voz motivador pode transmitir incentivo, entusiasmo e apoio. É especialmente útil quando alguém precisa de estímulo para alcançar um objetivo ou realizar uma tarefa. Por exemplo, "Vamos lá, você pode fazer melhor do que isso!".

Tons de voz negativos ou hostis

1. **Tom de voz agressivo:** Um tom de voz agressivo pode transmitir ameaça, raiva e hostilidade. É uma forma de intimidar ou de pressionar os outros. Por exemplo, "Você está louco ou o quê?".
2. **Tom de voz sarcástico:** Um tom de voz sarcástico pode transmitir desprezo, ironia e cinismo. É uma forma de ridi-

cularizar ou menosprezar as opiniões ou as ações dos outros. Por exemplo, "Parabéns, você conseguiu... finalmente!".

3. **Tom de voz acusatório:** Um tom de voz acusatório pode transmitir julgamento, crítica e culpa. É uma forma de responsabilizar ou apontar o dedo para os outros. Por exemplo, "Você é o responsável por isso, não eu!".

4. **Tom de voz irônico:** Um tom de voz irônico pode transmitir desdém, escárnio e zombaria. É uma forma de ridicularizar ou menosprezar as opiniões ou as ações dos outros. Por exemplo, "Oh, que ótimo, você é tão engraçado".

5. **Tom de voz impaciente:** Um tom de voz impaciente pode transmitir irritação, frustração e pressão. É uma forma de demonstrar falta de paciência ou de tolerância. Por exemplo, "Anda logo, não temos o dia todo".

6. **Tom de voz desrespeitoso:** Um tom de voz desrespeitoso pode transmitir desconsideração, desdém e falta de educação. É uma forma de ignorar ou desvalorizar as opiniões ou as perspectivas dos outros. Por exemplo, "Eu não estou interessado no que você tem a dizer".

7. **Tom de voz arrogante:** Um tom de voz arrogante pode transmitir superioridade, presunção e prepotência. É uma forma de se mostrar superior ou de menosprezar os outros. Por exemplo, "Eu sou o melhor nisso, ninguém pode me vencer".

8. **Tom de voz desmotivador:** Um tom de voz desmotivador pode transmitir desânimo, desencorajamento e desinteresse. É uma forma de desestimular ou desmotivar os outros. Por exemplo, "Isso é impossível, não adianta tentar".

9. **Tom de voz rude:** Um tom de voz rude pode transmitir grosseria, falta de educação e falta de respeito. É uma forma de ofender ou magoar os outros. Por exemplo, "Cala a boca, ninguém quer saber o que você pensa".

Exemplos

Exemplos de uma frase escrita que pode mudar completamente de sentido em função do tom de voz.

1. **"Eu te adoro":** Dependendo do tom de voz, essa frase pode transmitir diferentes sentimentos, como amor, ironia, desprezo ou desdém. Por exemplo, se dita com um tom de voz suave e carinhoso, é uma expressão de amor. Mas, se dita com um tom sarcástico, é uma ironia.

2. **"O que você quer?":** Essa frase pode ser interpretada de diferentes formas, dependendo do tom de voz. Se dita com um tom gentil e curioso, é uma pergunta para entender as necessidades do outro. Mas, se dita com um tom irritado e agressivo, pode ser uma expressão de frustração.

3. **"Eu não sei":** Dependendo do tom de voz, essa frase pode ser interpretada de diferentes formas. Se dita com um tom incerto e pensativo, é uma expressão de dúvida. Mas, se dita com um tom desdenhoso e arrogante, pode ser uma forma de ridicularizar o conhecimento do outro.

4. **"Parabéns":** O significado dessa frase pode mudar dependendo do tom de voz. Se dita com um tom alegre e entusiasmado, é uma expressão de felicitações. Mas, se dita com um tom sarcástico, pode ser uma forma de ridicularizar ou menosprezar os outros.

5. **"Eu te perdoo":** Essa frase pode ter diferentes significados dependendo do tom de voz. Se dita com um tom sincero e compassivo, é uma expressão de perdão e compaixão. Mas, se dita com um tom condescendente e superior, pode ser uma forma de menosprezar ou humilhar o outro.

6. **"Eu não me importo":** Essa frase pode ter diferentes sentidos dependendo do tom de voz. Se dita com um

tom desapegado e tranquilo, é uma expressão de desprendimento. Mas, se dita com um tom indiferente e desrespeitoso, pode ser uma forma de ignorar as necessidades do outro.

7. **"Você está certo":** Dependendo do tom de voz, essa frase pode ser interpretada de diferentes formas. Se dita com um tom sincero e respeitoso, é uma expressão de concordância. Mas, se dita com um tom condescendente e irônico, pode ser uma forma de ridicularizar ou menosprezar as opiniões do outro.

8. **"Eu te entendo":** Essa frase pode ser interpretada de diferentes formas, dependendo do tom de voz. Se dita com um tom empático e compreensivo, é uma expressão de solidariedade. Mas, se dita com um tom desinteressado e desmotivador, pode ser uma forma de desestimular ou desencorajar o outro.

9. **"Eu estou bem":** Essa frase pode ter diferentes sentidos dependendo do tom de voz. Se dita com um tom alegre e tranquilo, é uma expressão de bem-estar. Mas, se dita com um tom desanimado e desmotivador, pode ser uma forma de esconder sentimentos negativos.

10. **"Eu confio em você":** Essa frase pode ser interpretada de diferentes formas, dependendo do tom de voz. Se dita com um tom sincero e confiante, é uma expressão de fé e confiança. Mas, se dita com um tom irônico ou desconfiado, pode ser uma forma de ridicularizar ou menosprezar a capacidade do outro.

11. **"Eu estou orgulhoso de você":** Dependendo do tom de voz, essa frase pode ser interpretada de diferentes formas. Se dita com um tom sincero e amoroso, é uma expressão de orgulho e admiração. Mas, se dita com um tom arrogante ou superior, pode ser uma forma de menosprezar ou humilhar o outro.

12. **"Você é incrível":** Essa frase pode ter diferentes sentidos dependendo do tom de voz. Se dita com um tom positivo e admirado, é uma expressão de elogio e admiração. Mas, se dita com um tom irônico ou desdenhoso, pode ser uma forma de ridicularizar ou menosprezar as habilidades do outro.

13. **"Eu acredito em você":** Essa frase pode ser interpretada de diferentes formas, dependendo do tom de voz. Se dita com um tom positivo e motivador, é uma expressão de incentivo e apoio. Mas, se dita com um tom duvidoso ou desconfiado, pode ser uma forma de desestimular ou menosprezar a capacidade do outro.

14. **"Não se preocupe":** Dependendo do tom de voz, essa frase pode ser interpretada de diferentes formas. Se dita com um tom tranquilo e reconfortante, é uma expressão de apoio e tranquilidade. Mas com um tom desdenhoso ou irritado, pode ser uma forma de minimizar a importância dos problemas do outro.

15. **"Estou feliz em vê-lo":** Essa frase pode ter diferentes sentidos dependendo do tom de voz. Se dita com um tom sincero e acolhedor, é uma expressão de alegria e prazer em encontrar a outra pessoa. Já com um tom irônico ou forçado, pode ser uma forma de desdém ou sarcasmo.

A LINGUAGEM DAS CORES NO DIÁLOGO NÃO VERBAL

As cores podem ser usadas na linguagem para transmitir significados e emoções em uma conversa. As diferentes cores têm associações culturais e psicológicas específicas, que podem afetar a maneira como as pessoas interpretam a linguagem das cores. A linguagem das cores na comunicação não verbal é uma forma subjetiva de expressar emoções, sentimentos e intenções por meio do uso de cores em roupas, objetos e ambientes. As cores podem transmitir mensagens diferentes e influenciar a percepção das pessoas, por isso são uma ferramenta poderosa na comunicação não verbal.

Podemos usar as cores em um ambiente para comunicar algo de forma não verbal de diversas maneiras. Por exemplo, o uso de cores quentes como o vermelho e o laranja pode transmitir energia, paixão e entusiasmo, enquanto cores frias como o azul e o verde podem transmitir tranquilidade e serenidade. Já o preto pode transmitir sofisticação e elegância ou a tristeza do luto e o branco pode transmitir pureza e paz. A menção de uma cor dentro de um diálogo falado pode acrescentar um novo nível de sentimentos e emoção à conversa, pois as cores podem evocar imagens, sensações e emoções específicas. Por exemplo, ao dizer "estou me sentindo cinza hoje", a pessoa pode estar querendo transmitir a sensação de tristeza ou melancolia. Já ao dizer "estou vendo tudo vermelho", a pessoa pode estar transmitindo a sensação de raiva ou frustração.

A seguir, alguns exemplos de como as cores podem ser utilizadas na comunicação não verbal:

- **Um ambiente de trabalho** pode ser decorado com tons neutros e claros para transmitir seriedade e profissionalismo, enquanto um ambiente de lazer pode ser decorado com cores vibrantes e alegres para transmitir descontração e diversão e isso influir no rumo que o diálogo terá.

- **Uma pessoa vestindo preto e branco** pode transmitir sobriedade e elegância, enquanto uma pessoa vestindo cores vibrantes pode transmitir alegria e energia.

- **Em um contexto de negociação**, o uso da cor vermelha em um objeto pode transmitir uma mensagem de urgência e importância, enquanto o uso da cor verde pode transmitir uma mensagem de calma e tranquilidade.

Em resumo, a linguagem das cores na comunicação não verbal é uma ferramenta poderosa para transmitir mensagens, emoções e intenções. O uso das cores pode influenciar a percepção das pessoas e acrescentar um novo nível de significado à conversa.

Aqui estão dez cores e suas associações com sentimentos:

1. **Vermelho:** O vermelho é frequentemente associado a emoções intensas como paixão, amor e raiva. Pode ser usado para transmitir senso de urgência, perigo ou importância. Por exemplo, placas de sinalização vermelhas são frequentemente usadas para indicar perigo ou alerta. Em um diálogo, o uso da cor vermelha pode indicar que a pessoa está enfatizando sua mensagem ou que está sentindo uma forte emoção.
2. **Azul:** O azul é frequentemente associado a sensações de tranquilidade, calma e serenidade. Pode ser usado para transmitir confiança e segurança. Por exemplo, muitas empresas usam o azul em suas marcas ou logotipos para transmitir uma imagem de confiança e estabilidade. Em um diálogo, o uso da cor azul pode indicar que a pessoa está se sentindo tranquila e confiante.
3. **Amarelo:** O amarelo é frequentemente associado a sentimentos de felicidade, otimismo e alegria. Pode ser usado para transmitir uma mensagem positiva e ensolarada. Por exemplo, muitos cartazes de propaganda usam o amarelo para chamar a atenção das pessoas e transmitir uma mensagem alegre e otimista. Em um diálogo, o uso da cor amarela pode indicar que a pessoa está se sentindo positiva e feliz.
4. **Verde:** O verde é frequentemente associado a sensações de natureza, crescimento e frescor. Pode ser usado para transmitir uma mensagem de esperança ou de renovação. Por exemplo, muitas empresas que trabalham com produtos naturais usam o verde em suas marcas ou logotipos para transmitir uma imagem de frescor e naturalidade. Em

um diálogo, o uso da cor verde pode indicar que a pessoa está se sentindo renovada ou esperançosa.

5. **Roxo:** O roxo é frequentemente associado a sensações de mistério, criatividade e luxo. Pode ser usado para transmitir uma mensagem de sofisticação ou de algo único e especial. Por exemplo, muitas marcas de cosméticos usam o roxo em suas embalagens para transmitir uma sensação de luxo e exclusividade. Em um diálogo, o uso da cor roxa pode indicar que a pessoa está se sentindo criativa ou sofisticada.

6. **Preto:** O preto é frequentemente associado a sensações de elegância, poder e autoridade. Pode ser usado para transmitir uma mensagem de seriedade ou de algo sofisticado. Por exemplo, muitas marcas de carros de luxo usam o preto em suas campanhas publicitárias para transmitir uma imagem de poder e sofisticação. Em um diálogo, o uso da cor preta pode indicar que a pessoa está se sentindo séria e autoritária.

7. **Laranja:** É uma cor que representa energia, vitalidade e entusiasmo. É muito utilizada em marcas de produtos esportivos e de entretenimento. Também pode ser associada à criatividade e inovação. Exemplos: uniformes de funcionários de parques de diversões, logos de empresas de bebidas energéticas, decoração de salas de estar.

8. **Rosa:** É uma cor que traz a sensação de delicadeza, romantismo e ternura. É muito utilizada em produtos relacionados ao universo feminino, como moda e beleza. Também pode ser associada à inocência e pureza. Exemplos: logos de lojas de roupas femininas, decoração de festas de casamento, embalagens de produtos de higiene pessoal para crianças.

9. **Branco:** O branco é a cor da pureza, da inocência e da paz. Simboliza a limpeza e a ordem, e é frequentemente associado a ambientes estéreis e a instituições médicas e científicas. Na cultura Ocidental, o branco é tradicionalmente usado em casamentos, onde representa a pureza e a simplicidade.

Também pode ser associado à ideia de simplicidade e minimalismo. Porém, em algumas culturas, como a chinesa, o branco pode simbolizar a morte e é usado em funerais.

10. **Cinza:** O cinza é uma cor neutra e equilibrada, associada à estabilidade e à sofisticação. É uma cor que pode expressar neutralidade e indecisão, e é frequentemente associada a ambientes empresariais e profissionais. Em sua versão mais clara, a cor cinza pode transmitir calma e equilíbrio emocional, enquanto em tonalidades mais escuras pode representar tristeza e depressão. O cinza também é uma cor que pode ser vista como conservadora e tradicional, mas pode ganhar um toque mais moderno e sofisticado quando combinado com outras cores mais vibrantes.

A seguir estão alguns exemplos de diálogos que usam cores para despertar emoções e sentimentos. Aqui, a cor por si só desperta no interlocutor uma interação espontânea, ou seja, de forma não verbal e influencia o diálogo.

Exemplo 1:

Personagem 1: Eu não acredito que você está usando preto! Fica tão bem em você.

Personagem 2: Obrigado! Eu amo usar preto porque me faz sentir poderosa e confiante.

Nesse diálogo, a cor preta é usada para transmitir uma sensação de poder e confiança. O personagem 2 usa a cor preta para sentir-se bem consigo mesmo e para transmitir essa sensação de confiança aos outros.

Exemplo 2:

Personagem 1: O que você acha deste vestido amarelo?

Personagem 2: Eu adoro! É tão brilhante e alegre. Faz-me sentir feliz só de olhar para ele.

Nesse diálogo, a cor amarela é usada para transmitir uma sensação de alegria e felicidade. O personagem 2 usa a cor amarela para se sentir feliz e para transmitir essa sensação aos outros.

Esses são apenas alguns exemplos de diálogos que usam cores para despertar emoções e sentimentos. É importante lembrar que a escolha da cor e a maneira como ela é usada na conversa podem ter um grande impacto na forma como a mensagem é recebida e interpretada pelas outras pessoas envolvidas na conversa.

A LINGUAGEM ESPACIAL E O DIÁLOGO

A linguagem espacial é uma forma de comunicação não verbal que envolve o posicionamento e distanciamento das pessoas em um determinado espaço. A forma como as pessoas se posicionam em relação umas às outras pode transmitir informações sobre o nível de intimidade, poder, hierarquia e respeito entre elas. Por exemplo, se duas pessoas estão em uma conversa e uma delas se posiciona muito próxima à outra, isso pode ser interpretado como um sinal de intimidade ou interesse na outra pessoa. Por outro lado, se as pessoas estão distantes uma da outra, isso pode indicar falta de interesse ou respeito.

O posicionamento em relação a objetos no espaço também pode transmitir informações. Se uma pessoa está sentada em uma cadeira voltada para a porta, isso pode indicar que ela está pronta para sair a qualquer momento. Já se ela está voltada para a parede, isso pode indicar que está mais relaxada e menos preocupada em sair.

A linguagem geoespacial pode ser influenciada por fatores culturais e pessoais. Em algumas culturas, por exemplo, é comum que as pessoas se posicionem mais próximas umas das outras, enquanto em outras, é mais comum manter uma distância maior. O posicionamento pode ser influenciado pela personalidade e emoções da pessoa, como timidez, confiança, nervosismo, entre outras.

A linguagem não verbal espacial na sala de reuniões

A posição em que uma pessoa decide se sentar em ambiente pode indicar algo sobre sua personalidade, papel ou intenções. Na escola é muito comum para os professores identificarem os alunos interessados e os que vão dar problema eventualmente. A turma do fundão, conhecida por sentar nas últimas carteiras no fundo da sala normalmente indica uma predisposição para a falta de interesse na sala. Ficar longe do professor dá mais liberdade e menos possibilidade para serem observados. No lado oposto, nas primeiras carteiras de cada fila estão os nerds, CDFs e outras nomenclaturas para os alunos que realmente estão interessados na aula. E você? Era nerd ou ficava lá no fundo?

No ambiente profissional e em uma sala de reuniões grande, o mesmo padrão de comportamento existe e pode dar alguma indicação sobre os ocupantes das cadeiras.

Aqui estão alguns exemplos:

!

1. **Na ponta da mesa:** essa posição geralmente é ocupada pela pessoa que lidera a reunião ou que tem um papel importante a desempenhar. Ela pode indicar uma personalidade assertiva e dominante.
2. **No centro da mesa:** essa posição é ocupada por pessoas que buscam se tornar o centro das atenções e que desejam ser ouvidas. Essa pessoa pode ter uma personalidade mais extrovertida.

▸▸

Foto: Pexels

3. **Perto da porta:** essa posição é ocupada por pessoas que não querem se destacar ou que não têm um papel muito importante na reunião. Essa pessoa pode ter uma personalidade mais introvertida ou pode estar menos envolvida no assunto em questão.

4. **Lado oposto ao líder da reunião:** essa posição pode ser ocupada por pessoas que têm uma opinião diferente da do líder da reunião ou que querem se opor a ele. Essa pessoa pode ter uma personalidade mais desafiadora ou pode estar procurando influenciar as decisões tomadas na reunião.

É comum que o líder ou organizador da reunião se sente em uma das pontas da mesa, geralmente na cabeceira, pois é a posição que lhe permite uma visão geral da sala e uma posição de destaque.

As cadeiras mais próximas do líder costumam serem ocupadas por seus aliados, pessoas que estão alinhadas com seus objetivos e que querem apoiá-lo. Essas pessoas podem ter um papel importante a desempenhar na reunião, como apresentar informações relevantes ou apoiar as decisões tomadas. As cadeiras no meio da mesa podem ser ocupadas por mediadores, que tentam encontrar um consenso entre as partes envolvidas. Essas pessoas geralmente têm habilidades de comunicação e de negociação bem desenvolvidas e podem ajudar a manter a discussão na linha certa.

As cadeiras mais distantes do líder são geralmente ocupadas por observadores, pessoas que não têm um papel importante na reunião, mas que estão lá para aprender ou para se manter informadas sobre o que está sendo discutido. Essas pessoas podem ser novatas na equipe ou representantes de outras áreas da empresa. As cadeiras na ponta oposta do líder são as que geralmente são ocupadas por rebeldes, palhaços ou opositores. Essas pessoas podem ter uma visão diferente sobre o assunto em questão e podem estar lá para desafiar as ideias do líder ou para trazer uma nova perspectiva. Eles podem ser rebeldes ou palhaços, que têm uma abordagem mais descontraída e criativa para a reunião, ou podem ser opositores que querem se opor às decisões tomadas.

É importante lembrar que a posição em que alguém decide se sentar pode variar de acordo com a cultura ou as circunstâncias específicas da reunião. A personalidade e as intenções de uma pessoa não podem ser totalmente determinadas apenas pela posição em que ela se senta, mas associada com sua experiência e histórico de relacionamento com os participantes pode lhe ajudar a direcionar o diálogo com as pessoas da reunião de forma mais produtiva.

PROXÊMICA - A LINGUAGEM DA DISTÂNCIA INTERPESSOAL FÍSICA

A proxêmica é o estudo da comunicação não verbal relacionada à distância e ao espaço entre as pessoas. Desenvolvida pelo antropólogo Edward T. Hall na década de 1960, refere-se à forma como os indivíduos percebem, utilizam e interpretam o espaço pessoal em diferentes contextos culturais. A distância interpessoal é influenciada por vários fatores, incluindo cultura, relacionamento, personalidade e contexto social.

Existem quatro tipos de distância interpessoal que as pessoas geralmente usam em interações sociais:

1. **Distância íntima:** Essa é a distância mais próxima, entre o a 50 centímetros. É usada em situações íntimas ou reservadas, como abraçar, beijar ou falar com um parceiro romântico, amigo próximo ou parente.

2. **Distância pessoal:** Essa distância varia de 50 centímetros a 1 metro. É usada em situações informais, como conversas com amigos ou colegas de trabalho, ou situações em que a pessoa não conhece muito bem o interlocutor.

3. **Distância social:** Essa distância varia de 1 a 3,5 metros. É usada em situações formais, como reuniões de negócios, eventos sociais, apresentações e palestras.

4. **Distância pública:** Essa distância é superior a 3,5 metros. É usada em situações públicas, como shows, cerimônias e eventos ao ar livre.

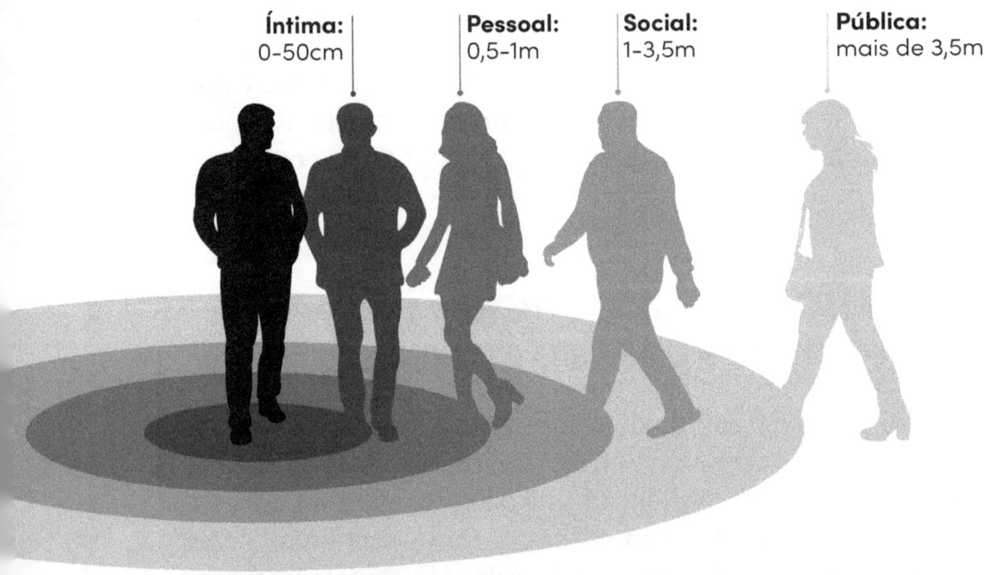

O significado da distância interpessoal também pode variar de acordo com o contexto social. Por exemplo, se uma pessoa se aproxima demais de outra em um contexto social formal, como uma reunião de negócios, isso pode ser interpretado como invasão de espaço pessoal e falta de respeito. Por outro lado, se duas pessoas se mantêm distantes em uma festa, isso pode ser interpretado como frieza ou falta de interesse. Em resumo, a distância interpessoal pode ser uma forma importante de comunicação não verbal e é influenciada por vários fatores, incluindo cultura, relacionamento, personalidade e contexto social. É importante ter em mente que a interpretação da distância interpessoal pode variar de acordo com esses fatores, e é importante considerar o contexto e a cultura em que a interação está ocorrendo.

A LINGUAGEM DO OLHAR – DIRECIONAMENTO

De acordo com a Programação Neurolinguística (PNL), a direção do olhar pode indicar qual modalidade sensorial uma pessoa está usando para processar informações em um determinado momento. A PNL sugere que cada direção do olhar está associada a um tipo específico de processamento cognitivo e que, ao ler a direção do olhar de alguém, podemos identificar qual modalidade sensorial a pessoa está usando.

A seguir, está um resumo das direções do olhar segundo a PNL:

- **Olhando para cima e para a direita:** indica que a pessoa está usando o processo de pensamento visual construído, ou seja, imaginando algo que ainda não aconteceu.
- **Olhando para cima e para a esquerda:** indica que a pessoa está usando o processo de pensamento visual lembrado, ou seja, lembrando-se de algo que já aconteceu.
- **Olhando para o lado direito:** indica que a pessoa está usando o processo de pensamento auditivo construído, ou seja, criando uma imagem mental de algo que está ouvindo.
- **Olhando para o lado esquerdo:** indica que a pessoa está usando o processo de pensamento auditivo lembrado, ou seja, lembrando-se de um som que já ouviu antes.

- **Olhando para baixo e para a direita:** indica que a pessoa está usando o processo de pensamento sinestésico ou de sentimento, ou seja, imaginando uma sensação física.
- **Olhando para baixo e para a esquerda:** indica que a pessoa está usando o processo de pensamento interno, ou seja, falando consigo mesma ou processando informações internas.

MOVIMENTO PROVÁVEL DOS OLHOS

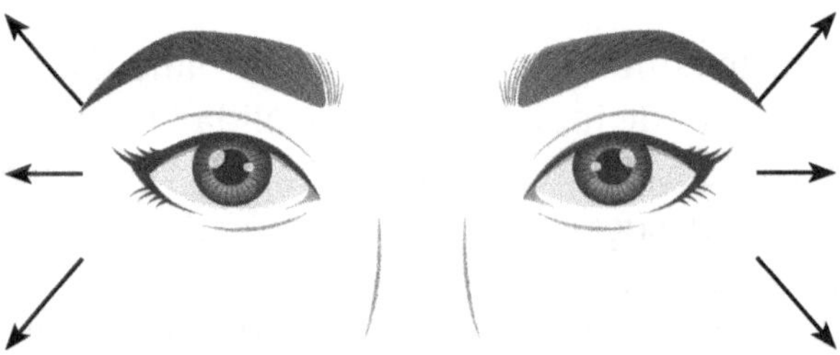

É importante ressaltar que a teoria da direção do olhar na PNL é controversa e não tem suporte científico consistente. Além disso, é importante não rotular ou julgar uma pessoa com base em sua direção do olhar, pois a linguagem corporal é complexa e deve ser interpretada em conjunto com outras pistas não verbais e verbais para uma compreensão completa da situação. Contudo analisar o movimento do olhar associado com o conhecimento da personalidade do interlocutor e os demais sinais não verbais descrito neste capítulo pode nos adicionar uma nova camada de conhecimento para a elaboração de um diálogo eficiente.

Resumo:

Direção do Olhar	Significado
Olhando diretamente nos olhos	Interesse, atenção, engajamento
Evitando o contato visual	Desinteresse, desconforto, desconfiança
Olhando para cima e para a direita	Imaginando algo
Olhando para cima e para a esquerda	Lembrando visualmente de algo
Olhando para baixo	Timidez, submissão, falta de confiança
Olhando para o lado direito	Imaginando um som
Olhando para o lado esquerdo	Lembrando um som
Desviando o olhar rapidamente	Desconfiança, desconforto, nervosismo
Olhando para baixo e para a direita	Imaginação, criação de imagens, sensações
Olhando para baixo e para a esquerda	Acesso a emoções internas, processamento interno
Olhando para cima	Buscando inspiração, ideias, esperança

O HISTÓRICO DE RELACIONAMENTO DOS INTERLOCUTORES

O histórico de relacionamento entre as pessoas envolvidas em uma conversa pode ter uma grande influência na qualidade e no resultado do diálogo. O modo como as pessoas se comunicam pode ser afetado por experiências passadas que elas tiveram juntas, sejam elas positivas ou negativas.

Quando duas pessoas têm um histórico positivo, ou seja, elas já tiveram experiências agradáveis e construtivas juntas, é mais provável que elas se comuniquem de forma mais aberta, franca e empática. Isso acontece porque há uma base de confiança e entendimento mútuo que facilita a comunicação e torna mais fácil expressar ideias e sentimentos. Por outro lado, quando o histórico entre as pessoas é negativo, ou seja, elas já tiveram experiências ruins juntas, é mais provável que haja conflitos e desentendimentos na comunicação. Isso pode acontecer porque as pessoas trazem consigo ressentimentos, mágoas ou traumas do passado que afetam a forma como elas se comunicam. Isso pode resultar em uma comunicação defensiva, desconfiada, evasiva ou até mesmo agressiva.

É importante notar que mesmo quando o histórico entre as pessoas é negativo, ainda é possível ter um diálogo construtivo. Para isso, é preciso que as pessoas estejam dispostas a deixar o passado para trás, reconhecer as suas próprias emoções e se comunicar de forma empática e respeitosa. Isso pode ser difícil, mas é fundamental para que haja uma resolução saudável de conflitos e para que a comunicação melhore ao longo do tempo. Portanto, é essencial que as pessoas estejam cientes do impacto que o histórico de relacionamento pode ter na comunicação e que estejam dispostas a trabalhar juntas para superar quaisquer obstáculos e estabelecer um diálogo construtivo e saudável.

A seguir, quatro exemplos de diálogos com históricos de relacionamentos positivos e negativos:

Exemplo 1 - Histórico positivo:

Pessoa A: Olá, como você está?

Pessoa B: Olá, estou bem, obrigada. E você?

Pessoa A: Estou bem também, obrigada. Queria conversar com você sobre um projeto que estou trabalhando. Você tem um tempinho para discutirmos?

Exemplo 2 - Histórico negativo:

Pessoa A: Oi.

Pessoa B: O que você quer?

Pessoa A: Nada, só queria falar com você sobre aquele problema que tivemos na semana passada.

Pessoa B: Não quero falar sobre isso. Já foi resolvido.

Exemplo 3 - Histórico positivo:

Pessoa A: Ei, lembra-se daquele lugar que fomos juntos na última vez?

Pessoa B: Claro que lembro, foi muito divertido.

Pessoa A: Pois é, estou pensando em organizar outra saída como aquela. Você topa?

Exemplo 4 - Histórico negativo:

Pessoa A: Oi, posso falar com você um minuto?

Pessoa B: O que foi agora?

Pessoa A: Eu só queria te pedir desculpas por aquela coisa que eu disse na reunião.

Pessoa B: Não quero ouvir suas desculpas. Você sempre faz a mesma coisa e depois pede desculpas, não quero mais saber.

Esses exemplos ilustram como o histórico de relacionamento pode influenciar a forma como as pessoas se comunicam e, consequentemente, o resultado da conversa. Quando há um histórico positivo, a comunicação costuma ser mais fluída, amigável e respeitosa, enquanto em um histórico negativo, pode haver mais resistência, desconfiança e até mesmo hostilidade na comunicação.

QUANDO MENTE E CORPO NÃO SE ALINHAM

A linguagem não verbal pode se contrapor totalmente ao que está sendo falado, transmitindo uma mensagem diferente ou contraditória. Bem-vindo ao universo misterioso do comportamento humano. Isso pode causar confusão, falta de confiança e desentendimento em uma conversa ou diálogo. A seguir estão alguns exemplos de como a linguagem não verbal pode se opor ao que está sendo dito:

1. **Sorrindo enquanto expressa tristeza:** Um sorriso pode transmitir alegria ou felicidade, mas sorrir enquanto se expressa tristeza pode ser enganoso e confuso.
2. **Cruzando os braços enquanto diz que está aberto a novas ideias:** Cruzar os braços pode transmitir desinteresse, defesa ou fechamento, o que é oposto à mensagem de estar aberto a novas ideias.
3. **Balançando a cabeça enquanto diz que não concorda:** Balançar a cabeça verticalmente pode transmitir concordância ou aprovação, o que é oposto à mensagem de não concordar.
4. **Olhando para o chão enquanto diz que está confiante:** Olhar para o chão pode transmitir submissão, falta de confiança ou desinteresse, o que é oposto à mensagem de estar confiante.
5. **Cruzando os dedos atrás das costas enquanto promete ser honesto:** Cruzar os dedos pode ser interpretado como uma mentira ou engano, o que é oposto à mensagem de prometer ser honesto.
6. **Sorrindo enquanto se expressa raiva:** Um sorriso pode ser interpretado como uma provocação ou sarcasmo, o que é oposto à mensagem de expressar raiva.
7. **Mantendo uma postura fechada enquanto diz que está aberto a discussão:** Uma postura fechada, como cruzar as pernas e os braços, pode transmitir defesa, desinteresse ou desconfiança, o que é oposto à mensagem de estar aberto a discussão.
8. **Mexendo nas mãos enquanto diz que está calmo:** Mexer nas mãos pode transmitir nervosismo, ansiedade ou tensão, o que é oposto à mensagem de estar calmo.

9. **Olhando para o relógio enquanto diz que está interessado:** Olhar para o relógio pode transmitir pressa, impaciência ou falta de interesse, o que é oposto à mensagem de estar interessado.
10. **Apertando os lábios enquanto diz que está feliz:** Apertar os lábios pode transmitir insatisfação, frustração ou desaprovação, o que é oposto à mensagem de estar feliz.
11. **Evitar contato visual:** Evitar contato visual pode contradizer uma mensagem de confiança ou honestidade.
12. **Falar rápido demais:** Falar rápido demais pode contradizer uma mensagem de calma ou tranquilidade.

Em suma, é importante estar ciente da nossa linguagem não verbal para evitar que ela contradiga as nossas palavras e transmita a mensagem errada. A capacidade de interpretar a linguagem não verbal dos outros também é importante para compreender melhor as suas intenções e emoções.

ATIVIDADES PROPOSTAS

1. Pratique a identificação do movimento do olhar tentando identificar se a pessoa está inventando ou lembrando algo quando perguntado. Inicie com pessoas que você já desconfia ou sabe que age daquela forma para testar esta prática.

2. Tente lembrar-se de situações onde cores ou o ambiente tiveram algum impacto em uma conversa que você teve.

3. Observe uma conversa entre duas pessoas e tente perceber se elas estão sincronizadas ou não em seus gestos, posturas e expressões. Por exemplo, se elas se inclinam uma para a outra, se espelham os movimentos, se sorriem ou franzem a testa.

4. Assista a um vídeo de uma entrevista ou um debate e anote as palavras e os gestos que os participantes usam. Depois, compare se eles são coerentes ou contraditórios. Por exemplo, se alguém diz que está confiante, mas cruza os braços e as pernas, ou se alguém diz que está aberto ao diálogo, mas interrompe o outro constantemente.

5. Escolha uma pessoa que você conhece bem e tente imitar seus gestos, posturas e expressões. Depois, pergunte a ela o que ela sente ou pensa quando usa esses elementos não verbais. Por exemplo, se ela costuma tocar o cabelo quando está nervosa, ou se ela levanta as sobrancelhas quando está desconfiada.

6. Leia um texto em voz alta e tente usar diferentes elementos não verbais para mudar o sentido das palavras. Por exemplo, se você ler uma frase irônica com um tom sério, ou uma frase séria com um tom irônico. Depois, peça a alguém para ouvir e dizer o que entendeu.

7. Observe uma pessoa que esteja falando ao telefone e tente adivinhar o que ela está dizendo pela linguagem não verbal. Por exemplo, se ela está feliz, triste, irritada, entediada, etc. Depois, pergunte a ela se você acertou ou não.

8. Escreva uma frase ambígua e tente dizer ela com diferentes intenções usando a linguagem não verbal. Por exemplo, se você escrever "Que bom que você veio", você pode dizer isso com sinceridade, ironia, surpresa, etc. Depois, peça a alguém para dizer qual foi a intenção de cada vez.

9. Observe uma pessoa que esteja tentando persuadir ou influenciar alguém e tente identificar os elementos não verbais que ela usa. Por exemplo, se ela usa gestos amplos, contato visual direto, sorrisos, etc. Depois, pergunte à pessoa que foi persuadida ou influenciada se ela percebeu esses elementos ou não.

Foto: Freepik

CAPÍTULO 10

Diálogo Inclusivo

> **A comunicação leva à comunidade, ou seja, ao entendimento, à intimidade e ao valor mútuo.**
>
> *Rollo Reece May*
> (1909-1994, psicólogo existencialista)

O PODER DO DIÁLOGO INCLUSIVO

O diálogo inclusivo é uma prática fundamental para promover a diversidade e a igualdade em nosso entorno e na sociedade como um todo. É um tipo de diálogo que reconhece e respeita as diferenças, ao mesmo tempo que promove a empatia e a compreensão entre as pessoas.

Elementos do diálogo inclusivo

O diálogo inclusivo é caracterizado por elementos como escuta ativa, empatia, respeito, reconhecimento das diferenças e busca por um consenso. É importante que cada pessoa envolvida no diálogo tenha a oportunidade de expressar sua opinião e que todas as vozes sejam ouvidas.

Quando praticado com sucesso, o diálogo inclusivo pode melhorar as relações interpessoais, promovendo a harmonia e a compreensão mútua. Isso é especialmente importante em ambientes de trabalho, onde as diferenças de gênero, raça, etnia, idade e religião podem levar a conflitos, mal-entendidos e principalmente algum tipo de exclusão. As deficiências físicas ou neurológicas comentadas no Capítulo 3 devem ser objeto do diálogo inclusivo que pode e deve ser aplicado em outras situações, como na política, nas relações familiares e em grupos comunitários.

MUDANÇAS DE VALORES

A Humanidade parece caminhar em passos lentos para mudar muitas de suas práticas históricas em relação à diversidade. Contudo, com o auxílio da tecnologia, as últimas décadas permitiram levar a voz de pessoas que eram invisíveis para onde nunca tinham sido ouvidas e com isso mobilizarem a sociedade para mudar tais práticas. Há muito para ser feito para que as diferenças sejam parte do todo e não um problema, literalmente a parte.

O preconceito estrutural

O preconceito estrutural é uma forma de discriminação que está enraizada nas estruturas e instituições sociais de uma sociedade. É um preconceito sistemático e persistente que afeta grupos específicos de pessoas com base em sua raça, etnia, gênero, orientação sexual, classe social, religião, deficiência física e neurológica ou qualquer outra característica identitária que não esteja em conformidade com um padrão estabelecido e vigente.

Ao contrário do preconceito individual, que se manifesta nas atitudes e crenças pessoais de um indivíduo, o preconceito estrutural está incorporado nas políticas, práticas e normas sociais que governam uma sociedade. Ele pode ser observado em sistemas como o governo, a educação, o sistema jurídico, o mercado de trabalho e outros aspectos da vida em sociedade. O preconceito estrutural se perpetua através da reprodução de desigualdades sistemáticas ao longo do tempo. Por exemplo, um sistema educacional que oferece oportunidades desiguais para certos grupos é uma manifestação de preconceito estrutural. Essas desigualdades podem resultar em disparidades de acesso a educação, emprego, serviços de saúde e outros recursos essenciais.

Vejamos exemplos de como acontece o preconceito estrutural em alguns dos grupos citados:

1. **Racismo estrutural:** se manifesta nas políticas, práticas e normas sociais que perpetuam a discriminação racial. Por exemplo, quando existe uma disparidade nas oportunidades de emprego, educação e habitação entre pessoas de diferentes grupos raciais, isso pode ser considerado um reflexo do racismo estrutural. Outro exemplo é a prática do perfil racial, na qual certos grupos raciais são alvo de maior inspeção e suspeita por parte das autoridades de segurança, resultando em uma aplicação desigual da lei.

2. **Xenofobia estrutural:** Se refere à discriminação e marginalização sistemática de pessoas baseadas em sua origem regional ou nacional, étnica ou migratória. Por exemplo, políticas de imigração são criadas dificultando o acesso e a integração de pessoas estrangeiras. A falta de proteção adequada para os direitos e bem-estar de imigrantes ou migrantes em áreas como trabalho, moradia e serviços sociais também é uma manifestação desse tipo de preconceito.

▸▸

3. **Preconceito estrutural de gênero:** Em muitas sociedades existe o reforço de papéis de gênero e expectativas estereotipadas como a expectativa de que as mulheres sejam responsáveis pelas tarefas domésticas e cuidados familiares, enquanto os homens são incentivados a serem assertivos e dominantes. As mulheres enfrentam disparidades salariais em comparação aos homens em cargos equivalentes e têm menos oportunidades de ascensão profissional ou são direcionadas para ocupações consideradas tradicionalmente femininas, resultando em uma segregação ocupacional de gênero.

4. **Violência de gênero:** A violência de gênero é uma manifestação extrema do preconceito estrutural. Mulheres, pessoas trans e outras identidades não conformes enfrentam taxas desproporcionalmente altas de violência física, sexual e emocional. Essa violência é alimentada por normas de gênero que perpetuam a desigualdade e a objetificação dessas pessoas, reforçando assim este preconceito estrutural.

A mudança cabe a nós

Coletivo *(adjetivo)*

1. Que abrange várias pessoas ou coisas.
2. Que pertence a várias pessoas.

Para combater o preconceito estrutural, é necessário um esforço coletivo e incessante para identificar, confrontar e mudar as normas e estruturas sociais que perpetuam a discriminação. Isso inclui a prática de políticas e práticas que promovam a igualdade, a inclusão e a justiça social, bem como a conscientização e educação sobre os impactos do preconceito estrutural em nossas comunidades.

Esse é um processo contínuo e que acontece gradativamente pelos membros de uma sociedade.

Mudando nossos valores

Cada geração tem suas próprias características que afetam a forma como interagem com as demais gerações. Dediquei o Capítulo 13 para discorrer sobre o impacto das gerações no diálogo. Precisamos entender que cada uma delas cresceu com valores diferentes e vigentes à sua época e que nem todos os membros de uma geração mudam o seu comportamento imediatamente quando novos valores são estabelecidos como padrão.

Uma pessoa que vive oitenta anos convive com três ou quatro gerações. O mundo há 80, 60 ou 40 anos tinha valores e comportamento sociais muito diferentes dos de hoje. Quando você nasce e cresce ouvindo e vendo cenas e comportamentos repetitivos diariamente passa a aceitar aquilo como o padrão em função do contexto no qual vive incluindo comportamento social, religioso, político e humano. Uma vez estabelecido um padrão cria-se todo um sistema de cobranças e aceitação e exclusão das pessoas em função de sua individualidade e pareamento com o sistema dominante.

Eu cresci vendo e ouvindo que meninos usam a cor azul e meninas usam rosa. Que lugar de mulher é atrás do fogão. Ouvindo piadas sobre gays, pretos, judeus, portugueses, aleijados e outros temas que são absolutamente inapropriados atualmente, mas que naquela época eram considerados comportamentos e pensamentos normais.

O tempo passou e eu tenho a convicção de que me esforcei para substituir os valores e padrões da minha infância para os valores vigentes e abracei a diversidade há muito tempo. Reconheço que não é um processo fácil e rápido. É como trocar os pilares e fundações de um prédio de aço e concreto, você faz uma troca por vez, mas que quando é concluído é engrandecedor. Contudo, conheço muitas pessoas da minha e até da geração seguinte que ainda mantém os antigos valores incorporados e de forma dominante em seu relacionamento com a sociedade. Para elas, o preconceito ainda é um grande problema ao dialogar.

CONCEITOS DE INCLUSÃO, EXCLUSÃO, INTEGRAÇÃO, SEGREGAÇÃO E ASSIMILAÇÃO

Compreender esses conceitos é fundamental para promover o apoio para a diversidade, a igualdade de oportunidades e o respeito mútuo em diferentes contextos, incluindo as empresas.

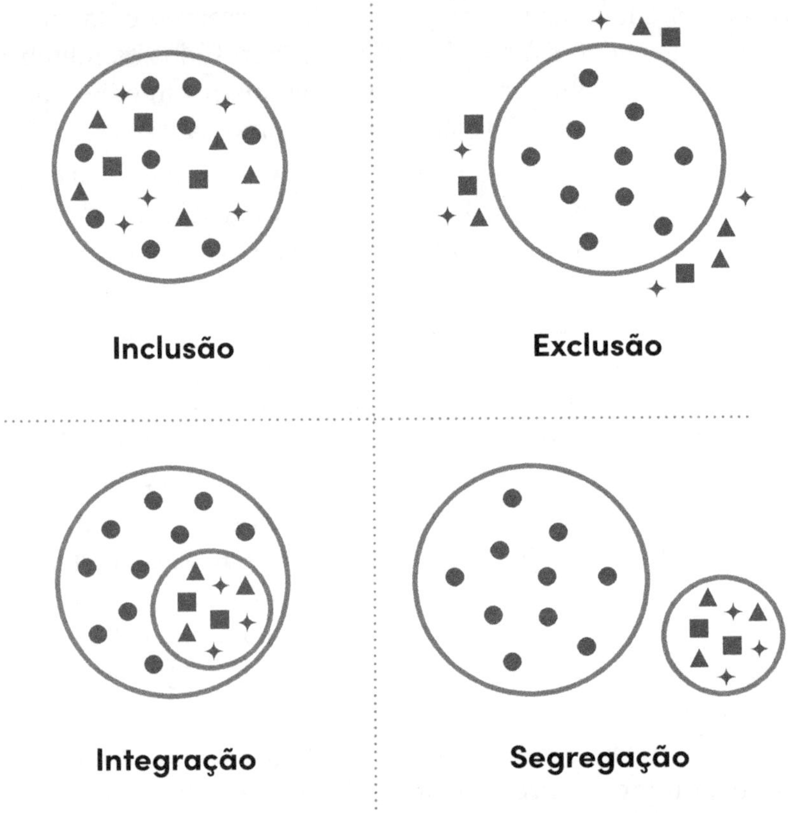

Inclusão

A inclusão refere-se a garantir que todas as pessoas tenham igualdade de oportunidades, participação e acesso aos recursos em uma sociedade. É o processo de envolver e acolher indivíduos em todos os aspectos da vida social, independentemente de sua raça, idade, etnia, gênero, orientação sexual, religião, deficiências físicas e neurológicas ou outras características identitárias. A inclusão busca eliminar barreiras e promover a igualdade e o respeito mútuo.

- ***Combatendo a discriminação racial:*** Uma empresa aplica políticas de recrutamento e seleção que garantem a diversidade étnico-racial em sua força de trabalho, promovendo a inclusão de indivíduos de diferentes origens raciais em todos os níveis hierárquicos.
- ***Combatendo a discriminação de gênero:*** Uma escola cria programas que incentivam e apoiam meninas a se envolverem em áreas tradicionalmente dominadas por homens, como ciência, tecnologia, engenharia e matemática (STEM), buscando a inclusão de mulheres nessas áreas profissionais.

Exclusão

A exclusão ocorre quando certos indivíduos ou grupos são deliberadamente negados o acesso a oportunidades, recursos ou participação plena na sociedade. É um processo de marginalização que impede a participação igualitária e perpetua desigualdades sociais.

- ***Combatendo a discriminação racial:*** Um clube social privado estabelece critérios de admissão que excluem explicitamente pessoas de determinadas raças ou etnias, restringindo o acesso e a participação desses grupos em atividades sociais e oportunidades de networking.
- ***Combatendo a discriminação de gênero:*** Uma empresa paga salários mais baixos às funcionárias em comparação aos funcionários masculinos que desempenham as mesmas funções, negando-lhes igualdade de remuneração e, assim, excluindo-as economicamente.

Integração

A integração refere-se ao processo de promover a participação igualitária de diferentes grupos na sociedade, reconhecendo e valorizando a diversidade. Envolve a quebra de barreiras e a promoção da coexistência e colaboração entre pessoas de diferentes origens, garantindo que todos sejam tratados de forma justa e igual.

- ***Combatendo a discriminação racial:*** Uma escola adota um currículo multicultural que incorpora a história, cultura e contribuições de diferentes grupos étnico-raciais, promovendo a integração dos alunos e a valorização da diversidade.
- ***Combatendo a discriminação de gênero:*** Uma organização realiza programas de conscientização e treinamento para eliminar estereótipos de gênero no local de trabalho e promover uma cultura inclusiva, facilitando a integração de pessoas de todos os gêneros e reconhecendo suas habilidades e contribuições.

Segregação

A segregação ocorre quando grupos são separados intencionalmente, isolados ou mantidos em condições desiguais devido a características identitárias, resultando em uma divisão social e espacial.

- ***Combatendo a discriminação racial/étnica:*** Uma cidade possui uma política habitacional que resulta na concentração de grupos raciais ou étnicos em áreas específicas, criando bairros segregados. Essa segregação limita a interação e oportunidades entre os grupos, perpetuando desigualdades e estigmas associados a determinados grupos. Muitas vezes a segregação ocorre de forma velada. Não existe uma política escrita, mas na prática ela ocorre pelas limitações socioeconômicas daquele grupo.
- ***Combatendo a discriminação de gênero:*** Uma instituição de ensino superior possui instalações esportivas segregadas por gênero, com recursos e investimentos

significativamente maiores para os times masculinos em comparação aos femininos. Essa segregação de recursos e oportunidades esportivas limita as oportunidades e o desenvolvimento das atletas do sexo feminino.

Assimilação

Assimilação é um processo pelo qual indivíduos ou grupos são encorajados ou pressionados a adotar a cultura, os valores e as práticas de um grupo dominante, renunciando às suas próprias características culturais. Um exemplo de assimilação em uma empresa seria a expectativa de que todos os funcionários adotem as mesmas normas e valores da cultura organizacional, sem permitir a expressão de suas próprias identidades culturais. Outro exemplo é quando uma empresa adquire outra e os funcionários desta são obrigados a praticar os valores da empresa compradora.

Em uma sociedade inclusiva, é fundamental valorizar e respeitar a diversidade cultural e as identidades individuais, permitindo que as pessoas mantenham e celebrem suas características culturais e de gênero sem discriminação ou pressão para assimilar-se a uma norma dominante.

A EVOLUÇÃO DA LINGUAGEM INCLUSIVA

É importante relembrar que a linguagem inclusiva ainda está em constante evolução e que nem todos os termos sugeridos como inclusivos são aceitos por todas as pessoas dos grupos aos quais eles se referem. Alguns termos que detectei e que causam discordância entre as pessoas incluem:

!

1. **"Pessoa com deficiência":** algumas pessoas preferem ser chamadas de "pessoas com necessidades especiais" ou simplesmente de "pessoas", argumentando que a deficiência não é a única característica que as define. Nesse caso a deficiência deveria ser mencionada apenas se for pertinente ao contexto da conversa.

2. **"Afrodescendente":** alguns preferem ser chamados de "negros", argumentando que a palavra "afrodescendente" não é amplamente usada na comunidade negra e que a palavra "negro" pode ser usada sem conotações negativas.

3. **"Pessoa de tamanho grande":** algumas pessoas preferem ser chamadas de "gordas", argumentando que o termo "tamanho grande" ainda reforça estereótipos e preconceitos.

4. **"Pessoa com experiência de vida":** algumas pessoas idosas preferem ser chamadas simplesmente de "idosas" ou "pessoas mais velhas", argumentando que a expressão "experiência de vida" pode ser considerada condescendente ou estereotipada.

Podemos notar que muitas vezes o problema está em usar um adjetivo onde ele é desnecessário. Reflita sobre isso. Muitos grupos de inclusão expandiram, incorporando novos subgrupos e tiveram a sua identificação através de siglas alterada ao longo do tempo. Por exemplo, A sigla GLS (Gays, Lésbicas e Simpatizantes) foi criada na década de 1990 para representar a comunidade gay e servir como um guarda-chuva para outras identidades sexuais e de gênero que não se encaixavam na heteronormativa. No entanto, com o tempo, a sigla foi expandida para incluir outras identidades de gênero e orientações sexuais que haviam sido historicamente marginalizadas e excluídas.

A sigla GLS foi reformulada com a eliminação do S e adição da letra B (bissexuais) reconhecendo que as pessoas podem sentir atração por mais de um gênero. Posteriormente, outras letras foram adicionadas à sigla, como T (transgênero), Q (queer), I (intersexual), A (assexual) e P (pansexual) reconhecendo as diversas identidades que fazem parte da comunidade LGBTQIAP+. Essa evolução da sigla GLS para LGBTQIAP+ reflete um processo mais amplo de conscientização e inclusão de grupos historicamente marginalizados. O uso de uma linguagem inclusiva que reconhece a diversidade dessas experiências é um passo importante para garantir a representação desses grupos na sociedade.

NEM TODES CONCORDAM

A utilização das expressões como "todes" ou outras variações que além do "e" usam @ no lugar da letra "a" ou "o" para unificar o uso de todos e todas tem gerado debates e controvérsias, especialmente no que se refere à sua eficácia em solucionar o problema da diversidade de gênero na linguagem. Embora a intenção por trás da utilização dessas expressões seja positiva, ou seja, a busca por uma linguagem mais inclusiva e respeitosa em relação às pessoas de gênero não binário ou fluido, há críticas que apontam que essa não é uma solução efetiva.

Uma das críticas é que a adoção do "e" como forma de generalizar o gênero acaba por criar uma nova norma, que pode ser tão restritiva quanto à norma anterior. Além disso, essa forma de escrita pode gerar dificuldades de compreensão para algumas pessoas e não é aceita por todas as pessoas que se identificam como não binárias. Outra crítica é que, em vez de criar novas formas de escrita, seria mais efetivo buscar um uso mais consciente e crítico da língua, evitando estereótipos de gênero e buscando respeitar a diversidade de formas de expressão de gênero que existem.

Por fim, é importante destacar que a linguagem é um processo social e dinâmico, e que é necessário estar aberto ao diálogo e às mudanças que possam surgir a partir dele. É importante buscar formas mais inclusivas de se comunicar, mas sempre levando em consideração as diversas perspectivas e opiniões sobre o assunto. Então, se conversamos com alguém que adote o uso de todes e não concordamos com a sua eficácia, devemos respeitar o seu uso pela pessoa e esperar que ela respeite a não adoção do termo pela outra parte.

CURIOSIDADE

Um exemplo da evolução da língua é o pronome de tratamento você, usado atualmente. Originado de "Vossa Mercê" evoluiu para "vossemecê", "vosmecê", até chegar a "você".

A PALAVRA E O SEU CONTEXTO

Nós usamos diferentes palavras e linguajar em função do contexto e ambiente no qual estamos. Junto com familiares e amigos próximos podemos relaxar tanto na gramática como na escolha de palavras. Algo que dizemos em casa sobre uma determinada situação ou pessoa tem um formato e é diferente se o dissermos em uma reunião na empresa.

Você está em casa, entre amigos, e de forma descontraída, alguém pode estar assistindo a um desfile de moda e fazer um comentário como: "Nossa! Parece que a modelo está usando uma capa de bujão de gás como vestido!".

A roupa realmente pode lembrar aquelas capas de bujão e naquele contexto não está sendo ofensivo a ninguém. É a percepção da pessoa e a associação daquela roupa com uma referência ou experiência que ela teve. Lembre-se, você pode ter a opinião que quiser sobre tudo, mas, acima dela, você tem que ter respeito.

Estando em outro ambiente ou situação, esse comentário certamente seria visto como uma forma inadequada de se referir ao vestido e indiretamente uma crítica ao estilista.

PALAVRAS SÃO CÓDIGOS FIXOS COM SIGNIFICADOS MUTÁVEIS

Muitas das palavras da lista mostrada a seguir não são ofensivas por si só, mas podem se tornar ofensivas quando usadas em um contexto discriminatório ou como adjetivos pejorativos:

. aleijado
. alienado
. anão
. anormal
. autista
. bipolar
. burrão
. burrinho
. cego
. deficiente
. demente
. desajeitado
. descartável
. desmiolado
. desocupado
. desprezível
. doente
. epiléptico
. esquizofrênico
. estúpido
. fracassado
. idiota
. improdutivo
. incompetente
. inútil
. louco
. maníaco
. mongoloide
. mudo
. ninguém
. parasita
. perdedor
. psicopata
. retardado
. surdo
. zé-ninguém

Veja outra lista:

. afrodescendente
. albino
. aleijado
. amarelo
. árabe
. asiático
. baixinho
. branco
. cego
. chinês
. cristão
. deficiente
. europeu
. hispânico
. homem
. índio
. islâmico
. judeu
. magro
. moreno
. mulato
. negro
. oriental
. ruivo
. sarado
. senhor
. senhora
. sírio
. velho
. zulu
. cajado
. católico
. espanhol
. estrangeiro
. francês
. gringo
. holandês
. inglês
. italiano
. japonês
. macaco
. nipo-brasileiro
. nordestino
. norueguês
. paraguaio
. peruano
. português
. sardento
. suíço

É importante lembrar que o uso dessas palavras pode perpetuar estereótipos e preconceitos, e que a inclusão é uma questão de respeito e valorização da diversidade. Portanto, é recomendado que se evite o uso dessas palavras, ou que sejam utilizadas com cuidado e de forma consciente, para não ferir ou excluir nenhum indivíduo ou grupo. É preciso sempre estar atento ao poder das palavras e ao impacto que elas podem ter nas pessoas ao nosso redor.

Eu sou alto e careca. Nenhuma dessas características me incomoda. Quando vou encontrar alguém que não conheço pessoalmente já digo que sou alto, careca e estou vestindo tal roupa para facilitar o encontro. Outros carecas jamais irão se qualificar como tal nesta mesma situação e eu jamais menciono a calvície de outra pessoa, pois não sei como ela se comporta diante do fato. Mais uma vez, a palavra-chave é respeito.

TORNANDO O DIÁLOGO INCLUSIVO

As palavras não inclusivas mencionadas na lista mostrada mais adiante são algumas que podem causar ofensa ou excluir certos grupos de pessoas com base em sua identidade ou características pessoais. Para tornar o diálogo mais inclusivo, é importante considerar as diferentes perspectivas e experiências das pessoas envolvidas e escolher palavras que não reforcem estereótipos ou preconceitos. Algumas maneiras de fazer isso incluem:

- Usar termos neutros em relação ao gênero, como "pessoa" em vez de "homem" ou "mulher";
- Evitar estereótipos raciais ou étnicos, como usar "exótico" para descrever uma pessoa de outra cultura;
- Evitar termos que possam ser considerados ofensivos em relação à orientação sexual ou identidade de gênero.
- Evitar usar termos que possam ser considerados ofensivos em relação à saúde mental ou deficiências, como "louco" ou "deficiente".

- Evitar termos que possam ser considerados ofensivos em relação à religião ou crença, como usar "pagão" para descrever alguém que não segue uma religião abraâmica.

Ao escolher as palavras certas e adotar uma abordagem inclusiva em seus diálogos, você pode ajudar a promover a compreensão e a colaboração entre as pessoas e construir relacionamentos mais fortes e positivos. Veja uma sugestão de palavras ou expressões alternativas inclusivas que encontrei pesquisando sobre o tema. Você concorda com elas ou será que temos outras opções? Eu confesso que algumas, para mim, são como trocar seis por meia dúzia, mas não deixo de usar a alternativa, pois isso pode contribuir para o esforço coletivo. Aproveite e marque na terceira coluna um "x" naquelas que você acha funcional como alternativa e "-" para aquelas que não vê melhoria no tratamento.

Palavra Não Inclusiva	Alternativa Inclusiva	Concorda?
Aberração	Diferente, único	
Africano	Pessoa de origem africana	
Aleijado	Pessoa com deficiência	
Aluno(a) do sexo masculino/feminino	Estudante	
Anão	Pessoa de baixa estatura	
Autista	Pessoa com transtorno do espectro autista	
Brasileiro	Pessoa nascida no Brasil	
Branco	Pessoa de pele clara	
Cadeirante	Pessoa que usa cadeira de rodas	
Cega/o	Pessoa com deficiência visual	
Cego de nascença	Pessoa que nasceu sem enxergar	
Cigano	Pessoa de origem romani	
Coitadinho/a	Pessoa que precisa de ajuda	
Corcunda	Pessoa com deformidade na coluna	
Criminoso	Pessoa que cometeu um crime	
Deficiente	Pessoa com deficiência	

Palavra Não Inclusiva	Alternativa Inclusiva	Concorda?
Demônio	Pessoa má	
Drogado/ Dependente químico	Pessoa com dependência química	
Desabrigado	Pessoa em situação de rua	
Descendente de índio	Pessoa de origem indígena	
Doente mental	Pessoa com transtorno mental	
Enfermo	Pessoa com doença	
Esquizofrênico	Pessoa com esquizofrenia	
Ex-presidiário	Pessoa que cumpriu pena	
Favelado	Pessoa que mora em uma comunidade	
Feio	Pessoa com aparência não convencional	
Gay	Homossexual, LGBTQIAP+	
Gordofóbico	Pessoa que discrimina pessoas gordas	
Idoso	Pessoa idosa	
Índio	Pessoa de origem indígena	
Inválido	Pessoa com deficiência	
Japonesa/o	Pessoa de origem japonesa	
Judeu	Pessoa de origem judaica	
Louco	Pessoa com transtorno mental	
Lésbica	Mulher homossexual, LGBT+	
Maluco	Pessoa com transtorno mental	
Mendigo	Pessoa em situação de rua	
Misógino	Pessoa que discrimina mulheres	
Mongolóide, Mongol	Pessoa com síndrome de Down	
Mulata/o	Pessoa de origem mestiça	
Mulher da vida/puta/ prostituta	Profissional do sexo	
Nega/o	Pessoa de pele escura	
Negroide	Pessoa de origem africana	
Ninfomaníaca	Pessoa com desejo sexual excessivo	
Japa	Pessoa de origem japonesa	
Nóia	Pessoa com transtorno mental	

Palavra Não Inclusiva	Alternativa Inclusiva	Concorda?
Obeso	Pessoa com sobrepeso	
Pardo	Pessoa de origem mestiça	
Portador de deficiência	Pessoa com deficiência	
Presidiário	Pessoa que cumpriu/cumpre pena	
Psicopata	Pessoa com transtorno de personalidade	
Quilombola	Pessoa de origem quilombola	
Retardado mental	Pessoa com deficiência intelectual	
Sexo frágil	Mulheres ou pessoas do gênero feminino	
Surda/o	Pessoa com deficiência auditiva	
Sofre de "nome da doença"	Tem "nome da doença"	
Travesti	Mulher trans ou pessoa transgênero	
Vagabundo	Pessoa em situação de rua/ vulnerabilidade	

DICAS PRÁTICAS PARA CRIAR UM DIÁLOGO INCLUSIVO

Para criar um diálogo inclusivo, é importante estar ciente da linguagem e do comportamento ofensivo e discriminatório, e evitar esses padrões de comportamento. É necessário também se concentrar na escuta ativa e na empatia, reconhecer as diferenças e valorizar as perspectivas de cada pessoa envolvida no diálogo.

Lembre-se sempre de que o diálogo inclusivo é um processo contínuo de aprendizado e prática, e requer esforço e conscientização constante. Quanto mais praticarmos, mais habilidosos seremos para criar ambientes de comunicação respeitosa e inclusiva. Veja oportunidades onde o diálogo inclusivo pode ser aplicado com algumas indicações para usar ou evitar:

Raça

Um diálogo entre pessoas de diferentes raças que reconhecem a importância de suas experiências e perspectivas culturais únicas e buscam entender e aprender com essas diferenças para construir um relacionamento mais solidário e colaborativo.

Diálogo inclusivo:

- ***Pessoa A:*** "Como podemos tornar nossa empresa mais inclusiva para pessoas de diferentes origens raciais?"
- ***Pessoa B:*** "Eu acho que seria ótimo ter uma equipe de diversidade para ajudar a liderança a entender melhor as necessidades e desafios das pessoas de diferentes origens raciais."

Diálogo não inclusivo:

- ***Pessoa A:*** "Por que temos que nos preocupar tanto com diversidade racial? Contratemos as pessoas mais qualificadas para o trabalho, independentemente de sua raça."
- ***Pessoa B:*** "Você está certo, raça não deve ser um fator para escolher quem contratar. Mas também precisamos reconhecer que pessoas de diferentes origens raciais podem ter perspectivas únicas que podem ser valiosas para a empresa."

Gênero

Um diálogo entre homens e mulheres que reconhecem as diferenças de gênero, mas trabalham juntos para criar um ambiente de trabalho igualitário, promovendo a equidade de gênero e abordando questões específicas das mulheres, como licença-maternidade, assédio sexual e disparidade salarial.

Diálogo inclusivo:

- ***Pessoa A:*** "O que podemos fazer para garantir que as mulheres se sintam confortáveis e apoiadas no ambiente de trabalho?".
- ***Pessoa B:*** "Acho que uma coisa importante é garantir que todos na empresa recebam treinamento sobre preconceito de gênero e comportamento adequado no local de trabalho."

Diálogo não inclusivo:

- ***Pessoa A:*** "As mulheres estão sempre reclamando sobre assédio sexual, mas às vezes é difícil distinguir entre flerte e assédio. Elas precisam relaxar."
- ***Pessoa B:*** "Não, não é uma questão de 'relaxar'. O assédio sexual é inaceitável em qualquer contexto, e devemos fazer tudo o que estiver ao nosso alcance para criar um ambiente de trabalho seguro e acolhedor para todos os funcionários."

Etnia

Um diálogo entre pessoas de diferentes origens étnicas que reconhecem suas diferenças culturais e buscam entender e valorizar a perspectiva uns dos outros. Eles trabalham juntos para encontrar maneiras de promover a inclusão e a diversidade em suas comunidades e organizações.

Diálogo inclusivo:

- ***Pessoa A:*** "O que podemos fazer para tornar nossa empresa mais acolhedora para pessoas de diferentes origens étnicas?".
- ***Pessoa B:*** "Acho que precisamos garantir que nossas políticas de contratação e promoção se-

jam justas e não discriminem pessoas com base em sua origem étnica."

Diálogo não inclusivo:

- ***Pessoa A:*** "Essas pessoas de outras origens étnicas só querem vantagens e privilégios especiais. Não deveríamos ter que nos preocupar em fazer concessões especiais para eles."
- ***Pessoa B:*** "Não é sobre 'concessões especiais'. É sobre garantir que todos os funcionários sejam tratados com respeito e que a empresa valorize a diversidade de perspectivas e experiências."

Nível social

Um diálogo entre pessoas de diferentes classes sociais que reconhecem as desigualdades e desafios enfrentados pelas pessoas de baixa renda e buscam encontrar soluções para melhorar suas condições de vida. Eles trabalham juntos para promover a igualdade de oportunidades e reduzir as barreiras econômicas que impedem o acesso aos recursos e serviços básicos.

Diálogo não inclusivo:

- ***Pessoa 1:*** "Nossa, você tem sorte de ter nascido em uma família rica. Deve ter tudo que quer na vida, né?".
- ***Pessoa 2:*** "Não é bem assim, nem tudo é só dinheiro."

Diálogo inclusivo:

- ***Pessoa 1:*** "Você veio de uma família com uma condição financeira diferente da minha. Gostaria de saber um pouco mais sobre sua história e experiências."
- ***Pessoa 2:*** "Com certeza, eu ficaria feliz em compartilhar um pouco sobre mim com você."

Cultura

Um diálogo entre pessoas de diferentes culturas que reconhecem suas diferenças e semelhanças e trabalham juntas para criar um ambiente inclusivo e respeitoso. Eles aprendem sobre as tradições e valores uns dos outros e encontram maneiras de celebrar a diversidade cultural em suas comunidades.

Diálogo não inclusivo:

- ***Pessoa 1:*** "Não gosto muito da sua comida, é muito estranha para mim."
- ***Pessoa 2:*** "Minha comida é uma parte importante da minha cultura e eu a aprecio muito."

Diálogo inclusivo:

- ***Pessoa 1:*** "Eu não estou muito familiarizado com a sua culinária, você poderia me contar mais sobre ela?"
- ***Pessoa 2:*** "Com certeza, fico feliz em compartilhar a história e os sabores da minha cultura com você."

Idade

Um diálogo entre pessoas de diferentes idades que reconhecem as diferenças geracionais e buscam entender e valorizar a perspectiva uns dos outros. Eles trabalham juntos para encontrar maneiras de promover a inclusão e a igualdade de oportunidades para todas as idades.

Diálogo não inclusivo:

- ***Pessoa 1:*** "Você é muito novo/velho para entender isso."
- ***Pessoa 2:*** "Não subestime minha capacidade de entender as coisas só por causa da minha idade."

Diálogo inclusivo:

- ***Pessoa 1:*** "Eu não tenho certeza se você já teve experiência com isso, você tem alguma opinião?"
- ***Pessoa 2:*** "Bem, eu não tenho muita experiência com isso, mas acho que a minha opinião pode ser útil."

Orientação sexual

Um diálogo entre pessoas de diferentes orientações sexuais que reconhecem a importância de respeitar a diversidade sexual e trabalham juntas para promover a igualdade de direitos e combater a discriminação.

Diálogo não inclusivo:

- ***Pessoa 1:*** "Você é gay? Mas como isso é possível? Você não tem medo de ir para o inferno?"
- ***Pessoa 2:*** "Minha orientação sexual é uma parte importante de quem eu sou, e não acredito que vá para o inferno por causa disso."

Diálogo inclusivo:

- ***Pessoa 1:*** "Posso perguntar sobre sua orientação sexual? Se não quiser falar sobre isso, eu entendo."
- ***Pessoa 2:*** "Claro, não me importo de falar sobre isso. Acho que é importante para as pessoas entenderem a diversidade da sexualidade humana."

Freepik

Religião

Um diálogo entre pessoas de diferentes religiões que reconhecem as diferenças e semelhanças em suas crenças e práticas religiosas e buscam entender e aprender uns com os outros para promover a tolerância e a compreensão inter-religiosa.

Diálogo não inclusivo:

- ***Pessoa 1:*** "Você acredita em Deus? Não pode ser sério."
- ***Pessoa 2:*** "Minha religião é importante para mim e eu acredito que ela me faz uma pessoa melhor."

Diálogo inclusivo:

- ***Pessoa 1:*** "Sei que sua religião é importante para você, gostaria de saber mais sobre ela e como ela influencia sua vida."
- ***Pessoa 2:*** "Com certeza, acho que é importante compreendermos diferentes crenças e pontos de vista."

Deficiência

Um diálogo entre pessoas com e sem deficiência que reconhecem as barreiras físicas e sociais enfrentadas pelas pessoas com deficiência e trabalham juntas para encontrar soluções para melhorar a acessibilidade e a inclusão em suas comunidades.

Diálogo não inclusivo:

- ***Pessoa 1:*** "Você é cego? Como consegue fazer as coisas básicas?"
- **Pessoa 2:** "Eu sou capaz de fazer muitas coisas, só preciso de adaptações ou ajuda em algumas delas."

Diálogo inclusivo:

- ***Pessoa 1:*** "Eu nunca trabalhei com alguém que tem deficiência, você poderia me dizer se há algo que posso fazer para tornar o ambiente mais acessível para você?"
- ***Pessoa 2:*** "Claro, fico feliz que você se preocupe com isso. Se eu sentir alguma necessidade vou lhe dizer.

Nacionalidade

Um diálogo entre pessoas de diferentes nacionalidades que reconhecem suas diferenças culturais e buscam entender e valorizar a perspectiva uns dos outros. Eles trabalham juntos para promover a inclusão e a diversidade em suas comunidades e organizações.

Diálogo inclusivo:

- ***Personagem 1:*** Olá, tudo bem? De onde você é?
- ***Personagem 2:*** Sou de Portugal, e você?
- ***Personagem 1:*** Legal, sou brasileiro. Já visitei Portugal e achei o país incrível. O que você mais gosta da cultura portuguesa?
- ***Personagem 2:*** Eu gosto muito da nossa culinária e da história de Portugal. E você, o que mais gosta do Brasil?
- ***Personagem 1:*** Ah, tem tanta coisa! Gosto muito da música e da diversidade cultural do país. Acho importante valorizarmos as diferenças e aprendermos uns com os outros.

Diálogo não inclusivo:

- ***Personagem 1:*** Olá, de onde você é?
- ***Personagem 2:*** Sou de Portugal.
- ***Personagem 1:*** Ah, Portugal. Fui lá uma vez e achei que as pessoas eram meio frias e a comida sem graça. Você também acha isso?
- ***Personagem 2:*** Desculpe, mas acho que você está generalizando. Cada pessoa e região tem suas particularidades. E quanto à comida, há muitas opções saborosas na culinária portuguesa.
- ***Personagem 1:*** Ah, bom. Mas você não acha que a cultura do Brasil é muito mais interessante e animada do que a de Portugal?

ATIVIDADES PROPOSTAS

Dez frases para refletir. Analise as dez frases e suas versões inclusivas/não inclusivas. Se você não concordar com a versão inclusiva oferecida, escreva abaixo dela a versão que você utilizaria naquela situação.

1. **Não inclusivo:** Aquele rapaz negro que trabalha na cafeteria é muito prestativo.

Inclusivo: O atendente da cafeteria é muito prestativo.

Alternativa: ....

2. **Não inclusivo:** Aquela mulher foi eleita a primeira prefeita da cidade.

Inclusivo: Ela foi eleita a primeira prefeita da cidade.

Alternativa: ....

3. **Não inclusivo:** Esse bairro é conhecido por ter muitos imigrantes ilegais.

Inclusivo: Esse bairro é conhecido por ter muitos imigrantes.

Alternativa: ....

4. **Não inclusivo:** O político disse que os homens de bem precisam se unir para combater o crime.

Inclusivo: O político disse que a população precisa se unir para combater o crime.

Alternativa: ....

5. **Não inclusivo:** Aquele asiático é muito inteligente.

Inclusivo: Ele é muito inteligente.

Alternativa: ....

6. **Não inclusivo:** Os brasileiros adoram samba e futebol.

Inclusivo: O Brasil é conhecido por sua música e seu futebol.

Alternativa: ....

7. Não inclusivo: Aquele professor é gay, mas é bem competente.
Inclusivo: O professor é bem competente.
Alternativa: ....

8. Não inclusivo: Aqueles índios vivem isolados e são pouco desenvolvidos.
Inclusivo: As comunidades indígenas têm culturas ricas e diversas.
Alternativa: ....

9. Não inclusivo: O médico chegou e perguntou à enfermeira: "Quem é o próximo paciente, senhora?"
Inclusivo: O médico chegou e perguntou à enfermeira: "Quem é o próximo paciente?"
Alternativa: ....

10. Não inclusivo: Aquele político é branco, mas é muito competente.
Inclusivo: O político é muito competente.
Alternativa: ....

FINALIZANDO

Nos últimos anos, tem havido um aumento na conscientização sobre a importância da inclusão e da diversidade. Como resultado, a linguagem não inclusiva tem perdido espaço e vem sendo substituída por uma linguagem mais abrangente que respeita as diferenças individuais e promove a igualdade. As pessoas estão se tornando mais conscientes do impacto que suas palavras podem ter e estão buscando formas de se comunicar de maneira mais inclusiva, considerando a raça, gênero, religião, orientação sexual, faixa etária e outras identidades pessoais. Isso reflete uma mudança maior na sociedade, que está cada vez mais reconhecendo e valorizando a diversidade humana. Com a adoção de uma linguagem mais inclusiva, podemos criar um ambiente mais acolhedor e justo para todos, promovendo a igualdade de oportunidades e o respeito mútuo.

CAPÍTULO 11

Comunicação Não Violenta (CNV)

> As palavras têm a leveza do vento e a força da tempestade.
>
> *Victor Hugo*
> (1802-1885, escritor e poeta francês)

A comunicação não violenta (CNV) é uma abordagem desenvolvida por um psicólogo norte-americano chamado Marshall Rosenberg, que busca promover a empatia, a compaixão e a cooperação nas relações humanas. A CNV baseia-se em quatro componentes principais - observação, sentimento, necessidade e pedido - que são utilizados para expressar de forma clara e respeitosa os sentimentos, necessidades e expectativas de uma pessoa.

Um dos principais objetivos da CNV é transformar conflitos em oportunidades de crescimento e compreensão mútua. Isso é feito através da escuta ativa e da comunicação aberta e honesta, que permite que as pessoas se expressem de maneira autêntica e que criem conexões mais profundas umas com as outras. A CNV também enfatiza a importância de reconhecer a humanidade em todas as pessoas, mesmo naquelas com as quais temos diferenças ou conflitos. Além disso, a CNV também se concentra em evitar a violência na comunicação, o que pode incluir insultos, críticas, julgamentos ou qualquer outra forma de linguagem que possa ser prejudicial ou ofensiva para as pessoas envolvidas.

A CNV é utilizada em diversas áreas, como na resolução de conflitos, no aconselhamento, na terapia, na educação, no ambiente de trabalho e em relações pessoais. É uma abordagem que pode ser aprendida e praticada, e que pode trazer benefícios para a saúde mental e emocional das pessoas envolvidas. Em resumo, a CNV é uma abordagem baseada na empatia, na honestidade e na compaixão, que busca promover a conexão emocional, a resolução de conflitos e o bem-estar das pessoas envolvidas. Através dos seus princípios, é possível criar relações mais saudáveis, harmoniosas e respeitosas.

DIFERENÇAS ENTRE COMUNICAÇÃO INCLUSIVA E COMUNICAÇÃO NÃO VIOLENTA

Comunicação inclusiva e comunicação não violenta são dois conceitos distintos, embora ambos sejam importantes para promover relacionamentos saudáveis e construtivos entre as pessoas. A linguagem inclusiva é aquela que busca comunicar sem excluir nenhum grupo social, respeitando a diversidade e a equidade enquanto a linguagem não violenta é aquela que busca comunicar sem recorrer a críticas, julgamentos ou violência verbal, promovendo a compreensão e a empatia entre as pessoas. O ideal é combinar as duas.

UM DIÁLOGO É COMO UM JOGO DE TÊNIS

Podemos pensar no diálogo como uma partida de tênis, onde as palavras são as bolas sendo rebatidas de um lado para o outro. Quando a conversa começa a esquentar e as pessoas começam a usar palavras duras e agressivas, é como se a bola fosse jogada com mais força e velocidade. Se o outro jogador responde na mesma moeda, rebatendo a bola com igual intensidade, a partida pode rapidamente se tornar um jogo de "quem grita mais alto".

Mas a CNV propõe outro tipo de jogo. Ao invés de aumentar a força do rebatimento, a ideia é colocar na jogada elementos que possam suavizar a bola, tornando-a mais fácil de ser rebatida. Assim, em vez de palavras duras e acusatórias, pode-se utilizar uma linguagem mais empática e assertiva, que reconheça as emoções e necessidades de ambas as partes.

Isso pode ser comparado a adicionar uma camada de borracha na bola (a palavra), que absorve parte da força do golpe e a devolve com menor intensidade. Dessa forma, o jogo fica mais equilibrado e a conversa pode prosseguir de maneira mais construtiva, com as pessoas realmente ouvindo umas às outras e buscando soluções que atendam às necessidades de ambos. É preciso quebrar o ciclo da agressividade e da escalada, para que a conversa possa fluir com mais leveza e efetividade. Quando aplicamos a técnica de absorver a energia da bola no diálogo, as trocas de informações são mais suaves e construtivas. Em vez de tentar vencer o jogo a todo custo, a ideia é colaborar para que ambos os jogadores possam jogar e se comunicar de forma saudável e empática.

Assim como no tênis de mesa, o objetivo não é apenas ganhar, mas sim construir uma relação de respeito e cooperação entre os jogadores. Quando isso acontece, mesmo que um dos jogadores saia vencedor, ambos saem ganhando, pois aprenderam a se comunicar de maneira mais eficaz e respeitosa, evitando conflitos e danos emocionais. Essa analogia pode ser aplicada em diversas áreas da vida, não apenas em diálogos. Quando buscamos colaboração e empatia, os resultados são mais positivos e construtivos para todos os envolvidos. A comunicação não violenta é uma técnica eficaz para alcançar essa colaboração, e pode ser aplicada em diversas situações, como no trabalho, em relacionamentos pessoais, entre outras.

PRINCÍPIOS DA CNV

A CNV se baseia em quatro princípios fundamentais: observação, sentimento, necessidade e pedido.

Observação

A observação é a descrição objetiva e concreta de uma situação, sem julgamentos ou avaliações. Em CNV, é importante se concentrar nos fatos observáveis e evitar interpretá-los. Uma observação clara pode ajudar a evitar mal-entendidos e a criar um ponto de partida para uma discussão mais profunda. Por exemplo:

- **Julgamento:** "Você sempre me interrompe durante as reuniões. Você não tem respeito por mim."
- **Observação:** "Na última reunião, notei que você me interrompeu várias vezes enquanto eu estava falando."

Sentimento

O sentimento é a emoção que surge em resposta a uma observação. Em CNV, é importante identificar e expressar os próprios sentimentos, em vez de atribuir culpa ou responsabilidade a outra pessoa. Isso ajuda a criar uma conexão emocional entre as pessoas envolvidas e pode ajudar a promover uma comunicação mais autêntica e empática. Por exemplo:

- **Culpa:** "Você me interrompeu várias vezes durante a reunião e isso não se faz!"
- **Sentimento:** "Quando você me interrompeu na reunião, eu me senti frustrado e ignorado."

Necessidade

A necessidade é a motivação subjacente a um sentimento, ou seja, aquilo que é importante para a pessoa em questão. Em CNV, é importante identificar as necessidades próprias e das outras pessoas, a fim de encontrar uma solução que satisfaça a todos. Por exemplo:

- **Crítica:** "Você é um egoísta que só se preocupa com sua própria opinião."
- **Necessidade:** "Eu preciso me sentir ouvido e valorizado durante as reuniões, e acredito que você também precisa se sentir assim."

Pedido

Pedido é a ação específica que se pede para atender a uma necessidade. Em CNV, é importante fazer pedidos claros e diretos, em vez de críticas ou sugestões vagas. Isso ajuda a estabelecer um plano de ação claro e a criar um senso de responsabilidade compartilhada. Por exemplo:

- **Crítica:** "Você deveria me ouvir mais e parar de interromper."
- **Pedido:** "Na próxima reunião, eu gostaria de ter a oportunidade de apresentar completamente minha opinião antes de você responder. Você pode me ajudar com isso?"

EXEMPLOS DE DIÁLOGOS COM E SEM CNV

A seguir, apresentaremos alguns exemplos de diálogos em diferentes situações, mostrando como a CNV pode ser aplicada para melhorar a qualidade do diálogo e evitar a violência verbal.

Exemplo 1: Discussão entre casal

Situação: Um casal está discutindo sobre como passar o final de semana.

Diálogo sem CNV:

- ***Pessoa 1:*** "Você sempre quer fazer o que você quer! Eu estou cansado de sempre ter que ceder aos seus desejos."
- ***Pessoa 2:*** "Isso é ridículo, você nunca quer fazer nada do que eu proponho!"

Diálogo com CNV:

- ***Pessoa 1:*** "Eu sinto que não estou tendo minha necessidade de descanso atendida quando não consigo fazer o que eu quero no final de semana. Você se importaria de conversarmos e chegarmos a um acordo juntos?"
- ***Pessoa 2:*** "Compreendo que você precise de descanso, mas eu sinto que quero explorar mais lugares diferentes. Como podemos chegar a um acordo que atenda a ambos?"

Exemplo 2: Feedback no trabalho

Situação: Um gerente precisa dar *feedback* a um funcionário sobre seu desempenho.

Diálogo sem CNV:

- ***Gerente:*** "Você é muito lento e está atrasando toda a equipe. Você precisa trabalhar mais rápido!"
- ***Funcionário:*** "Eu estou fazendo o meu melhor, mas há muitas tarefas para fazer."

Diálogo com CNV:

- ***Gerente:*** "Notei que algumas tarefas estão ficando atrasadas e isso está afetando o desempenho da equipe. Quais são os desafios que você está enfrentando para concluir as tarefas no prazo?"
- ***Funcionário:*** "Estou tendo dificuldade em lidar com tarefas que envolvem muitas informações. Você poderia me dar algum suporte ou orientação?"

Veja outras situações:

Situação de gênero

Diálogo com CNV:

- ***Pessoa A:*** "Eu entendo que você pode ter uma opinião diferente, mas eu realmente não concordo com o que você está dizendo. Talvez possamos conversar mais sobre isso para entendermos melhor um ao outro?"
- ***Pessoa B:*** "Claro, eu entendo que nossas experiências de vida são diferentes e é importante ouvirmos a perspectiva um do outro."

Diálogo sem CNV:

- ***Pessoa A:*** "Como você pode pensar dessa maneira? Você está completamente errado! Você não tem ideia do que está falando!"
- ***Pessoa B:*** "Ei, calma aí! Eu só estou tentando expressar minha opinião, não precisa ser tão agressivo."

Situação de raça

Diálogo com CNV:

- ***Pessoa A:*** "Eu entendo que você tem uma perspectiva diferente sobre a questão racial, mas é importante lembrar que nossas experiências são muito diferentes. Podemos conversar mais para entender melhor um ao outro?"
- ***Pessoa B:*** "Sim, eu concordo que é importante ouvirmos a perspectiva um do outro. Acho que podemos aprender muito com essa troca de ideias."

Diálogo sem CNV:

- ***Pessoa A:*** "Como você pode pensar dessa maneira? Isso é racista e ofensivo! Você é um ignorante!"
- ***Pessoa B:*** "Ei, eu só estou tentando expressar minha opinião. Não precisa ser tão agressivo e me chamar de nomes."

RECOMENDAÇÕES DE USO DA CNV NO TRABALHO

Dez recomendações para o uso de comunicação não violenta no ambiente de trabalho:

1. **Pratique a escuta ativa:** escute atentamente o que as pessoas estão dizendo, sem interromper ou julgar. Demonstre interesse em entender a perspectiva do outro.
2. **Evite críticas e julgamentos:** em vez de apontar falhas ou erros, concentre-se em expressar suas próprias necessidades e sentimentos de maneira clara e respeitosa.
3. **Seja específico:** ao expressar suas necessidades ou sentimentos, seja específico e evite generalizações ou generalidades. Isso ajuda a evitar mal-entendidos e a manter a conversa produtiva.
4. **Fale no presente:** ao expressar uma necessidade ou sentimento, fale no presente, em vez de fazer referência ao passado ou ao futuro. Isso ajuda a manter a conversa focada no momento presente.
5. **Evite linguagem acusatória:** em vez de culpar ou apontar o dedo para alguém, use linguagem descritiva e objetiva para descrever o comportamento que está causando preocupação.
6. **Seja aberto e honesto:** seja sincero sobre suas próprias necessidades e sentimentos, mesmo que isso possa ser desconfortável. Isso ajuda a estabelecer a confiança e a criar uma base sólida para a comunicação.
7. **Busque soluções mutuamente satisfatórias:** em vez de impor sua própria solução, trabalhe em conjunto com as outras pessoas envolvidas para encontrar uma solução que seja satisfatória para todos.
8. **Não assuma que você entende o outro:** faça perguntas claras e objetivas para esclarecer a perspectiva do outro e para evitar mal-entendidos.
9. **Reconheça o valor humano em todas as pessoas:** lembre-se de que todas as pessoas têm necessidade,

sentimentos e perspectivas legítimos, mesmo que você não concorde com elas.

10. **Pratique a CNV regularmente:** a comunicação não violenta é uma habilidade que pode ser aprendida e aprimorada com a prática regular. Dedique tempo para praticar a CNV em situações cotidianas e busque *feedback* de outras pessoas para melhorar sua técnica.

Um exemplo do uso de CNV no trabalho

Lucas e Sofia são colegas de trabalho em uma empresa de tecnologia. Eles foram escalados para trabalhar juntos em um projeto importante que deve ser entregue em duas semanas. Lucas está sempre atrasado e às vezes esquece-se de cumprir tarefas importantes. Isso tem deixado Sofia frustrada e ansiosa em relação ao projeto.

Um dia, durante uma reunião, Sofia decide usar a CNV para expressar seus sentimentos e necessidades em relação ao comportamento de Lucas.

Versão do diálogo sem CNV

- **Sofia:** Lucas, você está sempre atrasado e esquecendo-se de cumprir as tarefas importantes. Isso está me deixando extremamente frustrada e preocupada com o projeto.
- **Lucas:** Eu estou fazendo o meu melhor, ok? Não precisa ficar me pressionando o tempo todo.

- **Sofia:** Seu melhor não está sendo bom o suficiente. Você precisa se esforçar mais e cumprir suas responsabilidades. É isso que esperamos de você.
- **Lucas:** Você está sendo injusta. Eu tenho outros problemas para lidar além desse projeto, e você não parece se importar com isso.
- **Sofia:** Eu me importo sim, mas isso não significa que você possa ficar procrastinando e não entregando as tarefas. Se não melhorar, vou ter que conversar com o chefe sobre sua falta de comprometimento.

Nessa versão da história, podemos perceber a falta dos quatro elementos da CNV: observação, sentimentos, necessidades e pedidos. Em vez disso, os personagens usam um tom mais agressivo e acusatório, o que pode levar a conflitos e desentendimentos.

Versão do diálogo com CNV

- **Sofia:** Lucas, eu notei que você não está entregando as tarefas no prazo combinado, o que me faz sentir ansiosa e sobrecarregada. Eu gostaria de entender o que está acontecendo e como podemos trabalhar melhor juntos para entregar o projeto no prazo.
- **Lucas:** Desculpe, Sofia. Eu estou lidando com alguns problemas pessoais que estão me distraindo. Eu vou fazer o possível para cumprir as tarefas a tempo.
- **Sofia:** Entendo que você esteja passando por dificuldades, e eu quero ajudar. Minha necessidade é de ter um ambiente de trabalho colaborativo e eficiente, onde possamos confiar um no outro e cumprir nossas responsabilidades. Você tem alguma sugestão de como podemos lidar com essa situação?
- **Lucas:** Acho que uma coisa que poderia ajudar é definir melhor as tarefas de cada um e os prazos para cumprir. Assim, fica mais fácil de acompanhar e priorizar as demandas.

- **Sofia:** Ótima sugestão, Lucas. Eu também gostaria de fazer um pedido específico: você poderia me informar sempre que precisar de mais tempo para cumprir uma tarefa? Isso me ajuda a ter uma visão geral do projeto e ajustar o planejamento.
- **Lucas:** Claro, Sofia. Vou fazer isso a partir de agora.

Nessa história, podemos identificar os quatro elementos da CNV sendo utilizados pelos personagens:

1. **Observação:** Sofia descreveu objetivamente o comportamento de Lucas de não entregar as tarefas no prazo combinado.
2. **Sentimentos:** Sofia expressou seus sentimentos de ansiedade e sobrecarga em relação ao comportamento de Lucas.
3. **Necessidades:** Sofia identificou sua necessidade de ter um ambiente de trabalho colaborativo e eficiente, onde possa confiar em seus colegas e cumprir as responsabilidades.
4. **Pedidos:** Sofia fez um pedido específico para que Lucas informe sempre que precisar de mais tempo para cumprir uma tarefa, para que ela possa ajustar o planejamento do projeto.

Planejando o diálogo com CNV

A estratégia eficaz para usar os quatro elementos da CNV em um diálogo é seguir um processo sequencial no qual cada uma das etapas é usada. Veja como Sofia usou a estratégia na elaboração do diálogo que teve com Lucas:

1. **Observação:** A primeira etapa foi observar objetivamente a situação ou comportamento que estava causando algum desconforto ou conflito. Nesse caso, o atraso de Lucas ao entregar suas tarefas. Nesta etapa, é importante descrever a situação sempre que possível sem julgamentos ou avaliações, apenas relatando o que aconteceu de maneira neutra. "Eu notei que você não entregou o relatório no prazo estipulado".

2. **Sentimento:** A segunda etapa foi expressar como aquela situação fez ela se sentir. Nesta etapa, é importante ser honesto e vulnerável, falando sobre seus sentimentos e emoções. "Isso me faz sentir sobrecarregada e ansiosa".

3. **Necessidade:** A terceira etapa foi identificar a necessidade subjacente por trás desses sentimentos. O objetivo é encontrar uma necessidade comum que possa ser atendida para resolver a situação de forma positiva. Por exemplo, "Eu preciso de confiança e transparência na equipe para me sentir segura e motivada".

4. **Pedido:** A quarta etapa foi fazer um pedido claro e concreto que possa ajudar a atender a necessidade identificada. Você poderia me informar sempre que precisar de mais tempo para cumprir uma tarefa?

Aplicando essas quatro etapas ao diálogo de Sofia e Lucas, poderíamos ter uma conversa mais saudável e construtiva, como mostrado a seguir:

1. **Observação:** "Eu notei que você entregou o relatório um dia depois do prazo estipulado."

2. **Sentimento:** "Isso me fez sentir preocupada com o projeto e o atraso em outras tarefas."

3. **Necessidade:** "Eu preciso de confiança e comprometimento da equipe para garantir que o projeto seja bem-sucedido e entregue no prazo."

4. **Pedido:** "Você poderia me informar sempre que precisar de mais tempo para cumprir uma tarefa?"

Seguindo essas etapas, o diálogo se torna menos acusatório e mais colaborativo, ajudando a resolver conflitos e encontrar soluções que atendam às necessidades de ambas as partes.

A importância da linguagem não verbal na CNV

Além da aplicação dos quatro elementos da CNV em um diálogo, é importante considerar também a comunicação não verbal, que pode ajudar a transmitir a mensagem de forma mais positiva e eficaz. A mesma frase, quando dita com diferentes cargas emocionais, pode ter resultados muito diferentes. Por exemplo, no diálogo entre Sofia e Lucas, Sofia poderia dizer: "Eu notei que você não entregou o relatório no prazo estipulado", enquanto estava franzindo a testa, cruzando os braços e mantendo uma postura tensa e defensiva. Nesse caso, a mensagem pode ser interpretada como acusatória ou crítica, e pode fazer Lucas se sentir atacado e menos propenso a colaborar reagindo de forma defensiva.

Por outro lado, se Sofia usar uma comunicação não verbal mais aberta e positiva, como manter contato visual, sorrir e manter uma postura relaxada, a mensagem pode ser recebida de forma mais positiva. Por exemplo, ela poderia dizer: "Eu notei que você não entregou o relatório no prazo estipulado", enquanto mantém um tom calmo e amigável. Nesse caso, a mensagem pode ser interpretada como um convite para a discussão e resolução do problema. Em resumo, a comunicação não verbal pode ajudar a reforçar a mensagem de forma positiva e a criar um clima de diálogo construtivo. É importante estar consciente da linguagem corporal e da tonalidade da voz, além de aplicar os quatro elementos da CNV, para garantir uma comunicação mais eficaz e uma resolução pacífica dos conflitos.

A CNV NO AMBIENTE FAMILIAR

A comunicação não violenta pode ser particularmente útil no ambiente familiar, onde as emoções podem ser intensas e as relações são mais íntimas. Aqui estão alguns exemplos de como a CNV pode ser aplicada em diferentes situações familiares:

1. **Entre casais:** Quando um casal está tendo uma discussão acalorada, a CNV pode ajudar a reduzir a tensão e garantir que ambos sejam ouvidos. Por exemplo, um parceiro pode dizer: "Quando você disse aquilo, eu me senti magoado, porque eu valorizo muito a nossa relação. Você poderia me dizer o que te levou a dizer aquilo?". Esse tipo de abordagem permite que ambos expressem suas necessidades e sentimentos sem se culparem ou se atacarem.

2. **Entre pais e filhos:** A CNV pode ajudar os pais a se conectarem com seus filhos, reconhecendo suas necessidades e sentimentos. Por exemplo, um pai pode dizer: "Eu percebi que você está chateado. Pode me contar o que está acontecendo?". Isso mostra ao filho que seus sentimentos são válidos e que ele é ouvido. Além disso, quando há um conflito, os pais podem aplicar a CNV para encontrar soluções mutuamente satisfatórias.

3. **Entre irmãos:** A CNV pode ajudar irmãos a resolverem conflitos e a se comunicarem de maneira mais eficaz. Por exemplo, um irmão pode dizer: "Quando você pegou o meu brinquedo sem pedir, eu me senti magoado. Você poderia me perguntar na próxima vez?". Isso ajuda a estabelecer limites claros e a evitar que os sentimentos se intensifiquem.

É importante notar que, em todas essas situações, a CNV requer prática e paciência. Pode ser difícil mudar padrões de comunicação estabelecidos e reconhecer nossas próprias necessidades e sentimentos. No entanto, com o tempo, a CNV pode ajudar a melhorar a qualidade das relações familiares e a fortalecer o vínculo entre os membros da família.

Aqui estão alguns exemplos de situações familiares e como a comunicação não violenta pode ser utilizada de forma construtiva em comparação com uma abordagem agressiva:

- **Situação:** Um pai quer que seu filho limpe o quarto antes de sair para brincar com os amigos. ***Abordagem CNV***: "Eu percebo que você está animado para sair e se divertir, mas antes de sair, precisamos limpar o seu quarto para manter a casa organizada. Você poderia me ajudar a limpar rapidamente?" ***Abordagem agressiva***: "Você nunca limpa o seu quarto! Não vou deixar você sair até que limpe tudo!"

- **Situação:** Um casal está tentando decidir qual filme assistir à noite. ***Abordagem CNV***: "Eu adoraria assistir a um filme romântico esta noite. E você, tem alguma preferência em particular?" ***Abordagem agressiva***: "Eu sempre tenho que assistir ao que você quer! Escolha algo diferente desta vez!"

- **Situação:** Dois irmãos querem jogar com o mesmo brinquedo. ***Abordagem CNV***: "Eu entendo que vocês dois querem brincar com o mesmo brinquedo. Podemos tentar dividir o tempo de brincadeira igualmente ou encontrar outro brinquedo para jogar juntos?" ***Abordagem agressiva***: "Deixe esse brinquedo agora mesmo! Eu estava brincando com ele primeiro!"

Em todos esses exemplos, a comunicação não violenta envolve expressar suas próprias necessidades e sentimentos de forma clara e objetiva, sem culpar ou atacar a outra pessoa. Isso permite que ambas as partes se sintam ouvidas e valorizadas, o que pode ajudar a resolver conflitos de maneira mais eficaz e pacífica.

FATORES QUE DIFICULTAM O USO DA CNV

O histórico e relacionamento passado entre as pessoas, bem como as características de personalidade, podem ser obstáculos para a comunicação não violenta no ambiente familiar. Por exemplo, se um casal tem um histórico de comunicação agressiva, pode ser difícil mudar para uma abordagem menos violenta sem esforço e prática. Da mesma forma, se uma pessoa tem uma personalidade mais impulsiva ou defensiva, pode ser mais difícil para ela expressar suas necessidades e sentimentos de forma não violenta.

No entanto, é importante lembrar que a comunicação não violenta é uma habilidade que pode ser aprendida e aprimorada com o tempo e a prática. Mesmo que haja obstáculos no caminho, é possível trabalhar em direção a uma comunicação mais respeitosa e efetiva. A CNV não se trata de ser perfeito ou nunca errar, mas sim de estar aberto ao diálogo, escutar as necessidades e sentimentos do outro e trabalhar juntos para encontrar soluções construtivas. É importante ser gentil consigo mesmo e com os outros no processo de aprendizagem e crescimento.

Freepik

Buscar a ajuda de especialistas pode ser muito útil para melhorar a comunicação não violenta no ambiente familiar. Há psicólogos, terapeutas e outros profissionais que estão capacitados para ajudar as pessoas a desenvolverem habilidades de comunicação saudáveis e construtivas. Esses especialistas podem oferecer orientação, *feedback*, recursos e práticas para ajudar as pessoas a superarem obstáculos e aprimorarem suas habilidades de comunicação.

Algumas situações em que buscar a ajuda de um especialista pode ser útil incluem:

- **Casais** que enfrentam problemas de comunicação, como dificuldades para expressar suas necessidades e sentimentos, conflitos constantes ou problemas de confiança.
- **Pais** que querem melhorar a comunicação com seus filhos, estabelecendo limites claros, expressando suas expectativas e ajudando as crianças a desenvolverem habilidades sociais e emocionais.
- **Famílias** que estão passando por uma transição difícil, como um divórcio, uma mudança de cidade ou problemas financeiros. Nesses casos, um terapeuta familiar pode ajudar a melhorar a comunicação e a construir relações mais saudáveis.
- **Irmãos** que têm dificuldades para se entender, lidando com ciúmes, rivalidades ou problemas de convivência.

Os especialistas podem ajudar as pessoas a identificarem suas necessidades e sentimentos, a aprender a ouvir e respeitar os outros, a desenvolver estratégias de resolução de conflitos e a estabelecer limites saudáveis. Eles também podem ajudar a desbloquear padrões antigos de comunicação e a construir novos hábitos de comunicação mais positivos e construtivos.

ELEMENTOS PARA UTILIZAR E EVITAR NA CNV

Palavras positivas e inspiradoras

Essas palavras são úteis para expressar nossos sentimentos, necessidades, pedidos e expressões de gratidão de forma clara e objetiva, auxiliando a estabelecer uma comunicação mais eficiente e empática, característica da CNV.

. Abertura
. Aceitação
. Acolhimento
. Agradecimento
. Ajuda
. Alegria
. Altruísmo
. Amizade
. Amor
. Amorosidade
. Amparo
. Apoio
. Apreciação
. Assertividade
. Atenciosidade
. Atenção
. Autoconfiança
. Autoestima
. Autonomia
. Autossuficiência
. Bondade
. Calma
. Carinho
. Clareza
. Colaboração
. Compaixão
. Compreensão
. Comunicação
. Comunhão
. Conexão
. Confiança
. Consideração
. Consistência
. Construção
. Contenção

. Coragem
. Cuidado
. Curiosidade
. Dedicação
. Delicadeza
. Desapego
. Desenvoltura
. Determinação
. Diálogo
. Disponibilidade
. Educação
. Elegância
. Empatia
. Encorajamento
. Energia
. Entendimento
. Equilíbrio
. Esperança
. Estabilidade
. Estímulo
. Ética
. Exemplo
. Expressão
. Fidelidade
. Flexibilidade
. Franqueza
. Generosidade
. Gentileza
. Gratidão
. Harmonia
. Honestidade
. Humildade
. Igualdade
. Incentivo
. Inclusão

. Independência
. Inovação
. Inspirador
. Inspiração
. Integridade
. Interesse
. Intimidade
. Intransigência
. Justiça
. Lealdade
. Liberdade
. Limite
. Lucidez
. Maestria
. Maturidade
. Moderação
. Modéstia
. Motivação
. Mutualidade
. Necessidade
. Observação
. Oportunidade
. Paciência
. Paixão
. Participação
. Paz
. Perdão
. Perseverança
. Perspectiva
. Polidez
. Preocupação
. Presença
. Privacidade
. Profundidade
. Progresso

. Proteção	. Restauração	. Solução
. Proximidade	. Retidão	. Tranquilidade
. Realização	. Sabedoria	. Transparência
. Receptividade	. Satisfação	. Transpiração
. Reconhecimento	. Segurança	. União
. Reflexão	. Sensatez	. Valores
. Regeneração	. Sensibilidade	. Verdade
. Relevância	. Serenidade	. Vigilância
. Resiliência	. Simpatia	. Visão
. Respeito	. Sinceridade	. Zelo
. Responsabilidade	. Solidariedade	

Palavras negativas

Estas palavras podem gerar uma comunicação defensiva e prejudicar a empatia e a colaboração em um diálogo. É sempre recomendado buscar palavras e expressões que possam contribuir para um diálogo mais empático e construtivo.

. Abjeto	. Contraditório	. Destruir
. Agressivo	. Controlador	. Detestar
. Amargura	. Covardia	. Difamar
. Amaldiçoar	. Criticar	. Difícil
. Ambíguo	. Crueldade	. Discórdia
. Amordaçar	. Culpa	. Disputa
. Arrogante	. Culpar	. Dominador
. Ataque	. Desamparo	. Dominar
. Aviltar	. Desapontamento	. Egoísta
. Censura	. Desapontar	. Embaraçoso
. Chateado	. Desaprovador	. Envergonhado
. Cinismo	. Desaprovar	. Equívoco
. Cobiça	. Desdém	. Esnobar
. Comandar	. Desespero	. Espalhar
. Condenar	. Desistência	. Estereotipar
. Condescendente	. Desprezar	. Exigente
. Confronto	. Desrespeito	. Explorar

. Falsidade
. Fingir
. Fofocar
. Frustração
. Hostil
. Humilhar
. Ignorante
. Imoral
. Impróprio
. Incompetente
. Inconveniente
. Indiferente
. Indigno
. Inflexível
. Ingratidão
. Inimigo
. Inseguro
. Insensível
. Insistente
. Insultar
. Intolerante
. Inveja
. Ira
. Ironia
. Irritado
. Isolado
. Julgar
. Lamentável
. Lamentar
. Limitar
. Manipular
. Mentiroso
. Mesquinho
. Morte
. Negar
. Negligente
. Nervoso
. Ofender
. Opressivo
. Ostentação
. Pânico
. Pessimismo
. Preconceituoso
. Preocupação
. Presunçoso
. Proibir
. Punir
. Queixar
. Raiva
. Recriminar
. Repressivo
. Ridicularizar
. Sabotar
. Sarcástico
. Seco
. Subestimar
. Superioridade
. Suspeito
. Teimoso
. Tensão
. Terror
. Traição
. Tristeza
. Vergonhoso
. Violento

Substituição de adjetivos por expressões

Considerando a CNV, é aconselhável não usar adjetivos pejorativos com relação a outras pessoas, mas expressões que representem aquele defeito de maneira menos agressiva. Por exemplo, ao invés de dizer que "você é egoísta" podemos dizer "da forma como você está agindo está desconsiderando as demais pessoas e pensando unicamente em seu benefício quando todos precisam ser beneficiados pelo processo". Veja alguns exemplos de como podemos substituir adjetivos pejorativos por expressões mais adequadas:

1. Adulador/bajulador

- **Versão sem CNV:** Você é um puxa-saco e só fala o que os outros querem ouvir.
- **Versão com CNV:** Vejo que está tentando agradar e ser gentil com as pessoas, mas seria interessante também expressar sua opinião e suas necessidades de forma mais autêntica.

2. Arrogante/convencido

- **Versão sem CNV:** Você é convencido e sempre acha que está certo.
- **Versão com CNV:** Quando você expressa suas opiniões de forma firme, pode parecer que está ignorando as opiniões dos outros. Seria interessante considerar a possibilidade de que outras pessoas também possam ter perspectivas válidas.

3. Cínico

- **Versão sem CNV:** Você é hipócrita e finge que se importa com os outros.
- **Versão com CNV:** Entendo que possa estar sentindo frustração ou desconfiança em relação a essa situação, mas seria interessante tentar compreender os motivos e perspectivas das outras pessoas antes de tirar conclusões precipitadas.

4. Desconfiado/paranoico

- **Versão sem CNV:** Você é paranoico e sempre acha que as pessoas estão tramando algo contra você.
- **Versão com CNV:** Posso perceber que pode estar se sentindo inseguro em relação a essa situação. Seria interessante expressar suas preocupações de forma mais clara e buscar informações que possam ajudá-lo a entender melhor a situação.

5. Impaciente/estressado

- **Versão sem CNV:** Você é estressado e sempre quer que as coisas sejam feitas do seu jeito e imediatamente.
- **Versão com CNV:** Entendo que esteja ansioso em relação a essa situação, mas seria interessante tentar compreender as perspectivas e necessidades das outras pessoas envolvidas e encontrar uma solução que atenda a todos.

6. Inflexível/teimoso

- **Versão sem CNV:** Você é teimoso e nunca está disposto a ceder.
- **Versão com CNV:** Posso perceber que esteja comprometido com suas ideias e valores, mas seria interessante considerar a possibilidade de que outras pessoas também possam ter perspectivas valiosas. Seria possível encontrar uma solução que atenda a todos?

7. Intolerante/preconceituoso

- **Versão sem CNV:** Você é preconceituoso e não respeita as diferenças dos outros.
- **Versão com CNV:** Entendo que pode ter crenças e valores diferentes, mas seria interessante tentar compreender as perspectivas e necessidades das outras pessoas envolvidas e encontrar uma forma de respeitar e valorizar as diferenças.

8. Manipulador

- **Versão sem CNV:** Você é calculista e sempre age para obter vantagem sobre os outros.
- **Versão com CNV:** Posso perceber que esteja tentando encontrar uma solução que seja benéfica para você, mas não para os outros envolvidos. Seria possível encontrar uma solução que atenda a todos de forma justa?

9. Mesquinho/egoísta

- **Versão sem CNV**: Você é egoísta e só pensa em si mesmo.
- **Versão com CNV:** Entendo que possa estar preocupado com seus próprios interesses, mas seria interessante considerar as necessidades e perspectivas dos demais.

FINALIZANDO

A aplicação da CNV pode melhorar significativamente a qualidade das nossas relações interpessoais, ajudando-nos a nos comunicarmos de maneira mais autêntica, empática e respeitosa. Ela certamente irá promover positivamente a qualidade de um diálogo. A próxima tabela resume a CNV e seus componentes.

Componente	Definição	Exemplo
Observação	Descrever o que se vê ou ouve sem avaliar ou interpretar	"Você chegou 40 minutos atrasado"
Sentimento	Expressar o que se sente em relação ao que se observa	"Eu fiquei preocupada"
Necessidade	Identificar a necessidade ou o valor que está por trás do sentimento	"Eu preciso de pontualidade de todos"
Pedido	Fazer um pedido concreto e positivo para atender à necessidade	"Você pode me avisar com antecedência se for se atrasar?"

CAPÍTULO 12

Soft Skills: a Importância da Comunicação e o Diálogo

Foto: Vecteezy

> De todas as habilidades de vida disponíveis para nós, a comunicação é talvez a mais capacitadora.
>
> *Bret Morrison*
> (1912-1978, ator e narrador de rádio norte-americano)

As habilidades profissionais de uma pessoa estão divididas em duas categorias, *hard skills* e *soft skills*. *Hard skills* são habilidades técnicas e mensuráveis adquiridas por meio de treinamentos formais e experiências educacionais, enquanto *soft skills* são habilidades comportamentais, sociais e emocionais relacionadas à forma como as pessoas se comportam e interagem com os outros.

Resolução de problemas

Enquanto as *hard skills* são específicas para um campo ou área de atuação, as *soft skills* são subjetivas, não facilmente mensuráveis, e são cruciais para a forma como as pessoas se relacionam, colaboram e se adaptam a diferentes situações no ambiente de trabalho. Ambos os tipos de habilidades são importantes para o sucesso profissional e as empresas buscam uma combinação equilibrada delas em seus colaboradores, mas nem sempre isso acontece. Veja alguns exemplos das duas habilidades.

Empatia

Hard skills	*Soft Skills*
Programação em C++	Comunicação efetiva
Fluência em espanhol	Liderança
Operação de máquina CNC	Resolução de problemas
Conhecimento em contabilidade	Empatia
Certificação em marketing digital	Trabalho em equipe
Conhecimento em mecânica automotiva	Flexibilidade
Design de interiores	Gerenciamento do tempo
Habilidades em análise de dados	Pensamento crítico
Conhecimento em engenharia civil	Negociação
Conhecimento em programação Python	Tomada de decisão

SOFT SKILLS NAS EMPRESAS

As *soft skills* são cada vez mais valorizadas pelas empresas, pois têm impacto direto na produtividade, eficiência, inovação e clima organizacional. Elas são importantes não apenas para a liderança, mas também para colaboradores em todos os níveis da organização, uma vez que afetam a forma como trabalhamos em equipe, nos comunicamos, solucionamos problemas e lidamos com desafios no ambiente de trabalho. Desenvolver *soft skills* requer autoconhecimento, prática e *feedback* constante. É possível desenvolvê-las por meio de treinamentos, coaching, mentoring, workshops, lei-

Comunicação

Trabalho em equipe

tura e prática em situações reais de trabalho. Investir no desenvolvimento de *soft skills* é uma estratégia valiosa para profissionais que buscam aprimorar suas habilidades de liderança, melhorar seu desempenho profissional e construir relacionamentos interpessoais saudáveis no ambiente de trabalho.

Você é contratado pelas *hard skills* e demitido pela falta de *soft skills*.

Historicamente, muitas pessoas têm sido contratadas com base em suas *hard skills*, ou seja, suas habilidades técnicas e específicas relacionadas a um campo de trabalho, como conhecimentos técnicos, experiência em ferramentas ou certificações profissionais. No entanto, é cada vez mais evidente que apenas ser extremamente competente tecnicamente nem sempre é suficiente para garantir o sucesso no ambiente de trabalho. Isso se torna muito claro quando alguém que é muito capaz tecnicamente é promovido para cargos de chefia e liderança para os quais as qualidades de *soft skills* são essenciais, e aí começam os problemas.

Exemplo de insucesso devido à falta de *soft skills*

Juliana era uma programadora altamente talentosa em uma empresa de desenvolvimento de software. Ela tinha uma habilidade excepcional em encontrar soluções criativas e rápidas para os projetos de programação, e sempre entregava resultados além das expectativas. Sua paixão pela tecnologia e sua capacidade de trabalhar sob pressão a tornaram uma escolha

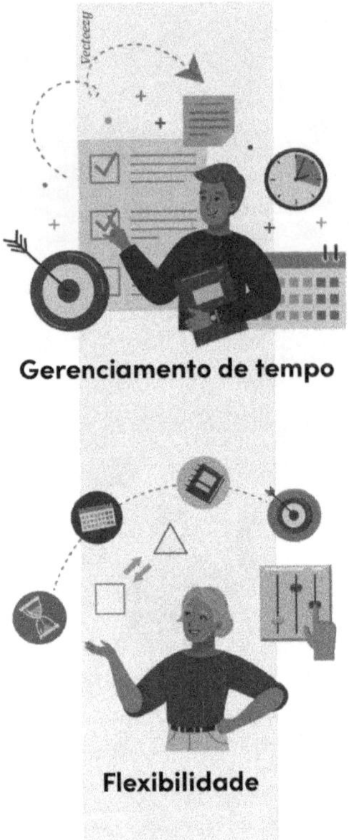

óbvia para uma promoção para o cargo de líder de equipe de desenvolvimento.

No entanto, como líder de equipe, Juliana enfrentou desafios devido à sua personalidade ansiosa e impaciente. Ela queria que tudo fosse feito rapidamente, usando suas próprias métricas pessoais e considerava qualquer forma de discussão ou planejamento como perda de tempo. Ela tinha dificuldade em ouvir as opiniões e ideias de sua equipe e estava sempre focada em obter resultados imediatos, muitas vezes negligenciando o *feedback* construtivo e o trabalho em equipe.

A falta de paciência e empatia de Juliana afetou negativamente sua equipe de desenvolvimento. Seus subordinados se sentiam pressionados e estressados para entregar resultados rapidamente, sem ter tempo para discussões detalhadas ou planejamento adequado. Isso levou a uma diminuição na qualidade do trabalho, com bugs e erros sendo introduzidos nos projetos devido à pressa excessiva. Juliana tinha dificuldades em lidar com as necessidades emocionais de sua equipe. Sua personalidade ansiosa e impaciente muitas vezes causava conflitos e tensões no ambiente de trabalho, o que afetava negativamente o moral e a motivação da equipe.

Com o tempo, a equipe começou a sentir-se desvalorizada e desmotivada, o que levou a uma alta rotatividade de funcionários e uma diminuição geral na produtividade do departamento de desenvolvimento. Juliana percebeu que sua abordagem impaciente e focada apenas em resultados estava prejudicando sua equipe. Ela foi transferida para um papel individual de programação, onde sua rapidez e criatividade puderam ser mais bem aproveitadas. Ela aprendeu a duras penas a importância de equilibrar a velocidade com a qualidade do trabalho e o relacionamento interpessoal para o sucesso de uma equipe de liderança.

Esse exemplo ilustra como a falta de *soft skills*, mesmo em profissionais altamente competentes tecnicamente, pode resultar em falhas no ambiente de trabalho, afetando negativamente os resultados e metas da empresa.

CATEGORIAS DE *SOFT SKILLS*

As *soft skills* podem ser agrupadas em diferentes categorias, dependendo da abordagem utilizada. Selecionei aqui algumas das categorias mais importantes e suas respectivas explicações:

1. Habilidades de comunicação:

Incluem a capacidade de se expressar claramente, ouvir ativamente, transmitir ideias de forma eficaz, negociar, influenciar e se adaptar à comunicação com diferentes públicos. Essas habilidades são essenciais para estabelecer relacionamentos interpessoais saudáveis, trabalhar em equipe, resolver conflitos e transmitir informações de maneira clara e compreensível.

2. Habilidades de liderança:

Englobam a capacidade de inspirar, motivar, influenciar e guiar uma equipe, bem como tomar decisões assertivas, delegar tarefas, fornecer *feedback* construtivo e promover um ambiente de trabalho positivo. Essas habilidades são fundamentais para aqueles que estão em posições de liderança, pois impactam diretamente na gestão de pessoas e na obtenção de resultados.

3. Habilidades de resolução de problemas:

Envolvem a capacidade de identificar problemas, analisar situações complexas, tomar decisões informadas, encontrar soluções criativas e implementar planos de ação. Essas habilidades são cruciais para lidar com desafios e imprevistos no ambiente de trabalho, bem como para encontrar soluções eficazes para melhorar processos e otimizar resultados.

4. Habilidades de trabalho em equipe:

Incluem a capacidade de colaborar, compartilhar conhecimentos, respeitar opiniões divergentes, construir relacionamentos saudáveis e contribuir para um ambiente de trabalho colaborativo. Essas habilidades são importantes para o trabalho em grupo, onde é necessário cooperar com colegas de diferentes backgrounds e habilidades, e alcançar objetivos comuns.

5. Habilidades de gerenciamento de tempo e organização:

Cumprir prazos, organizar tarefas e manter-se produtivo. Essas habilidades são essenciais para garantir a eficiência no trabalho, evitar a procrastinação e cumprir as responsabilidades e expectativas profissionais.

6. Habilidades emocionais:

Englobam a capacidade de reconhecer, compreender e gerenciar as próprias emoções, bem como a empatia e a capacidade de lidar com as emoções dos outros. Essas habilidades são importantes para desenvolver relacionamentos interpessoais saudáveis, lidar com situações estressantes, resolver conflitos e promover um clima organizacional positivo.

Essas são apenas algumas categorias de *soft skills* e você vê como elas estão intimamente ligadas com as habilidades de comunicação, diálogo, empatia, escuta ativa, autoconhecimento e gerenciamento de emoções que estamos abordando aqui no livro. Elas não atuam isoladamente, mas sim em conjunto para criar um conjunto de habilidades que são fundamentais para o sucesso no ambiente de trabalho. Em muitas situações precisamos usar uma combinação delas e em outras não.

Tomando como exemplo a situação em que uma pessoa possui habilidades de comunicação (habilidade 1), mas não possui habilidades de liderança (habilidade 2), isso pode resultar em desafios na sua capacidade de liderar efetivamente uma equipe. A habilidade de comunicação é importante para expressar ideias de forma clara e ouvir ativamente os outros. Já a habilidade de liderança vai além, envolvendo a capacidade de inspirar, motivar, influenciar e guiar uma equipe em direção a objetivos comuns. Sem habilidades de liderança adequadas, uma pessoa pode ter dificuldade em estabelecer autoridade, tomar decisões assertivas, delegar tarefas e promover um ambiente de trabalho positivo.

A falta de habilidades de liderança pode resultar em uma equipe desmotivada, desorganizada e com problemas de comunicação interna. Por exemplo, uma pessoa com habilidades de comunicação pode ser capaz de expressar suas ideias de forma clara, mas pode ter dificuldades em liderar a equipe para implementar essas ideias de forma eficaz. Além disso, a falta de habilidades de liderança pode resultar em uma má gestão do tempo e dos recursos da equipe, o que pode afetar negativamente a produtividade e o desempenho geral.

UM BOM LÍDER, MAS MAU TOMADOR DE DECISÕES

Vamos considerar a situação de um gerente de projetos em uma empresa de tecnologia. Essa pessoa foi promovida para a posição de liderança devido à sua habilidade de liderança (habilidade 2), demonstrada em sua capacidade de inspirar e motivar sua equipe, tomar decisões assertivas e gerenciar os recursos do projeto de forma eficaz. No entanto, essa pessoa enfrenta desafios na habilidade de resolução de problemas (habilidade 3). Em um projeto recente, surgiram problemas técnicos inesperados que afetaram a qualidade do produto final e atrasaram a entrega do projeto. Como líder da equipe, essa pessoa precisa tomar ações rápidas para resolver os problemas e minimizar os impactos no projeto. No entanto, devido à falta de habilidades de resolução de problemas, essa pessoa pode se sentir sobrecarregada e ter dificuldade em identificar as causas raízes dos problemas, elaborar soluções efetivas e aplicá-las de forma oportuna.

A falta de habilidades de resolução de problemas pode resultar em decisões impulsivas ou superficiais, que podem não abordar as questões subjacentes de maneira adequada, levando a soluções temporárias ou ineficazes. Isso pode causar um ciclo de problemas recorrentes, atrasos constantes nos projetos e insatisfação do cliente. Para superar essa lacuna de habilidades, essa pessoa pode buscar o desenvolvimento de suas habilidades de resolução de problemas através de treinamentos específicos, aprendendo técnicas e estratégias de resolução de problemas, buscando aconselhamento de colegas mais experientes ou buscando o apoio de um mentor. Com o desenvolvimento adequado dessa habilidade, essa pessoa estará mais bem preparada para enfrentar desafios complexos, identificar soluções efetivas e liderar sua equipe com maior eficácia.

INCORPORANDO *SOFT SKILLS*

As *soft skills* podem ser desenvolvidas e aprimoradas ao longo da vida, e são essenciais para uma comunicação eficaz e diálogos produtivos. À medida que nos envolvemos em diferentes contextos e interações interpessoais, é importante reconhecer a importância das *soft skills* na forma como nos relacionamos com os outros e alcançamos nossos objetivos. Aprender novas *soft skills* e incorporá-las em nossa comunicação cotidiana pode melhorar significativamente nossas interações interpessoais, seja no ambiente de trabalho, em relacionamentos pessoais, em situações de liderança ou em qualquer outro contexto social. Através do desenvolvimento de *soft skills*, podemos nos tornar mais empáticos, comunicativos, assertivos, respeitosos, flexíveis e eficientes na resolução de conflitos, o que nos permite construir relacionamentos saudáveis e alcançar resultados positivos em nossas interações.

Além disso, o mundo está em constante evolução, e as dinâmicas de comunicação também estão em constante mudança. Novas tecnologias, ambientes multiculturais, diversidade no local de trabalho e mudanças nas expectativas sociais exigem que estejamos em constante aprendizado e aprimoramento de nossas habilidades de comunicação. Incorporar novas *soft skills* em nossa abordagem de comunicação nos permite ser mais adaptáveis e eficazes em um mundo em constante mudança. Portanto, é fundamental reconhecer a importância das *soft skills* na comunicação e estar disposto a aprender e desenvolver constantemente essas habilidades para nos comunicarmos de forma eficaz, construir relacionamentos positivos e alcançar nossos objetivos pessoais e profissionais.

ATIVIDADES PROPOSTAS

Veja a próxima tabela com uma lista expandida de *soft skills*. Na terceira coluna indique uma nota de 0 a 10 na sua autopercepção daquela habilidade.

Soft skill	Descrição	Nota
Comunicação	Capacidade de se expressar e ouvir de forma clara e eficaz, tanto verbal quanto escrita, em diferentes contextos e com diferentes públicos.	
Liderança	Habilidade de influenciar, inspirar e motivar outros, coordenar equipes, delegar responsabilidades e tomar decisões assertivas.	
Resolução de problemas	Capacidade de identificar, analisar e resolver problemas de forma lógica, criativa e eficaz, considerando diferentes perspectivas.	
Trabalho em equipe	Habilidade de colaborar e contribuir de forma efetiva em um ambiente de equipe, demonstrando respeito, empatia e cooperação.	
Pensamento crítico	Capacidade de analisar e avaliar informações, questionar premissas, avaliar opções e tomar decisões informadas e embasadas.	
Adaptabilidade	Habilidade de se ajustar a mudanças, lidar com ambiguidade, flexibilidade e se adaptar a novos contextos e situações.	
Inteligência emocional	Capacidade de reconhecer e gerenciar emoções próprias e dos outros, desenvolver empatia, lidar com conflitos e construir relacionamentos saudáveis.	
Negociação	Habilidade de buscar soluções mutuamente benéficas, alcançar acordos, resolver conflitos e construir relacionamentos profissionais.	
Tomada de decisão	Capacidade de avaliar opções, considerar riscos e benefícios, e tomar decisões bem fundamentadas e alinhadas com os objetivos organizacionais.	
Resiliência	Habilidade de se recuperar de adversidades, lidar com pressões e desafios, e manter uma atitude positiva e proativa diante de obstáculos.	

Soft skill	Descrição	Nota
Gestão do tempo	Habilidade de planejar, organizar e priorizar tarefas e projetos, otimizando a produtividade e cumprindo prazos estabelecidos.	
Empatia	Capacidade de se colocar no lugar do outro, compreender suas perspectivas, sentimentos e necessidades, e responder de forma compreensiva e sensível.	
Comunicação não violenta	Habilidade de se comunicar de forma construtiva, respeitosa e empática, evitando conflitos e buscando soluções colaborativas.	
Criatividade	Capacidade de gerar e implementar ideias originais, pensar de forma inovadora, e encontrar soluções criativas para problemas complexos.	
Orientação para resultados	Habilidade de estabelecer metas claras, definir prioridades, e direcionar esforços para alcançar resultados consistentes e alinhados com os objetivos organizacionais.	

Baseado na sua atividade profissional e perspectivas de evolução dentro da empresa ou atividade, selecione as três mais importantes.

1 ....

....

2 ....

....

3 ....

....

Em função da nota que foi atribuída a elas na tabela, quais ações devem ser tomadas por você para que sua competência nelas seja melhorada?

CAPÍTULO 13

Diálogo entre Gerações

Foto: Freepik

> **Pense como um sábio, mas comunique-se na linguagem das pessoas.**
>
> *William Butler Yeats*
> (1865-1939, poeta irlandês)

Vimos nos capítulos anteriores quantos aspectos impactam um diálogo. Se considerarmos tudo o que foi exposto até aqui você tem uma visão bem clara do que precisa fazer para tornar sua comunicação cada vez melhor, mas ainda temos, depois de tudo, que considerar os aspectos geracionais dos interlocutores.

A CONSCIÊNCIA GERACIONAL

A consciência geracional é a compreensão e a apreciação das características, experiências e perspectivas únicas associadas a diferentes gerações. Ela envolve o reconhecimento de que as pessoas compartilham certas influências históricas, culturais e sociais com outros indivíduos que nasceram aproximadamente na mesma época. Isso inclui fatores como desenvolvimentos tecnológicos, eventos políticos, avanços sociais, mudanças econômicas e outros aspectos que influenciam as experiências de vida e a formação da identidade de um grupo geracional. A consciência geracional também pode contribuir para promover o respeito, a empatia e a colaboração entre as gerações, permitindo um diálogo mais rico e construtivo.

As gerações mais antigas tendem a achar que as gerações mais novas sabem menos e não tem muito respeito por eles. Por outro lado, as gerações mais novas acham que os mais velhos não entendem das coisas e estão ultrapassados. É verdade que existem estereótipos e percepções negativas entre as gerações mais antigas e as mais novas. No entanto, é importante reconhecer que essas generalizações nem sempre são verdadeiras para todos os indivíduos de uma determinada geração. Para construir um diálogo produtivo entre as gerações, é essencial superar esses estereótipos e aproveitar o melhor de cada geração.

As gerações e seus períodos

As gerações às quais nos referimos foram nomeadas em função de períodos históricos em que as pessoas nasceram. A duração média de uma geração é 20 a 25 anos. No entanto, é importante observar que os intervalos podem variar dependendo das fontes e das perspectivas adotadas. A figura mostrada a seguir é amplamente aceita e adotada neste livro.

IDENTIFICAÇÃO COM A GERAÇÃO

A definição de gerações é uma generalização ampla e não leva em conta a individualidade de cada pessoa. Cada indivíduo tem sua própria história e perspectiva única, o que pode influenciar sua identificação com uma determinada geração.

Embora as datas de início e fim de uma geração sejam usadas como referência, é possível que indivíduos que nasceram no final

Geração Silenciosa (1925 - 1945)

Essa geração nasceu durante a Grande Depressão e cresceu durante a Segunda Guerra Mundial. Eles são conhecidos por serem disciplinados, patrióticos e valorizarem a estabilidade.

Baby Boomers (1946 - 1964)

A geração dos baby boomers foi marcada pelo crescimento econômico, desenvolvimento tecnológico e avanços sociais. Eles são geralmente trabalhadores, competitivos e têm um forte senso de lealdade.

Geração X (1965 - 1980)

A geração X cresceu em um momento de rápidas mudanças sociais e tecnológicas. Eles são independentes, adaptáveis e valorizam o equilíbrio entre trabalho e vida pessoal.

Geração Y (Millennials) (1981 - 1996)

Os millennials cresceram com o surgimento da internet e das mídias sociais. Eles são criativos, colaborativos e têm um forte desejo de propósito em suas carreiras.

Geração Z (1997 - 2010)

A geração Z é a primeira a crescer completamente imersa na era digital. Eles são multitarefas, orientados para a tecnologia e têm uma mentalidade empreendedora.

Geração Alpha (2011 - atual)

É uma geração ainda em fase de definição, pois não viveram experiências analógicas e passam pela consolidação da aceitação da diversidade global.

ou início de uma geração se identifiquem mais com a geração anterior ou posterior. Isso ocorre porque as características e eventos históricos que moldam uma geração podem ser influenciados por fatores socioeconômicos, políticos e culturais que variam de acordo com o país, região e contexto em que a pessoa cresceu. Além disso, as influências familiares, educacionais e sociais também podem desempenhar um papel significativo na formação da identidade e na identificação com uma geração específica.

Portanto, é possível que uma pessoa que nasceu no final de uma geração tenha vivenciado experiências e eventos que a aproximam mais da geração seguinte, enquanto outra pessoa que nasceu no início de uma geração pode se identificar mais com a geração anterior, por exemplo, nasci em 1961, o que me enquadraria na geração Baby Boomers, contudo me identifico completamente com a geração X que aparece em 1964 de acordo com a tabela 1.

AS PRINCIPAIS CARACTERÍSTICAS DAS GERAÇÕES

Cada ser humano tem um DNA único que o torna diferente de todos os demais, contudo, ao nascer em uma determinada época e local, irá receber uma grande influência do meio que contribuirá para desenvolver os seus valores, percepção do mundo e da forma como se relaciona com os demais. Esse conjunto de circunstâncias contribuem para que as pessoas nascidas em um período sejam portadoras de um comportamento geral parecido nos dando uma ideia geral de como aquela geração reage ao seu entorno. Obviamente cada ser daquela geração pode ter aquelas características ou ser completamente diferente, mas a história e principalmente o tempo nos mostra que podemos tomar as características citadas mais adiante como um ponto de partida para entender a geração.

Considere uma criança que nasceu na Ucrânia em 2011 e vivia lá durante a guerra com a Rússia em 2022. De um momento para outro sua vida e, principalmente, seus valores foram fortemente impactados. Essa criança certamente terá uma visão e relação com o mundo muito diferente de uma outra da mesma idade que vivia em uma comunidade do Rio de janeiro e de outra vivendo em Estocolmo, na Suécia. Todas são da geração Alpha, mas cada uma delas tem suas histórias pessoais.

Geração Silenciosa (1925-1945):

Caracterizada por valores conservadores e lealdade, essa geração enfrentou a Grande Depressão de 1929, a Segunda Guerra Mundial e vivenciou o contexto do Estado Novo no Brasil. Comumente associada à estabilidade e reconhecimento profissional, priorizou estruturas familiares tradicionais e teve uma forte influência da música jazz e clássica.

Baby Boomers (1946-1964):

Essa geração nasceu no período pós-guerra e presenciou o movimento de expansão populacional. Com uma ética de trabalho árduo e otimismo, os baby boomers buscavam ascensão na carreira e valorizavam a realização pessoal. No contexto brasileiro, vivenciaram a Ditadura Militar e foram influenciados pelo rock and roll.

Geração X (1965-1980):

Caracterizada por uma busca de equilíbrio entre vida pessoal e profissional, a geração X valoriza a independência e a autonomia. No contexto mundial, a queda do Muro de Berlim marcou essa geração. No Brasil, o movimento das Diretas Já teve um papel significativo. A música característica abrange gêneros como o pop e rock alternativo.

Geração Y (Millennials) (1981-1996):

Com uma visão diversificada e uma consciência social, os millennials valorizam a autenticidade e a expressão pessoal. A ascensão da era digital e das redes sociais marcou essa geração, que busca impacto social e realização pessoal. No contexto mundial, os ataques de 11 de Setembro foram eventos impactantes, enquanto no Brasil, destaca-se o movimento dos Caras-Pintadas. A música característica abrange gêneros como o pop, hip hop, sertanejo e EDM.

Geração Z (1997-2010):

Conhecidos por sua inclusão e consciência sustentável, os membros da geração Z cresceram em um mundo cada vez mais tecnológico e globalizado. Buscam realização pessoal, flexibilidade e adaptabilidade. No contexto mundial, a crise econômica global de 2008-2009 teve um impacto significativo. No Brasil, o movimento dos Indignados e a pandemia de Covid-19 também influenciaram essa geração. A música característica abrange gêneros como o pop eletrônico, funk, hip hop e EDM.

Geração Alpha (2011-em diante):

A geração Alpha representa as crianças nascidas a partir de 2011 e está crescendo em um mundo altamente tecnológico e conectado. Essa geração tem uma consciência global e está familiarizada com a tecnologia desde cedo. Sua formação ocorre em meio a uma diversidade cada vez maior. A geração Alpha é caracterizada pela exploração e descoberta, além da flexibilidade e adaptabilidade. No contexto mundial, a pandemia de

Covid-19 teve um impacto profundo em sua vida. No Brasil, a greve dos caminhoneiros em 2018 também marcou essa geração. A música característica inclui gêneros como o pop, k-pop e música eletrônica.

PONTOS NEGATIVOS DE CADA GERAÇÃO NO CONTEXTO DE UM DIÁLOGO

Cada geração possui suas características próprias positivas e negativas e que impactam a forma como se relacionam. É importante saber quais características podem afetar negativamente um diálogo para podermos tomar as ações e ajustes necessários para superar esses vieses geracionais.

Os pontos negativos listados a seguir são generalizações e não se aplicam a todas as pessoas. Pessoas podem superar essas características ou ter outras características. No entanto, reconhecer esses possíveis obstáculos pode ajudar a promover um diálogo mais eficaz e empático entre as gerações.

Geração Silenciosa (nascidos entre 1925 e 1945)

1. **Resistência à mudança:** Algumas pessoas da geração Silenciosa podem ter dificuldade em se adaptar a novas ideias, tecnologias e abordagens, o que pode limitar a abertura para discutir e considerar perspectivas diferentes.

2. **Conservadorismo:** Devido às suas experiências vividas em épocas mais tradicionais, algumas pessoas dessa geração podem ter visões mais conservadoras em relação a questões sociais e podem ser menos receptivas a discussões sobre diversidade e mudanças sociais.

3. **Dificuldade em expressar emoções:** Por terem crescido em um contexto social mais repressivo, algumas pessoas da geração Silenciosa podem ter dificuldade em expressar abertamente suas emoções, o que pode afetar a comunicação interpessoal.

Geração Baby Boomers (nascidos entre 1946 e 1964)

1. **Resistência à tecnologia:** Alguns babies boomers podem ter menos familiaridade e conforto com as novas tecnologias e plataformas digitais, o que pode criar uma barreira de comunicação com gerações mais jovens que estão mais imersas na era digital.
2. **Hierarquia no ambiente de trabalho:** Baby boomers cresceram em uma época em que a hierarquia e a autoridade no ambiente de trabalho eram mais valorizadas ou impostas. Isso pode resultar em diferenças de perspectiva e abordagem no local de trabalho, especialmente em situações onde gerações mais jovens preferem ambientes de trabalho mais colaborativos e horizontais.
3. **Valorização da estabilidade profissional:** Baby boomers geralmente valorizam a estabilidade e a longevidade em uma carreira, o que pode contrastar com as gerações mais jovens que tendem a buscar variedade, mobilidade e crescimento rápido.

Geração X (nascidos entre 1965 e 1980)

1. **Ceticismo e desconfiança:** Alguns membros da geração X podem ser mais céticos e desconfiados em relação a instituições, governos e promessas de mudanças sociais. Isso pode afetar a disposição para se engajar em diálogos construtivos sobre questões políticas e sociais.

2. **Individualismo:** Alguns indivíduos dessa geração podem ser mais individualistas, focando em seus próprios interesses e objetivos.

Geração Y (Millennials) (nascidos entre 1981 e 1996)

1. **Impaciência e expectativas altas:** Os millennials cresceram em uma era de rápida gratificação e podem ter expectativas elevadas em relação à eficiência e à resposta imediata. Isso pode criar frustração em situações em que o diálogo requer tempo, paciência e consideração.
2. **Dependência excessiva da tecnologia:** Como a primeira geração a crescer em um ambiente digital, alguns millennials podem ter uma dependência excessiva da tecnologia, o que pode prejudicar a comunicação interpessoal face a face e a capacidade de se envolver plenamente em uma conversa.
3. **Dificuldade em lidar com críticas:** Alguns millennials podem ter uma sensibilidade maior às críticas, devido à ênfase na valorização da autoestima e da validação pessoal em sua criação. Isso pode dificultar o diálogo construtivo, especialmente quando confrontados com opiniões divergentes ou *feedback* negativo.

Geração Z (nascidos entre 1997 e 2010)

1. **Dificuldade em lidar com conflitos face a face:** Devido à natureza das interações digitais, pessoas da geração Z podem ter menos experiência em lidar com conflitos e dificuldades e lidar com eles pessoalmente. Isso pode resultar em dificuldades na comunicação interpessoal e na resolução de conflitos quando confrontados com opiniões divergentes.

2. **Superexposição às redes sociais:** A geração Z cresceu em um ambiente altamente conectado, no qual as redes sociais desempenham um papel significativo em suas vidas. Isso pode levar a uma necessidade constante de validação e à busca por aprovação on-line, o que pode interferir na capacidade de se engajar em diálogos profundos e significativos.

3. **Expectativas de gratificação instantânea:** Devido à cultura imediatista da era digital, alguns membros da geração Z podem ter expectativas de gratificação instantânea e podem achar difícil lidar com situações que exigem paciência e perseverança, o que pode afetar a qualidade do diálogo em certos contextos.

ABORDAGENS PARA COMUNICAÇÃO INTERGERACIONAL

Com base nessas características, eis uma lista de possíveis abordagens na comunicação com cada geração sendo você de outra geração:

1. Geração Silenciosa:

- Seja respeitoso e mostre interesse genuíno por suas experiências de vida.
- Dê tempo para que compartilhem histórias e memórias.
- Seja educado e utilize uma linguagem formal.
- Evite interrupções e demonstre paciência ao ouvi-los.

2. Baby Boomers:

- Reconheça suas conquistas e contribuições.
- Esteja disposto a ouvir suas opiniões e perspectivas.
- Utilize uma abordagem mais direta e formal.
- Evite abordagens muito informais ou descontraídas.

3. Geração X:

- Seja objetivo e vá direto ao ponto.
- Valorize o equilíbrio entre trabalho e vida pessoal.
- Dê espaço para que expressem suas opiniões e ideias.
- Utilize meios de comunicação eficientes, como e-mail ou mensagens de texto.

4. Geração Y (Millennials):

- Esteja aberto a um diálogo colaborativo.
- Utilize plataformas digitais e mídias sociais para se conectar.
- Mostre que você valoriza seu propósito e o impacto que eles podem ter.
- Esteja disposto a fornecer *feedback* e reconhecer suas contribuições.

5. Geração Z:

- Utilize mensagens curtas e concisas.
- Seja autêntico e utilize plataformas de mídia social populares.
- Incentive sua criatividade e envolvimento ativo.
- Esteja aberto a aprender com eles e explorar ideias inovadoras.

Nem oito nem oitenta

Ao interagir com diferentes gerações, sempre esteja disposto a adaptar-se e ajustar sua abordagem com base nas necessidades e preferências individuais de cada pessoa. Lembre-se de que todos devem buscar um meio termo. A sua geração não é o padrão de comunicação que todos devem seguir. Ela faz parte de um sistema temporal e em mutação.

	Valores Morais e Sociais	Visão de Diversidade	Ambição Pessoal	Ambição Profissional
Geração Silenciosa	Conservadorismo, lealdade	Menos abertura à diversidade	Estabilidade e segurança	Estabilidade e reconhecimento
Baby Boomers	Otimismo, trabalho árduo	Tolerância limitada à diversidade	Realização pessoal	Ascensão na carreira
Geração X	Independência, equilíbrio	Aceitação da diversidade	Equilíbrio entre vida pessoal e profissional	Autonomia e independência
Geração Y (Millennials)	Diversidade, consciência social	Valorização da diversidade	Autenticidade e autoexpressão	Realização pessoal e impacto social
Geração Z	Inclusão, sustentabilidade	Aceitação da diversidade	Realização pessoal e flexibilidade	Empreendedorismo e inovação
Geração Alpha	Consciência global, tecnologia	Nascidos em meio à diversidade	Exploração e descoberta	Flexibilidade e adaptabilidade

Meio de comunicação	Produto Característico	Música Característica	Contexto Mundial	Contexto Brasil
Cartas 	Rádio e Televisão 	Jazz, música clássica	Segunda Guerra Mundial (1939-1945)	Estado Novo (1937-1945)
Telefone 	Automóveis 	Rock and roll, MPB	Guerra Fria (1947-1991)	Ditadura Militar (1964-1985)
E-mail e SMS 	Computadores pessoais 	Pop, hip hop, rock alternativo	Queda do Muro de Berlim (1989)	Movimento das Diretas Já (1984)
SMS e mídias sociais 	Smartphones, Redes sociais 	Pop, hip hop, EDM	Ataques de 11 de Setembro (2001)	Movimento dos Caras-Pintadas (1992)
Dispositivos móveis 	*Streaming* de vídeo e música 	Pop, hip hop, EDM	Crise Econômica Global (2008-2009)	Movimento dos Indignados (2013)
Dispositivos moveis 	Realidade Virtual/ Aumentada 	Pop, k-pop, Eletrônica	Pandemia de COVID-19 (2019-Atual)	Greve dos Caminhoneiros (2018)

É natural que achemos que o jeito que nossa geração se comunica é o ideal, mas não é bem assim. Reconheça que nem todas as gerações preferem a comunicação digital e desenvolva habilidades para se comunicar de maneira eficaz em diferentes contextos. Por outro lado, se você faz parte das gerações mais antigas, entenda que não é necessário alongar ou contar muitas histórias de suas experiências em todas as conversas. Objetividade sempre é bem-vinda. Faça sua parte. Veja o que cada geração pode fazer para melhorar o seu lado da conversa.

Geração	Recomendações para melhorar habilidades de comunicação
Geração Silenciosa (1925-1945)	• Pratique a escuta ativa. (vale para as demais gerações). • Busque a clareza na comunicação (objetividade). • Esteja aberto a aprender novas formas de comunicação como o uso de tecnologias digitais.
Baby Boomers (1946-1964)	• Adapte-se às novas tecnologias. (vale para a geração silenciosa). • Aprenda a valorizar diferentes perspectivas. • Cultive habilidades de *feedback* construtivo.
Geração X (1965-1980)	• Domine a arte da comunicação virtual. • Pratique a empatia intergeracional. • Desenvolva habilidades de comunicação assertiva.
Geração Y (Millennials) (1981-1996)	• Fortaleça habilidades de comunicação interpessoal. • Equilibre a comunicação digital e presencial. • Aprenda a comunicar sua expertise digital para outros meios.
Geração Z (1997-2010)	• Cultive habilidades de comunicação assertiva. • Entenda que nem tudo tem que ser imediato. • Aprenda a adaptar-se a diferentes estilos de comunicação.
Geração Alpha (nascidos a partir de 2010)	• Desenvolva habilidades de comunicação oral. • Aprenda a equilibrar o uso da tecnologia. • Cultive a empatia e a consciência geracional.

E, adicionalmente, considere as proposições seguintes independentemente de qual seja sua geração:

1. **Linguagem e terminologia:** Adaptar a linguagem e a terminologia utilizadas de acordo com a geração do interlocutor pode ajudar a evitar mal-entendidos e a estabelecer uma comunicação mais eficaz. Evite jargões ou gírias que possam ser exclusivas de uma determinada geração. Lembre-se de que joinha e *like* são as mesmas coisas.

2. **Estilos de comunicação:** Reconheça que cada geração pode ter estilos de comunicação distintos. Por exemplo, gerações mais antigas podem preferir um estilo formal e presencial, enquanto gerações mais jovens podem estar acostumadas à comunicação digital e mais direta. Ajustar-se a esses estilos pode facilitar a troca de ideias e a compreensão mútua.

3. **Respeito e paciência:** Mostre respeito pelas opiniões e perspectivas do outro, mesmo que você discorde delas. Tenha paciência ao explicar conceitos ou ideias que possam ser menos familiares para uma geração específica. As gerações mais antigas não entendem muito do que as novas dizem e vice-e-versa.

4. **Enfoque nos pontos em comum:** Busque temas ou valores que são compartilhados entre as gerações para estabelecer pontos de conexão e criar uma base sólida para o diálogo. Ao encontrar áreas de interesse comum, é mais fácil estabelecer uma conversa produtiva.

Mesma geração e comportamentos diferentes

Relembrando que uma geração cresce sendo influenciada pelo contexto social, econômico, político, religioso e geográfico. Essa combinação de fatores impacta os valores da pessoa e consequentemente na sua personalidade e forma como se relaciona com os outros. Duas pessoas podem ter valores completamente diferentes tendo crescido dentro da mesma geração.

Exemplo na Geração Silenciosa (nascidos entre 1925-1945)

Eduardo cresceu em uma área rural, em uma família tradicional e religiosa. Seus pais valorizavam a tradição, a religião e a disciplina. Eduardo foi criado com valores de respeito à autoridade, obediência e lealdade à família. Ele acredita em seguir as normas sociais e tem uma abordagem mais conservadora em relação à moralidade e aos costumes. Eduardo encontra conforto e segurança em tradições estabelecidas e pode resistir a mudanças significativas na sociedade. Isabela, por outro lado, cresceu em um ambiente mais cosmopolita e intelectual. Sua família incentivava a criatividade, o pensamento crítico e a liberdade de expressão. Isabela valoriza a autonomia pessoal, a diversidade e a busca pelo conhecimento. Ela está aberta a diferentes perspectivas e questiona as normas estabelecidas. Isabela acredita que a sociedade deve ser mais inclusiva e igualitária, e está disposta a desafiar as convenções para promover a mudança e a justiça social.

Exemplo da Geração Baby Boomer (nascidos entre 1946 e 1964)

Considere duas pessoas da Geração Baby Boomer, ambas nascidas em uma cidade industrializada durante a mesma época. A primeira pessoa, Laura, cresceu em uma família operária de classe média. Seus pais enfatizaram a importância do trabalho duro, da estabilidade financeira e da segurança econômica. Laura valoriza a estabilidade profissional e a conquista material como medidas de sucesso. A segunda pessoa, André, cresceu em uma família envolvida em movimentos contraculturas e ativismo político. Ele foi influenciado por ideais de paz, liberdade, autonomia e igualdade. André valoriza a expressão individual, a liberdade de pensamento e a busca por um propósito maior na vida, independentemente das conquistas materiais.

Exemplo da Geração X (nascidos entre 1965 e 1980)

A primeira pessoa, Carlos, cresceu em uma família conservadora e com valores tradicionais. Ele foi criado com a ideia de que a estabilidade financeira e a segurança são fundamentais na vida. Carlos prioriza a carreira, o planejamento em longo prazo e a estabilidade em seus relacionamentos. A segunda pessoa, Sofia, cresceu em uma família de mentalidade mais liberal e aberta. Ela foi incentivada a buscar a autenticidade, a expressão individual e a ter uma abordagem mais flexível em relação à vida. Sofia valoriza a busca de um equilíbrio entre trabalho e vida pessoal, a diversidade de experiências e a liberdade para explorar diferentes caminhos na carreira e nos relacionamentos.

Exemplo da Geração Y (Millennials) (nascidos entre 1981 e 1996)

Duas pessoas que viveram em um ambiente urbano. A primeira, Marco, cresceu em uma família tradicional e valoriza a estabilidade financeira, mas também busca propósito e significado no trabalho. Ele está preocupado com questões ambientais e sociais, e procura um equilíbrio entre a vida pessoal e profissional. A segunda pessoa, Juliana, também da geração Y, cresceu em uma família com mentalidade empreendedora e valoriza a independência e a liberdade de escolha. Ela busca uma carreira que ofereça flexibilidade e a capacidade de trabalhar de forma remota. Juliana está focada em explorar suas paixões, em criar impacto social e em ter uma abordagem mais desafiadora em relação à vida.

Exemplo da geração Z

Aqui a primeira pessoa, Gabriela, cresceu em um ambiente altamente conectado digitalmente desde tenra idade. Ela tem facilidade com tecnologia, é multitarefa e está constantemente envolvida em redes sociais. Gabriela valoriza a inclusão, a diversidade e a igualdade de oportunidades. Ela é consciente das questões sociais e ambientais, e busca soluções inovadoras para os desafios enfrentados pelo mundo. A segunda pessoa, Pedro, cresceu em uma família com foco em educação e realizações acadêmicas. Ele é orientado para o sucesso profissional e está constantemente buscando maneiras de desenvolver habilidades e se destacar no mercado de trabalho. Pedro é influenciado pela cultura do empreendedorismo e valoriza a independência financeira e a autossuficiência.

Esses exemplos ilustram como as pessoas dentro da mesma geração podem ter valores e perspectivas diferentes, influenciados por suas famílias, contextos sociais, experiências de vida e aspirações pessoais. As gerações são compostas por indivíduos diversos, e é importante reconhecer que nem todos têm visões e valores idênticos, mesmo compartilhando um período de nascimento semelhante.

OS DEZ MANDAMENTOS DA COMUNICAÇÃO ENTRE GERAÇÕES

Aqui estão dez sugestões para promover um diálogo positivo entre pessoas de diferentes gerações, levando em consideração os pontos favoráveis e desfavoráveis de cada geração, bem como sugestões para contornar as dificuldades de comunicação:

1. **Esteja aberto à diversidade de perspectivas:** Reconheça que cada geração tem experiências e valores únicos. Valorize a diversidade de opiniões e esteja disposto a ouvir e aprender com os outros, independentemente de sua idade. Exemplo: Durante uma discussão sobre questões ambientais, uma pessoa da geração Baby Boomers compartilha sua preocupação com a sustentabilidade com um jovem da geração Z. Ambos reconhecem a importância de preservar o meio ambiente, mesmo que tenham abordagens diferentes sobre como alcançar esse objetivo. Eles se envolvem em uma troca construtiva de ideias, aprendendo um com o outro e encontrando pontos de convergência.

2. **Mostre respeito mútuo:** Cultive uma cultura de respeito e empatia. Reconheça que as experiências de vida variam entre as gerações e que cada pessoa tem o direito de expressar sua opinião de maneira respeitosa. Exemplo: Durante uma reunião familiar, uma pessoa da geração Silenciosa com-

partilha suas experiências de vida, enquanto um membro da geração Y ouve com atenção e respeito. Eles entendem que suas perspectivas podem diferir devido às diferentes épocas em que cresceram, mas valorizam a sabedoria e a contribuição uns dos outros.

3. **Encontre pontos em comum:** Identifique interesses comuns e áreas de convergência, como valores compartilhados ou objetivos similares. Esses pontos em comum podem servir como base para o diálogo e facilitar a compreensão mútua. Exemplo: Durante uma conversa sobre música, uma pessoa da geração X e outra da geração Z descobrem que ambas têm um amor pela música clássica. Elas compartilham suas experiências musicais favoritas e exploram diferentes gêneros musicais juntos, encontrando uma paixão compartilhada que as aproxima.

4. **Pratique a escuta ativa:** Demonstre interesse genuíno pelo que a outra pessoa está dizendo. Faça perguntas, esclareça dúvidas e demonstre empatia. Isso ajuda a construir confiança e a criar um ambiente de diálogo aberto. Exemplo: Durante um encontro entre amigos de diferentes gerações, um jovem da geração Y expressa seus sentimentos sobre a importância da saúde mental. Um amigo mais velho da geração Baby Boomers ouve com empatia, faz perguntas para entender melhor e oferece apoio, demonstrando interesse genuíno e criando um ambiente seguro para a discussão.

5. **Seja paciente:** Reconheça que as gerações podem ter ritmos de comunicação diferentes. Pessoas mais jovens podem estar acostumadas a uma comunicação rápida e digital, enquanto pessoas mais velhas podem preferir um ritmo mais lento. Esteja disposto a adaptar-se ao estilo de comunicação do outro e a dar tempo para que todos se expressem. Exemplo: Durante uma reunião de equipe no trabalho, um membro da geração Silenciosa, acostumado a uma abordagem mais tradicional, compartilha suas ideias sobre um projeto.

Os colegas da geração Z, acostumados a uma comunicação mais rápida e digital, mostram paciência, ouvem atentamente e adaptam seu ritmo de comunicação para garantir que todos possam contribuir de forma eficaz.

6. **Evite generalizações:** Não assuma que todas as pessoas de uma determinada geração compartilham os mesmos valores ou características. Cada indivíduo é único e pode ter visões diferentes, mesmo que façam parte da mesma geração. Exemplo: Durante um jantar em família, um jovem da geração Z compartilha seu envolvimento com ativismo social. Um membro mais velho da geração X evita generalizar e reconhece que nem todos os jovens compartilham das mesmas opiniões ou níveis de engajamento social, promovendo uma discussão individualizada e respeitosa.

7. **Aproveite a oportunidade de aprendizado mútuo:** Reconheça que todas as gerações têm algo valioso a contribuir. Pessoas mais velhas podem trazer sabedoria e experiência, enquanto pessoas mais jovens podem trazer novas perspectivas e conhecimentos tecnológicos. Esteja aberto a aprender com os outros, independentemente de sua idade. Exemplo: Durante uma aula de yoga, uma instrutora da geração Baby Boomers ensina uma turma que inclui participantes da geração Y e da geração Z. Enquanto a instrutora compartilha sua sabedoria e experiência, os participantes mais jovens compartilham novas técnicas de respiração e posturas, criando um ambiente de aprendizado mútuo.

8. **Utilize meios de comunicação adequados:** Considere as preferências de comunicação de cada geração. Pessoas mais jovens podem preferir a comunicação digital, como mensagens de texto ou redes sociais, enquanto pessoas mais velhas podem preferir a comunicação pessoal ou por telefone. Escolha o meio de comunicação que seja mais confortável para todos os envolvidos. Exemplo: Um neto da geração Z que é fluente em tecnologia e redes sociais usa o WhatsApp para se comunicar com sua avó da geração Si-

lenciosa. Ele envia mensagens de texto e compartilha fotos e vídeos das suas atividades diárias, permitindo que a avó se sinta conectada e atualizada sobre sua vida. A avó, por sua vez, prefere fazer chamadas telefônicas para conversar e compartilhar histórias familiares. Ambos se adaptam aos meios de comunicação preferidos um do outro, garantindo uma comunicação eficaz e um diálogo significativo. Eu e minha tia praticamos isso, ela com 86 anos manda fotos, vídeos e mensagens de áudio para mim. Eu, sempre que posso, uso o telefone para falar com ela.

9. **Foco no entendimento mútuo:** Busque compreender as motivações e os valores por trás das opiniões de cada pessoa. Ao invés de entrar em um confronto direto, tente encontrar pontos em comum e construir a partir desses pontos para promover a compreensão mútua. Exemplo: Durante uma discussão sobre questões sociais, uma pessoa da geração X e um jovem da geração Y expressam suas opiniões divergentes sobre inclusão e igualdade de gênero. Em vez de entrarem em um confronto direto, eles se esforçam para compreender os motivos e valores que embasam suas perspectivas, encontrando pontos de concordância em relação ao objetivo comum de promover a igualdade e o respeito.

10. **Pratique a flexibilidade:** Esteja disposto a se adaptar e ajustar sua comunicação para melhor se adequar à outra pessoa. Adote uma postura flexível e aberta, procurando encontrar soluções e alcançar um consenso, mesmo diante de diferenças de opinião. Você não precisa ganhar sempre, mas o grupo, sim. Exemplo: Durante uma discussão sobre questões sociais, uma pessoa da geração X e um jovem da geração Y expressam suas opiniões divergentes sobre inclusão e igualdade de gênero. Em vez de entrarem em um confronto direto, eles se esforçam para compreender os motivos e valores que embasam suas perspectivas, encontrando pontos de concordância em relação ao objetivo comum de promover a igualdade e o respeito.

ATIVIDADES PROPOSTAS

Parte 1: Para refletir sobre como você se vê e relaciona com outras gerações

1. Com base no seu nascimento, a qual geração você pertence?
2. Você se identifica com os valores e características geralmente atribuídos à sua geração? Por que?
3. Quais são os principais desafios enfrentados pela sua geração atualmente? Como eles afetam você e as pessoas ao seu redor?
4. Quais são os valores fundamentais que você acredita serem importantes em sua vida? Eles se alinham aos valores gerais associados à sua geração?
5. Como você se relaciona com pessoas de outras gerações? Você percebe diferenças significativas em termos de valores, perspectivas e formas de comunicação?
6. Quais são os desafios que você enfrenta ao se comunicar com pessoas de gerações diferentes da sua? Como você pode superar esses desafios para estabelecer um diálogo construtivo?
7. Quais são os valores que você valoriza em um diálogo produtivo? E como você procura identificar esses valores em outras pessoas com quem interage?
8. Você está aberto(a) a aprender com as experiências e perspectivas de pessoas de diferentes gerações? Como você pode cultivar a empatia e o entendimento mútuo nessas interações?
9. Quais são as semelhanças que você encontra com pessoas de outras gerações em termos de valores, aspirações ou desafios? Como essas semelhanças podem ser pontos de conexão e compreensão mútua?

Parte 2: Diálogo entre gerações

1. Qual é a definição correta de diálogo intergeracional?

a) Conversas entre pessoas da mesma geração.
b) Conversas entre diferentes gerações.
c) Conversas entre pessoas de diferentes nacionalidades.

2. O que pode ser um obstáculo comum ao dialogar com pessoas de gerações diferentes?

a) Falta de tempo para conversas longas.
b) Diferenças de valores e perspectivas.
c) Dificuldade em usar tecnologias de comunicação.

3. Qual geração é frequentemente associada à valorização do trabalho em equipe e da colaboração?

a) Geração Silenciosa. **b)** Geração X. **c)** Geração Y (Millennials).

4. Qual geração cresceu em um contexto de rápida evolução tecnológica e uso intensivo de dispositivos eletrônicos?

a) Geração Baby Boomer. **b)** Geração X. **c)** Geração Z.

5. Qual geração é conhecida por valorizar a estabilidade financeira e a segurança no trabalho?

a) Geração Baby Boomer. **b)** Geração X. **c)** Geração Y (Millennials).

6. Quais são os desafios comuns ao dialogar com a geração Z?

a) Resistência à mudança e aversão à tecnologia.
b) Falta de flexibilidade e abertura a novas ideias.
c) Dificuldade em manter a atenção em conversas longas.

7. Qual geração é frequentemente associada ao ativismo social e ao engajamento com questões globais?

a) Geração Silenciosa. **b)** Geração X. **c)** Geração Y (Millennials).

8. Quais são as habilidades de comunicação importantes para dialogar com a geração X?

a) Uso eficiente de mídias sociais e mensagens de texto.

b) Escuta ativa e respeito às opiniões divergentes.

c) Comunicação por meio de vídeos e plataformas de streaming.

9. Qual geração é frequentemente associada à busca por um equilíbrio entre trabalho e vida pessoal?

a) Geração Baby Boomer. **b)** Geração X. **c)** Geração Z.

10. Por que é importante desenvolver habilidades de diálogo intergeracional?

a) Para fortalecer a coesão social e promover a compreensão mútua.

b) Para evitar o contato com pessoas de outras gerações.

c) Para reforçar os estereótipos e preconceitos entre gerações.

Parte 3: Melhor abordagem para conversar com cada uma das gerações

1. Qual é a melhor forma de conversar com pessoas da geração Silenciosa?

a) Utilizando uma abordagem direta e formal.

b) Estabelecendo conexões emocionais e demonstrando respeito pela experiência de vida.

c) Utilizando gírias e expressões modernas para se adequar à linguagem deles.

2. Qual é a melhor forma de conversar com pessoas da geração Baby Boomer?

a) Utilizando meios de comunicação tradicionais, como telefonemas ou cartas.

b) Abordando tópicos de interesse pessoal, como família e carreira.

c) Utilizando exemplos práticos e dados concretos para embasar suas ideias.

3. Qual é a melhor forma de conversar com pessoas da geração X?

a) Utilizando uma abordagem colaborativa e incentivando a troca de ideias.
b) Utilizando meios de comunicação digitais, como e-mails e mensagens de texto.
c) Focando em soluções práticas e apresentando argumentos lógicos.

4. Qual é a melhor forma de conversar com pessoas da geração Y (Millennials)?

a) Utilizando meios de comunicação instantânea, como aplicativos de mensagens.
b) Criando um ambiente de diálogo aberto e permitindo a expressão individual.
c) Utilizando recursos visuais e multimídia para transmitir informações.

5. Qual é a melhor forma de conversar com pessoas da geração Z?

a) Utilizando plataformas de mídia social e comunicação on-line.
b) Estimulando a participação ativa e promovendo interações virtuais.
c) Adaptando-se rapidamente às mudanças e sendo flexível na forma de comunicação.

FINALIZANDO

No Capítulo 13, aprendemos que a consciência geracional é fundamental para uma comunicação eficaz entre as gerações. Compreender as influências históricas, culturais e sociais que moldaram cada geração ajuda a evitar generalizações simplistas e estereótipos. Reconhecer as diferenças geracionais e adaptar nossa interação de acordo com o interlocutor facilita o entendimento mútuo e minimiza os ruídos na comunicação. É importante lembrar que a identificação com uma geração não é absoluta, pois cada indivíduo possui sua própria história e perspectiva.

Respostas:

Parte 2 - 1.b; 2.b; 3.c; 4.c; 5.a; 6.c; 7.c; 8.b; 9.b; 10.a
Parte 3 - 1.b; 2.c; 3.a; 4.b; 5.c

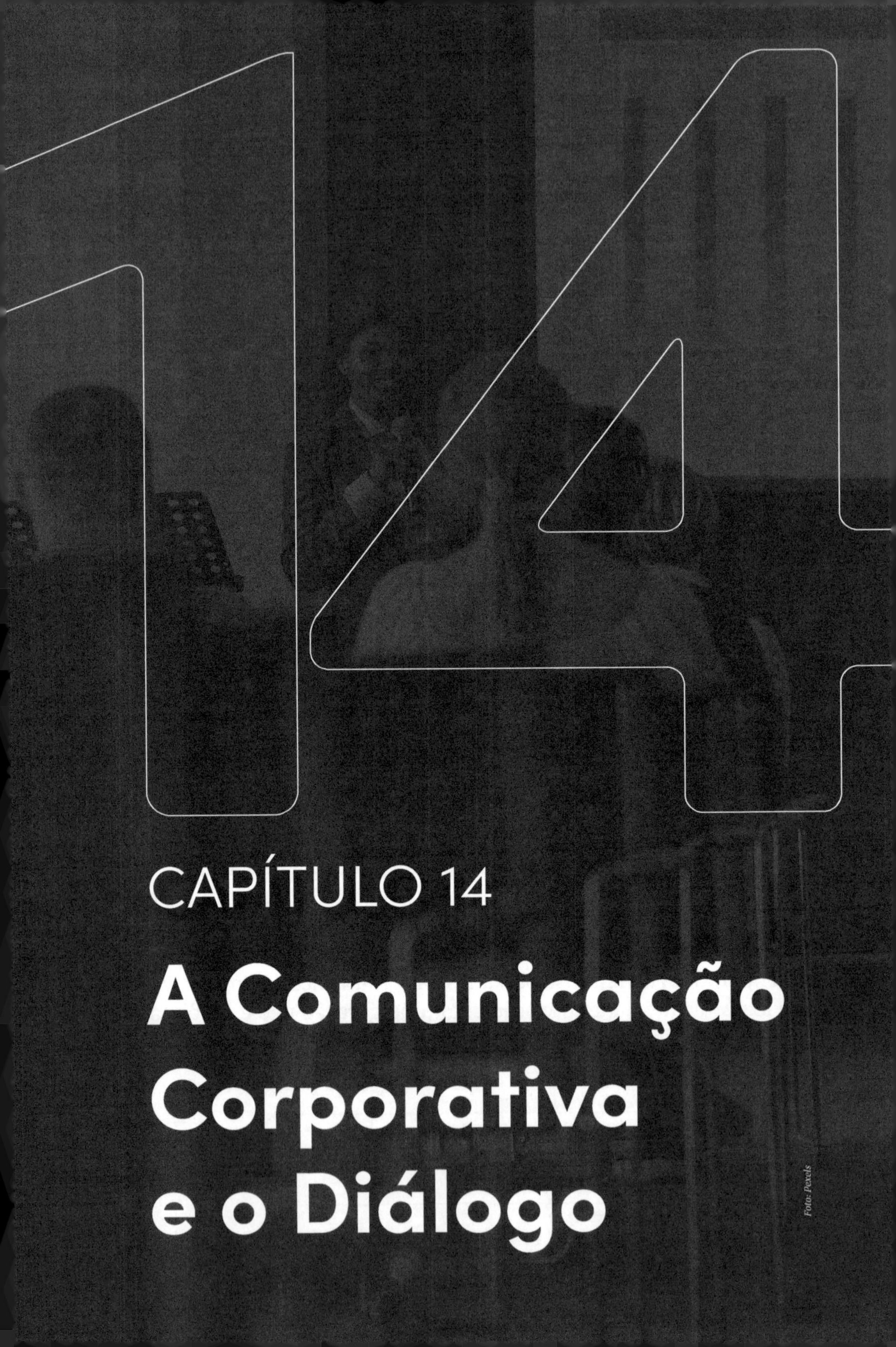

CAPÍTULO 14

A Comunicação Corporativa e o Diálogo

Foto: Pexels

> A comunicação é a habilidade mais importante que qualquer líder pode possuir.
>
> *Richard Branson*
> (1905-, fundador do Virgin Group)

A comunicação corporativa refere-se ao conjunto de estratégias, práticas e procedimentos utilizados por uma organização para estabelecer, manter e fortalecer sua imagem e reputação perante os seus diversos públicos de interesse (*stakeholders*) como os funcionários, clientes, fornecedores, investidores, imprensa, governo, mercado e a sociedade. Ela visa garantir que as mensagens-chave e informações importantes sejam comunicadas de forma consistente e alinhada aos objetivos e valores da empresa. A comunicação corporativa desempenha diversos papéis vitais no contexto organizacional. Em primeiro lugar, é um instrumento para construir e manter a identidade, reputação e imagem

da empresa, influenciando a percepção que o público tem dela. Outra função importante é a transmissão de informações estratégicas. Isso engloba o compartilhamento de novos lançamentos de produtos, divulgação de resultados financeiros, pesquisas, atualizações de políticas e outros eventos relevantes.

Em situações de crise, a comunicação desempenha um papel fundamental na gestão adequada da situação, fornecendo informações transparentes e minimizando os impactos na reputação da organização. Ela também contribui para disseminar a cultura e os valores da empresa entre os funcionários, fortalecendo sua identificação com a organização. Ao mesmo tempo, demonstra esses aspectos para o público externo, estabelecendo uma imagem coerente e autêntica.

O diálogo desempenha um papel essencial nesse contexto. Ele representa a interação bidirecional entre a organização e seus diversos públicos. O diálogo vai além da comunicação unilateral, permitindo uma troca de informações, ideias, opiniões e *feedback* entre as partes envolvidas. Essa interação é fundamental em vários aspectos.

Primeiramente, o diálogo facilita o engajamento e o envolvimento ativo dos *stakeholders*. Ao ouvir suas preocupações, sugestões e perspectivas, a organização cria um senso de pertencimento e participação. Além disso, o diálogo fornece *feedback* valioso, que pode ser usado para melhorar produtos, serviços e processos, demonstrando o valor dado às opiniões dos públicos. O diálogo também desempenha um papel fundamental na resolução de conflitos e mal-entendidos, internos e externos permitindo que todas as partes expressem seus pontos de vista e trabalhem juntas para encontrar soluções. Ele também contribui para a construção de uma compreensão mútua entre a organização e seus públicos, o que melhora a comunicação e facilita a construção de relacionamentos positivos.

Neste capítulo, vou compartilhar a opinião de dois profissionais cujas carreiras de sucesso na área de comunicação acompanho e, que generosamente concordaram em dividir seus conhecimentos comigo e com você sobre este tema.

DIÁLOGO COM TÂNIA MAGALHÃES

Tânia tem uma carreira expressiva na área de Comunicação, sendo, atualmente, sócia-diretora da Bel-Ami Comunicações, conselheira e membro da Comissão de Riscos Corporativos do IBGC. Atuou como diretora de Comunicação para América Latina do PayPal, diretora sênior de Comunicação Corporativa para a América Latina da Oracle, diretora de Relações Públicas da AT&T Latin America no Brasil e diretora-executiva da Hill and Knowlton, agência internacional de relações públicas.

José Antônio Ramalho: ***Quais são os principais desafios da comunicação interna e externa sob a perspectiva de um líder de comunicação dentro da empresa?***

COMUNICAÇÃO INTERNA E EXTERNA

Tânia Magalhães: Eu penso na comunicação integrada em qualquer estratégia de comunicação. Temos que pensar em todos os *stakeholders*, e em como eles vão ser impactados por uma ação da empresa. Seja num ambiente positivo ou de crise, a equipe de comunicação deve estabelecer a comunicação correta para cada um desses *stakeholders* por meio dos canais corretos também. É importante pensarmos que hoje devemos estabelecer diálogos e fóruns de debate de forma transparente com os diferentes públicos de interesse, muito mais do que apenas informar, o objetivo é engajar.

Por exemplo, se vamos lançar para o mercado uma pesquisa de interesse da imprensa (que seja de interesse também para o negócio e para o ecossistema no qual a empresa está inse-

rida), devemos, inicialmente, apresentar os resultados dessa pesquisa para o público interno. Os funcionários devem ser os primeiros a conhecer o conteúdo, e isso pode acontecer num evento, por exemplo. Os funcionários devem reconhecer os benefícios daquela ação para o mercado e perceber que a empresa, por meio das suas ações de comunicação, se posiciona como líder, capaz de ocupar espaços-chave de debate em veículos da imprensa, frente a influenciadores e demais públicos externos. Esse engajamento dos funcionários em ações de comunicação estimula o que chamamos de *Employee Advocacy*, ou seja, funcionários apoiando a construção e promoção da reputação de uma empresa.

Na sequência, focamos na imprensa, nos influenciadores, entre outros públicos externos, criando oportunidades para apresentar e debater os dados levantados na pesquisa. São eventos em que podemos convidar outros parceiros, capazes de reforçar as mensagens-chave que queremos divulgar; tudo isso para fortalecer também o ecossistema no qual a empresa está inserida. Nesses fóruns, podemos prever um debate com os participantes, incentivando o diálogo e perguntas a fim de assegurar que as informações divulgadas serão compreendidas.

São ações como essas que ajudam a construir e promover a reputação das empresas. Sabemos que a reputação de uma empresa vai sendo construída ao longo dos anos, por meio de ações e percepções que o público, tanto interno quanto externo, tem a respeito dela. E sua boa reputação pode garantir a sobrevivência em momentos de crise. Ou seja, a empresa que navegou seguindo os princípios da integridade e ética – que se preocupou em construir relacionamento com seus públicos de interesse, gerou conteúdos confiáveis, se posicionou de forma transparente frente a temas de importância para seus consumidores etc. –, poderá contar com o benefício da dúvida, em momentos em que sua reputação se vê ameaçada.

José Antônio Ramalho: ***Há alguns anos a área de comunicação passou a ter um novo personagem, o influenciador digital. Isso causou alguma complicação ou modificação na forma da comunicação com o mercado?***

Tânia Magalhães: O mercado mudou. A imprensa continua sendo relevante e sempre fará parte da estratégia de comunicação de qualquer empresa, seja ela pequena, média ou uma multinacional. Mas, quando pensamos na força das redes sociais, incluir influenciadores nos planos de comunicação se tornou chave. Por exemplo, ao lançar um novo produto, será necessário criar uma estratégia que garanta uma boa comunicação entre influenciadores-chave e os seus consumidores. Atingir a grande imprensa, editoria de negócios etc. e trade, ou seja, veículos especializados, é o tal "feijão com arroz" no cardápio das assessorias. Contudo, só isso poderá não ser suficiente para o sucesso de uma divulgação. A maior abrangência da comunicação poderá ocorrer por meio de uma rede de influenciadores que falam diretamente com o público-alvo daquele produto ou empresa.

José Antônio Ramalho: ***A linguagem que você usa nesses encontros é diferente daquela que você faz com a mídia especializada?***

Tânia Magalhães: As equipes de comunicação criam *press releases* para divulgar suas notícias e pautar a mídia. Mas os jornalistas escrevem suas histórias com independência, dando ênfase aos ângulos mais interessantes para seus leitores. Não precisam da aprovação das empresas.

Já um influenciador recebe o briefing de uma empresa e deseja ter liberdade para adaptar as informações conforme o seu estilo, reconhecido pelos seus seguidores, mas isso não quer dizer que não necessite da aprovação de quem o contrata. Nesse caso, a empresa que contrata tem o direito de revisar o texto final que será divulgado pelo influenciador. Ou seja, se por um lado o influenciador deve transmitir a informação no seu estilo, por outro, deverá respeitar as políticas da empresa. Inclusive as empresas hoje têm seus manuais de relacionamento com influenciadores, que os pauta com respeito ao que pode ou não ser feito, dito, o que chamamos de *dos and dont's*, que se alinham à governança dessas empresas.

CRISE

José Antônio Ramalho: ***Estabelecida uma crise deflagrada, por exemplo, uma campanha de mídia mal-recebida e que passou a receber muitos ataques nas mídias sociais e na própria imprensa, quais seriam as melhores abordagens para lidar com a comunicação e a crise em andamento?***

Tânia Magalhães: Para enfrentar crises reputacionais, as empresas devem ter seus comitês de crise, formados por profissionais de áreas-chave, para analisar a abrangência do incidente, desde o ponto de vista legal, de Compliance, negócios etc. Nesse comitê, a comunicação será chave, definindo a estratégia de comunicação, responsável pelo treinamento dos porta-vozes e produzindo conteúdos sob medida para os diferentes *stakeholders*.

Acima de tudo, não se pode ignorar uma crise. A empresa deve ser ágil, divulgar mensagens claras e, fundamental, estabelecer fóruns de diálogo com todos os públicos envolvidos. Transparência é o nome do jogo.

Mas os funcionários devem ser os primeiros a ser informados sobre as ações que serão tomadas, para que se sintam confiantes e possam, ainda, reforçar as mensagens que a empresa vai transmitir a outros *stakeholders*.

Imediatamente em seguida, a empresa deverá estabelecer canais de diálogo com todos os seus *stakeholders* externos por meio de comunicados claros, com transparência, como já disse. A desonestidade, a manipulação de dados ou a responsabilização de terceiros na tentativa de camuflar os próprios erros podem resultar na perda de confiança por parte da opinião pública e afetar a reputação. E isso, como sabemos, é o pior que pode acontecer. Danos reputacionais afetam a eficiência, a marca, admiração dos consumidores (*love brand*), a credibilidade, as ações na Bolsa etc.

Como membro da Comissão de Riscos Corporativos do IBGC, reforço sempre que o pior risco, aquele que pode destruir um negócio, é o risco reputacional. Incidentes podem ocorrer todos os dias, a diferença é que alguns podem ser contornados e resolvidos, não cruzam os muros corporativos. Já outros podem se tornar notícia, ser multiplicados pela mídia e redes sociais e, rapidamente, destruir a reputação e o negócio.

O risco reputacional é peça-chave a ser avaliada no gerenciamento de crises. Nesta era digital, em que uma fala mal elaborada ou uma comunicação pouco clara podem abalar a reputação de uma organização, tornou-se fundamental ter uma gestão qualificada quando se enfrenta uma crise.

PLANO DE AÇÃO

Os comitês de crise devem agir proativamente, mapeando os possíveis riscos e incidentes aos quais uma empresa está exposta e criar planos de contingência, com mecanismos para enfrentar momentos adversos de forma rápida e assertiva a fim de evitar as crises reputacionais.

Como acontece o risco reputacional? Ele pode ocorrer devido a eventos internos ou externos. Quando pensamos nos riscos gerados internamente, eles podem estar relacionados a uma ação errada da própria companhia, como uma fraude, ou até mesmo de um único funcionário, como uma denúncia. Já os riscos externos podem vir de um ataque cibernético, de ações da concorrência, de mudanças na regulamentação, entre outros.

Os planos de contingência incluem manuais, estabelecer estratégias, fluxo de aprovações, *statements* (comunicados oficiais) e mensagens-chave para temas sensíveis, com perguntas e respostas, definição de porta-vozes para cada situação etc.

Esses planos podem estabelecer ainda os canais de comunicação a serem acionados de acordo com os diferentes tipos de crise. Há crises que exigem a organização de um evento para toda a companhia, outras podem ser gerenciadas por meio de um podcast ou comunicado interno.

As grandes crises exigem estratégias complexas, comunicação proativa, treinamento de porta-vozes, muitas vezes compra de espaço na mídia para publicação de *statements* oficiais, documentos de perguntas e respostas para apoiar os times de vendas e negócios e a área de atendimento ao consumidor etc. Não se pode correr o risco de deixar que outros personagens falem pela sua empresa. De novo, agir rapidamente e com transparência será a melhor forma de vencer uma crise.

Numa situação de menor risco, sem vazamento de dados para a imprensa, a estratégia poderá ser reativa. O que não significa que a empresa não precisará estar preparada para agir rapidamente, caso seja preciso. A área de comunicação deverá ter sempre na manga *statements* já aprovados para responder a diferentes cenários. Esses comunicados oficiais podem ser usados de forma reativa, ou seja, poderão servir como respostas pontuais para um jornalista que faça contato com a assessoria, ou como resposta para um parceiro ou cliente.

José Antônio Ramalho: ***Tânia, o objetivo do livro é despertar, inspirar as pessoas a pesquisarem e se aprofundarem em cada tema. Então, me fale sobre aspectos fundamentais da comunicação e da sua visão corporativa sobre a comunicação, diálogo, adequação para os públicos é alinhada com o que vimos em capítulos anteriores.***

Tânia Magalhães: A área de comunicação também é fundamental quando pensamos na questão da governança. Hoje existe uma maior pressão dos *stakeholders* para a adoção de melhores práticas nas empresas e uma evolução do conhecimento da sociedade civil sobre o que é governança, associada a sigla ESG.

A LLYC, agência internacional de relações públicas, apresentou recentemente sua edição 2023 do estudo sobre ESG, na qual analisou mais de 582 mil menções sobre governança na BIG DATA, para entender a percepção da sociedade brasileira sobre esse importante pilar do ESG. O estudo identificou quais são os subtemas mais associados à governança e quais desafios devem ser superados na comunicação e relacionamento, para o seu fortalecimento. Foram cinco os subtemas identificados nas conversas sobre governança: ética, compliance, integridade e, o mais importante, com maior peso, a transparência.

E para haver essa tão esperada transparência, deve existir o engajamento, o diálogo, certo? As equipes de comunicação devem estar aptas para promover esses diálogos, de forma assertiva, usando os canais corretos, com mensagens integradas, mas sob medida para cada público. Tudo isso no timing necessário e, acima de tudo, trabalhando em parceria com todas as áreas de uma empresa em favor do negócio e para perpetuar o negócio. A equipe de comunicação deve, ainda, treinar líderes para que se posicionem de forma genuína, lançando mão de mensagens claras, motivacionais, mas honestas.

José Antônio Ramalho: ***Muitas vezes a origem de uma crise foi a falta de diálogo entre os líderes da empresa.***

Tania Magalhães: Exatamente, esse diálogo tem que existir o tempo inteiro, faz parte da boa governança. São diálogos que devem ocorrer em diferentes níveis de uma organização, com diferentes atores. Devem existir de forma transparente e ininterruptamente nos conselhos administrativos, nos comitês consultivos e entre os líderes, equipes e, de forma coesa, da empresa com todos os seus funcionários. Como já disse anteriormente, não basta informar, é preciso criar espaços para engajar, criando, assim, o diálogo honesto, fóruns que acolham opiniões diferentes, e isso acontece nas empresas que exercem a diversidade em seus quadros. Diversidade, já sabemos, é sinônimo de negócios exitosos. Este é o ambiente corporativo saudável, alicerce para as empresas que vão sobreviver nos próximos anos.

DIÁLOGO COM SAULO PASSOS

O ***Saulo*** tem vasta experiência em comunicação e nos fala de sua visão como Diretor de comunicações do Uber para a América Latina, depois de exercer atividades de Head de marketing e comunicação na Embraer, Diretor de comunicações na Nokia e Microsoft Mobile Phones, além de experiência como líder de contas em agências de Relações públicas.

José Antonio Ramalho: ***Sob o ponto de vista de um diretor de comunicação de uma multinacional, quais são os principais desafios da comunicação interna e externa?***

Saulo Passos: O primeiro ponto que devemos entender é que essa separação interna/externa desapareceu. Hoje nós vemos comunicações internas que são usadas, inclusive, para gerar notícia do lado de fora da corporação, e como que as notícias de fora acabam impactando a comunicação do lado de dentro.

O segundo ponto: Como todas as pessoas acabam tendo acesso a um universo muito grande de informação, essa necessidade de um cuidado adicional em relação ao que é liberado internamente tem que estar muito bem alinhado com a expectativa do que acontece fora. Eu digo isso, pois vemos vários casos de notícias que, de alguma maneira, vazam e os funcionários acabam sabendo pela imprensa ou mídias sociais, o que é o pior cenário.

Hoje, você tem sites nos quais os próprios funcionários, de maneira anônima, conseguem reportar diferentes questões internas, sejam elas positivas ou negativas. Isso acaba também trazendo uma complexidade adicional.

O terceiro ponto é a transparência e a autenticidade, que aqui são fundamentais. Por exemplo, quando você não sabe ou quando você não tem informações específicas, é necessário comunicar isso de maneira transparente.

No caso de algumas perguntas ou questionamentos você tem que considerar suas limitações e restrições. Você pode ter uma informação, mas não pode divulgá-la naquele momento, no entanto tem que trabalhar de uma maneira que essa situação seja transparente, pois caso contrário, isso gera uma quebra de confiança e, uma vez que a confiança está quebrada, é difícil você a retomar.

José Antônio Ramalho: ***Estabelecida uma crise deflagrada por uma campanha de mídia que foi mal recebida pelos consumidores e com muitos ataques nas mídias sociais e imprensa, quais seriam as melhores abordagens para gerenciar a crise?***

Saulo Passos: Existe um ditado norte-americano (*Putting lipstick on a pig*) que diz que se você passar batom em um porco, o porco ainda vai continuar sendo porco, então o que eu quero dizer com isso?

Não adianta você trabalhar com uma capa, uma camada, que não seja condizente com o que é o conteúdo. Você pode usar a melhor narrativa, mas ela tem que estar ancorada em substância, se não ela não sustenta. Hoje o nível de escrutínio, o nível de checagem de informação, o nível de acesso a informação faz com que essa necessidade seja ainda mais forte. Então, quando você pergunta quais são as melhores abordagens para lidar com a comunicação de uma crise, essa autenticidade vem em primeiro lugar, trabalhar com base em fatos concretos, trabalhar de maneira transparente, por mais que isso possa ter impacto no curto prazo, mas, no longo prazo, isso se paga, se sustenta, e é a coisa certa a se fazer, então acho que esse é um ponto.

E em relação a questão das mídias sociais, todas as empresas, principalmente empresas de consumo, elas estão mais ex-

postas do que uma empresa que é B2B, pois o nível de exposição dela, o nível de reconhecimento da marca, é muito diferente daquele de uma empresa de consumo onde você tem pessoas utilizando aquele produto de maneira diária. Então, naturalmente o nível de exposição é maior e tipicamente quando o consumidor vocaliza qualquer coisa, geralmente é uma frustração. Dificilmente você vocaliza um elogio, porque aquilo é o que é esperado. Quando você aperta o botão e chega o carro do Uber, aquilo virou norma. As pessoas esquecem como era antes. Quando você participava de feiras e eventos nos anos 80 e 90 (quando não havia smartphones) e tinha que voltar para casa, tinha que ligar numa central de táxi e falar com a Cleide. A Cleide, tendo boa vontade, marcava ali um táxi e, depois de 40 a 50 minutos, o transporte, se desse tudo certo, se não chovesse, chegava lá.

A partir do momento em que você tem uma solução, um novo produto no qual você aperta um botão do aplicativo no seu celular e em 3 a 4 minutos seu carro está na sua porta, isso passa ser o novo padrão. Contudo, elas estarão insatisfeitas quando aquele carro, por alguma razão, tiver algum problema e atrasar por qualquer motivo. E aí quando as pessoas vocalizam é pelo lado negativo. Já existe uma predisposição para um nível maior de crítica. Quando isso acontece nas redes sociais, depende da política de cada empresa sobre como lidar com isso. Como é que elas engajam e em que conversas elas se engajam. Existem algumas situações em que realmente você pode falar A e a pessoa responder B. Aí não vai ser uma conversa. Ela não está dentro, ela já tem uma tese preestabelecida e só está externando aquela frustração. É difícil você conseguir estabelecer um diálogo que seja produtivo nessa situação.

José Antonio Ramalho: ***Quais os erros que a comunicação corporativa não pode cometer?***

Saulo Passos: Quanto aos erros que a comunicação corporativa não pode cometer, o primeiro está muito ligado às questões anteriores: a autenticidade e a veracidade das informações com as quais a área trabalha. Reconhecer quando há erros publicamente e, então, acho que trabalhar de maneira transparente, não tentar acobertar situações que sabemos poder ter algum tipo de repercussão negativa. Então trabalhar com isso de maneira muito transparente.

No nosso caso (Uber), é ainda mais sério, porque, por ser uma empresa de capital aberto, temos responsabilidades adicionais que outras empresas de capital fechado ou com o nível de governança diferente do nosso não tem. Então isso também traz responsabilidades, e levamos isso muito a sério, respeitando todas as normas nos países nos quais estamos presentes, são mais de 70 hoje, então isso também é um ponto importante.

E, por último, talvez o ponto mais importante é lembrar sempre quem é o nosso cliente no final das contas. Como lidamos com essa comunicação com esse principal *stakeholder* de cada empresa que ao final das contas são seus clientes, são seus usuários. Como é que fazemos com que aquele serviço permaneça relevante, permaneça atendendo uma necessidade desse consumidor e como é que a área de comunicação consegue evoluir junto com a evolução do próprio negócio. Então, no nosso caso, a empresa que tem um pouco mais de 12 anos e está no Brasil já há 8 anos, a experiência do primeiro produto, que chegou aqui é muito diferente hoje porque as necessidades de consumidores evoluíram. Então é importante que a área de comunicação também evolua e esteja sempre acompanhando o desenvolvimento do negócio.

Baseado no conteúdo das duas entrevistas montei uma tabela com a síntese dos principais temas discutidos.

Tópico	O que faz
Comunicação Integrada	Considera todos os *stakeholders*, escolhendo canais adequados para cada um, buscando diálogo e evitando ruídos.
Comunicação Interna	Prioriza informar funcionários primeiramente para engajamento e valorização, compartilhando informações relevantes sobre a empresa.
Comunicação Externa	Inclui imprensa tradicional e influenciadores digitais, respeitando linguagens específicas para diferentes públicos.
Comunicação com Influenciadores Digitais	Respeita governança, permitindo linguagem própria e gírias, mantendo diálogo autêntico com seus seguidores.
Comunicação em Crise	Baseada em diálogo, abrange líderes, funcionários, clientes, parceiros, imprensa e órgãos reguladores, sendo rápida, honesta, clara e coerente.
Plano de Gerenciamento de Crises	Inclui prevenção, preparação e resposta para situações sensíveis, definindo ações, canais, porta-vozes e frequência da comunicação.

A reflexão sobre o conteúdo da última tabela enfatiza a importância central do diálogo em todos os aspectos da comunicação corporativa, especialmente no contexto da gestão de crises e da comunicação integrada. O diálogo desempenha um papel fundamental em cada um dos tópicos mencionados, e sua presença ou ausência pode ter impactos significativos na forma como as organizações lidam com desafios e oportunidades de comunicação.

1. **Comunicação Integrada:** O diálogo é a base da comunicação integrada, pois visa estabelecer um canal aberto e transparente com todos os *stakeholders*, considerando suas necessidades e preferências de comunicação. O diálogo permite identificar os canais mais adequados

para se comunicar com cada grupo e ajustar as mensagens para atender às expectativas específicas.

2. **Comunicação Interna:** Valorizar o diálogo interno é essencial para engajar os funcionários. Quando as informações relevantes são compartilhadas de maneira transparente, os funcionários se sentem valorizados e informados. O diálogo interno também proporciona espaço para *feedback* e contribuições, enriquecendo a cultura organizacional e a tomada de decisões.

3. **Comunicação Externa:** A comunicação com influenciadores digitais requer um diálogo autêntico e flexível. Respeitar a individualidade desses influenciadores e permitir que eles se expressem de acordo com sua linguagem única é crucial para manter a credibilidade e a confiança dos públicos que eles alcançam.

4. **Comunicação em Crise:** O diálogo é a pedra angular da comunicação em situações de crise. A abordagem rápida, honesta e coerente só é possível através de um diálogo transparente com todas as partes interessadas. Os funcionários, por serem os primeiros a receber informações, podem desempenhar um papel vital na proteção da reputação da empresa se estiverem bem informados.

5. **Plano de Gerenciamento de Crises:** O diálogo é essencial na formulação de um plano de gerenciamento de crises eficaz. Antecipar situações de risco requer uma compreensão profunda das preocupações dos *stakeholders* e a criação de respostas adequadas. O diálogo contínuo e a participação das partes interessadas no desenvolvimento do plano aumentam sua eficácia.

O diálogo entre diferentes departamentos e membros do comitê de crise é vital para garantir a coordenação e a coesão durante uma crise. A troca de informações, a discussão aberta e a tomada de decisões conjuntas são facilitadas por um diálogo aberto e eficaz.

Em resumo, a reflexão sobre a importância do diálogo nesse contexto evidencia sua influência crucial em todos os aspectos da comunicação corporativa. O diálogo permite compreender, conectar e envolver todos os públicos, tanto internos quanto externos, contribuindo para a construção de relacionamentos sólidos, a resolução de desafios complexos e a proteção da reputação da organização.

Foto: Freepik

Comentários Finais

O livro "O Poder do Diálogo: A Arte da Comunicação Humana" ofereceu aos leitores uma visão ampla sobre os fundamentos da comunicação e como o diálogo se constitui uma ferramenta poderosa para aprimorar as habilidades de comunicação pessoal e profissional.

Cada capítulo deveria ser um livro individual, devido a sua importância e complexidade. Por isso, a intenção principal que tive ao escrevê-lo foi a de despertar a curiosidade para você se aprofundar em cada tema com leituras específicas.

Ao longo dos capítulos, o leitor foi apresentado aos diferentes tipos de comunicação quanto ao meio e a forma, desde a comunicação verbal e não verbal até a comunicação digital, e como cada uma delas desempenha um papel importante na interação humana. Aprendeu também sobre os elementos e tipos de diálogo e como a hierarquia e o propósito do diálogo podem afetar a qualidade da comunicação. O livro abordou os obstáculos ao diálogo, como os vieses da comunicação, patologias e ruídos além dos quatro cavaleiros do Apocalipse na comunicação e as barreiras culturais e linguísticas.

Outro aspecto importante discutido no livro foi a imagem pessoal e como ela pode influenciar a percepção dos outros, assim como a importância de não julgar alguém pela aparência. O livro também destacou a arte de fazer perguntas eficazes, com diferentes categorias de perguntas e o contexto apropriado para cada uma delas. Os leitores foram incentivados a desenvolver habilidades de escuta ativa, reflexão e pensamento crítico para aprimorar sua capacidade de ouvir e refletir durante as interações de comunicação.

Conteúdos como diálogo inclusivo, comunicação não violenta, *soft skills* e diálogos entre gerações trazem temas que deveriam ser atemporais, mas que ganham mais importância no mundo atual.

Ao longo do livro, os leitores foram desafiados com as atividades propostas que os ajudaram a aplicar os conceitos aprendidos na prática, promovendo a reflexão e a aplicação real das habilidades de comunicação.

Como resultado desta jornada, espero que você seja uma pessoa mais preparada para se comunicar bem, não importando a situação.

Enfim, o livro buscou inspirar o leitor na revisão de suas práticas de diálogo, adoção de novas abordagens e e no desenvolvimento, acima de tudo, do respeito pelo interlocutor, estando assim preparado para usar o poder do diálogo para se conectar com os outros de maneira autêntica e construtiva, tornando-se assim uma pessoa comunicadora, habilidosa e eficaz em qualquer contexto.

Como autor, é muito importante para mim estabelecer um diálogo com você, saber sua opinião sobre o livro e também sobre os motivos que te levaram a lê-lo. Para isso, deixo meu e-mail ***ramalhoescritor@gmail.com*** para começarmos um diálogo.

José Antônio Ramalho

www.ramalho.com.br

@joeramalho

joseantonioramalho

REFERÊNCIAS

Livros

ACKERMAN, Diane. *The Human Age*: The World Shaped by Us. W. W. Norton & Company, 2015.

ARGYRIS, Chris. (1990). *Overcoming Organizational Defenses Facilitating Organizational Learning*. Boston, MA: Allyn & Bacon.

CAM, Marston. *The Gen-Savvy Financial Advisor*: Advising the Generations in the New Age of Uncertainty.

CAMERON, Julia. *A arte da escuta*: Desenvolvendo a criatividade pela prática da atenção. Rio de Janeiro: Sextante, 2021.

CARTEER, Rita. *Multiplicidade* - A nova ciência da personalidade. Rio de Janeiro: Rocco, 2008.

DOLTO, Francoise. *The unconscious Body Image*. 1984.

GOTTMAN, John, & SILVER, Nan. *The Seven Principles for Making Marriage Work:* A Practical Guide from the Country's Foremost Relationship Expert. Harmony. 1999.

GRÜN, Anselm. *Falar e silenciar:* Por uma nova cultura do diálogo atencioso. Petrópolis, RJ: Vozes, 2017.

HALL, Edward. *The Hidden Dimension*. Anchor Books, 1990.

JACOBS, Alan. *Como pensar*: um guia de sobrevivência para um mundo em desacordo. Rio de Janeiro: Alta Books, 2019.

MARQUET, L. David. *A linguagem da liderança:* o poder oculto do que você fala – e do que não... Rio de Janeiro: Alta Books, 2021.

ROGERS, Carl R. *Richard Evans Farson and University of Chicago Industrial Relations Center*. Active Listening. Chicago: Industrial Relations Center the University of Chicago.

SANTOS, Elisama. *Conversas corajosas*. São Paulo: Paz e Terra, 2021.

Links

DSM 5: o que é e quais são os transtornos abordados - Telemedicina Morsch
https://telemedicinamorsch.com.br/blog/dsm-5

7 transtornos mentais mais comuns: como identificar e tratar - Tua Saúde
https://www.tuasaude.com/transtornos-mentais/

Visão geral dos transtornos de personalidade - Manual MSD
https://www.msdmanuals.com/pt-br/profissional/transtornos-psiqui%C3%A1tricos/transtornos-de-personalidade/vis%C3%A3o-geral-dos-transtornos-de-personalidade

Alterações de comportamento e personalidade - Manual MSD
https://www.msdmanuals.com/pt-pt/casa/distúrbios-de-saúde-mental/considerações-gerais-sobre-cuidados-com-a-saúde-mental/alterações-de-comportamento-e-personalidade

Classificação e diagnóstico das doenças mentais - Manual MSD
https://www.msdmanuals.com/pt-br/casa/dist%C3%BArbios-de-sa%C3%BAde-mental/considera%C3%A7%C3%B5es-gerais-sobre-cuidados-com-a-sa%C3%BAde-mental/classifica%C3%A7%C3%A3o-e-diagn%C3%B3stico-das-doen%C3%A7as-mentais

Quantos idiomas existem no mundo? - Superinteressante
https://super.abril.com.br/mundo-estranho/quantos-idiomas-existem-no-mundo/

Lista de línguas por número total de falantes – Wikipédia, A Enciclopédia Livre
https://pt.wikipedia.org/wiki/Lista_de_l%C3%ADnguas_por_n%C3%BAmero_total_de_falante

https://www.skillsyouneed.com/ips/intercultural-awareness.html

Geração – Wikipédia, a enciclopédia livre (wikipedia.org)
https://www.forbes.com/sites/carminegallo/2015/07/07/richard-branson-communication-is-the-most-important-skill-any-leader-can-possess/?sh=856881e2e8af